Le Moment Beccaria

Naissance du droit pénal moderne

(1764-1810)

Oxford University Studies in the Enlightenment
– formerly *Studies on Voltaire and the Eighteenth Century* (SVEC),
is dedicated to eighteenth-century research.

http://www.voltaire.ox.ac.uk/our-books/
for-authors-studiesenlightenment

The Voltaire Foundation is a department of the University of Oxford.
It furthers the University's objective of excellence in research,
scholarship and education by publishing worldwide.

Le Moment Beccaria

Naissance du droit pénal moderne (1764-1810)

Edité par

PHILIPPE AUDEGEAN et LUIGI DELIA

Published by Liverpool University Press on behalf of

ISBN 978 1 78694 138 1
Oxford University Studies in the Enlightenment 2018:09
ISSN 0435-2866

Voltaire Foundation
99 Banbury Road
Oxford OX2 6JX, UK
www.voltaire.ox.ac.uk

A catalogue record for this book is available from the British Library

The correct style for citing this book is
P. Audegean and L. Delia, *Le Moment Beccaria: naissance du droit pénal moderne* (1764-1810),
Oxford University Studies in the Enlightenment
(Liverpool, Liverpool University Press, 2018)

Cover illustration: *La Peine de mort* by Félicien Rops
(public domain, courtesy LA County Museum of Art).

Printed and bound in Poland by BooksFactory.co.uk

Oxford University Studies in the Enlightenment

Le Moment Beccaria

Naissance du droit pénal moderne (1764-1810)

Jamais, dans aucune autre période de l'histoire, le problème pénal n'a été aussi débattu qu'au siècle des Lumières. Or, l'événement déclencheur de ces débats est la publication des *Délits et des peines*, le petit livre de Cesare Beccaria dont la première édition paraît à Livourne en 1764. On assiste, après cette date et durant un demi-siècle, à une profusion impressionnante de réactions et de prolongements directement liés à cet ouvrage. A tel point que, pour désigner cette période, on a pu parler d'un 'moment Beccaria'.

Les recherches rassemblées dans ce volume explorent différents foyers thématiques et géographiques (Allemagne, Angleterre, France, Italie) de cette phase inédite et fondatrice de l'histoire européenne du droit de punir. Pourquoi cette soudaine publicité du problème pénal? Comment s'est-elle manifestée, par quels canaux, sous quelles formes théoriques et matérielles?

Comme le montre cet ouvrage, le droit pénal moderne est né d'un livre, mais aussi de ses interprétations: il est né des idées de Beccaria et des débats qu'elles ont provoqués. Ces deux sources se sont croisées et ne peuvent se comprendre l'une sans l'autre.

Table des matières

IV. Comment punir?

Introduction: les deux sources de la modernité pénale

PHILIPPE AUDEGEAN *et* LUIGI DELIA

Un débat sans précédent

Cet ouvrage repose sur un constat, sur une observation factuelle: jamais, dans aucune autre période de l'histoire, le problème pénal n'a été aussi débattu qu'au siècle des Lumières. Matière autrefois confidentielle et hautement spécialisée, le droit criminel s'ouvre brusquement à une sphère plus large de discussions publiques. Jadis formulée en latin dans d'épais volumes de doctrine, la question pénale 'tombe dans le domaine public': elle devient l'objet d'une controverse à laquelle prennent part un grand nombre de penseurs de tous horizons. Ce qui faisait l'objet de recherches savantes menées dans le cadre étroit des professionnels de l'érudition juridique devient accessible au citoyen éclairé, même dépourvu de compétence technique en droit pénal.

Or, il est à la fois banal et frappant de constater que l'événement déclencheur de ces débats est la publication des *Délits et des peines*, le petit livre de Beccaria dont la première édition paraît à Livourne, sans nom d'auteur, en juillet 1764. On assiste en effet, après cette date, à une profusion impressionnante de réactions et de prolongements directement liés à cet ouvrage. A tel point que, pour désigner cette

Ce volume est l'aboutissement d'un travail collectif commencé lors d'une double séance du XIVe Congrès international des Lumières (Rotterdam, juillet 2015).

période, on a pu parler d'un 'temps' placé sous le signe de Beccaria,[1] ou encore d'un 'moment Beccaria'.[2]

En peu de temps, l'ouvrage envahit en effet l'espace public. Il trouve d'abord un large écho dans les Etats italiens, avant et après la toute première loi européenne d'abolition de la peine de mort promulguée en Toscane en 1786. En France, le livre est omniprésent dans tous les débats sur la réforme de la justice pénale avant et après le commencement de la Révolution. Elégamment traduites en français dans la belle et infidèle version de l'abbé Morellet,[3] brillamment commentées par Voltaire, finement annotées par Diderot,[4] les nouvelles idées défendues par Beccaria dépassent rapidement les frontières du royaume de France pour être recensées ou reproduites, encensées ou décriées, traduites ou interprétées. Ce mouvement touche tous les pays européens, inspire en 1767 l'élaboration du *Nakaz* de l'impératrice de Russie Catherine II,[5] puis traverse l'Atlantique grâce à des relais culturels aussi efficaces que Thomas Jefferson, George Washington et John Adams, qui s'inspirent des *Délits et des peines* pour écrire les lois pénales de la jeune nation américaine.[6]

L'importance et l'intensité d'un tel débat ont attiré l'attention des contemporains eux-mêmes, au point de les inciter à en recueillir les pièces dans des périodiques, en appendice au livre de Beccaria, dans

1. Si, pour l'écrivain et patriote italien Luigi Settembrini, le livre de Beccaria a fait date, c'est 'parce qu'il marque le temps où on a aboli la torture et les atrocités dans les jugements criminels, et où on a commencé à se demander s'il était vraiment nécessaire de punir de mort les coupables' ('perché segna il tempo in cui fu abolita la tortura e le atrocità nei giudizi criminali, e si cominciò a pensare se è proprio necessaria la pena di morte ai colpevoli', *Lezioni di letteratura italiana*, t.3, Naples, 1876, p.68, nous traduisons).
2. Nous devons cette expression de 'moment Beccaria' à Michel Porret, *Beccaria: le droit de punir* (Paris, 2003), p.116. Elle a ensuite été réemployée par Luigi Delia, *Droit et philosophie à la lumière de l'Encyclopédie*, Oxford University studies in the Enlightenment (Oxford, Voltaire Foundation, 2015), dont la deuxième partie est intitulée 'Après l'*Encyclopédie*: le moment Beccaria' (p.165-239).
3. Voir Philippe Audegean, 'L'ombre de Morellet: les premières traductions françaises de Beccaria (1765-1822)', dans *Cesare Beccaria: la controverse pénale, XVIIIe-XXIe siècle*, éd. Michel Porret et Elisabeth Salvi (Rennes, 2015), p.119-32.
4. Voir L. Delia, *Droit et philosophie à la lumière de l'Encyclopédie*, p.167-80.
5. Dans ce projet inabouti de code pénal, plus de cent articles 'sont plus ou moins repris littéralement au texte de Beccaria' (Franco Venturi, *Europe des Lumières: recherches sur le XVIIIe siècle*, Paris, 1971, p.152).
6. Voir John D. Bessler, *Cruel and unusual: the American death penalty and the founders' Eighth Amendment* (Boston, MA, 2012), p.31-58.

des articles d'encyclopédie[7] ou encore dans de véritables anthologies raisonnées, dont la plus monumentale et la plus célèbre reste sans doute celle de Brissot de Warville.[8] Cette importance et cette intensité ont enfin été révélées par le recueil magnifique publié en 1965 par Franco Venturi dans son édition de *Dei delitti e delle pene*:[9] le présent volume se veut aussi un hommage rendu à ce travail remarquable qui a ouvert d'innombrables pistes de recherche. Mais ce riche recueil de textes, lettres, traductions, notes, dédicaces et autres documents n'a mis au jour que la partie émergée d'un ensemble beaucoup plus vaste et encore largement inexploré, voire inconnu, dont certains travaux récents ont commencé à révéler l'ampleur.[10] Un premier

7. En France, les idées de Beccaria sont commentées ou reproduites dans le *Répertoire de jurisprudence civile, criminelle, canonique et bénéficiale*, éd. Joseph-Nicolas Guyot, 64 vol. (Paris, Panckoucke, 1775-1783), ainsi que dans le 'Dictionnaire de jurisprudence' de l'*Encyclopédie méthodique* (éd. M. Lerasle *et al.*, 8 vol., Paris et Liège, Panckoucke, 1782-1789); dans la Confédération des XIII cantons, ces idées migrent dans deux recueils alphabétiques dirigés par Fortuné-Barthélémy De Felice: l'*Encyclopédie, ou Dictionnaire universel raisonné des connaissances humaines* (58 vol., Yverdon, De Felice, 1770-1780) et le *Code de l'humanité, ou la Législation naturelle, universelle, civile et politique* (13 vol., Yverdon, De Felice, 1778). Voir Luigi Delia, 'The migration of Beccaria's penal ideas in encyclopedic compilations (1770-1789)', dans *Translation and transfer of knowledge in encyclopedic compilations, 1680-1830*, éd. Clorinda Donato et Hans-Jürgen Lüsebrink (Toronto, à paraître).
8. Jacques-Pierre Brissot de Warville, *Bibliothèque philosophique du législateur, du politique, du jurisconsulte, ou Choix des meilleurs discours, dissertations, essais, fragments, composés sur la législation criminelle par les plus célèbres écrivains, en français, anglais, italien, allemand, espagnol etc., pour parvenir à la réforme des lois pénales dans tous les pays, traduits et accompagnés de notes et d'observations historiques*, 10 vol. (Berlin et Paris, Desauges, 1782-1785). Le premier volume s'ouvre, après le 'Discours préliminaire' de l'éditeur, par le *Traité des délits et des peines* de Beccaria.
9. Cesare Beccaria, *Dei delitti e delle pene, con una raccolta di lettere e documenti relativi alla nascita dell'opera e alla sua fortuna nell'Europa del Settecento*, éd. Franco Venturi (Turin, 1965).
10. Voir *La Peine de mort*, éd. Luigi Delia et Fabrice Hoarau, numéro thématique de la revue *Corpus: revue de philosophie* 62 (2012); *Penser la peine à l'âge des Lumières*, éd. Luigi Delia et Gabrielle Radica, numéro thématique de la revue *Lumières* 20 (2012); *La libertà attraverso il diritto: Illuminismo giuridico e questione penale*, éd. Dario Ippolito (Naples, 2014); *La Torture, de quels droits? Une pratique du pouvoir (XVIe-XXIe siècles)*, éd. Norbert Campagna, Luigi Delia et Benoît Garnot (Paris, 2014); Alejandro Agüero et Marta Lorente, 'Penal Enlightenment in Spain: from Beccaria's reception to the first criminal code', dans *The Spanish Enlightenment revisited*, éd. Jesús Astigarraga, Oxford University studies in the Enlightenment (Oxford, Voltaire Foundation, 2015), p.235-64; *Le Bonheur du plus grand nombre: Beccaria et les Lumières*, éd. Philippe Audegean, Christian Del Vento, Pierre Musitelli et Xavier Tabet (Lyon, 2017).

recensement réalisé dans le domaine italien pour la période comprise entre 1765 et 1806 nous a ainsi permis d'inventorier une cinquantaine de textes relevant sans équivoque possible du 'moment Beccaria', alors que Franco Venturi n'en signalait qu'une petite quinzaine.[11] De nombreuses sources restent donc encore à défricher, voire à découvrir, comme nous espérons avoir commencé à le faire dans cet ouvrage, qui couvre les territoires anglophones, francophones, germanophones et italophones.

Tel est le fait qui est à l'origine des recherches rassemblées dans ce volume: le 'moment Beccaria' comme phase inédite et fondatrice dans l'histoire européenne du droit de punir. Sans préjuger des multiples enquêtes que ce fait historique est susceptible d'inspirer, il nous semble que deux séries de questions s'imposent alors à l'attention des chercheurs: *pourquoi* cette soudaine 'publicité' du problème pénal et *comment* s'est-elle manifestée, par quels canaux, sous quelles formes théoriques et matérielles? Le présent volume ne prétend pas livrer une réponse à ces questions, mais seulement offrir des éléments et des instruments pour mieux en comprendre les enjeux, suggérer des hypothèses possibles et inviter à prolonger les recherches.

Pourquoi?

A la question 'pourquoi?', on peut ainsi tenter de proposer deux hypothèses solidaires.

La première consiste à suggérer que le droit pénal devient objet de discussion publique à partir du moment où sa définition même le rend intrinsèquement et douloureusement problématique. Or, ce qui le rend problématique est la définition qu'il reçoit dans le cadre de la nouvelle vision de la politique qui émerge à l'époque des Lumières. Le développement théorique d'un paradigme de gouvernement caractérisé par la subordination de l'autorité publique à la loi en vue de la protection des individus transforme en effet le statut même du droit pénal, qui n'est désormais plus conçu comme l'instrument du souverain pour établir ou rétablir l'ordre social, mais comme l'instrument du citoyen pour protéger et garantir sa liberté et sa sécurité. Ce n'est plus un instrument régalien voué à assurer la paix civile, mais une garantie du citoyen contre les violences privées et publiques qui menacent ses droits. Dès lors, dans ce discours politique *ex parte civium*, le pouvoir de punir apparaît dans toute sa tragique ambivalence, puisque ses droits

11. Voir l'inventaire placé en annexe dans le présent volume.

et ses sanctions risquent à tout moment d'envahir la sphère d'immunité garantie par les droits mêmes qu'il défend. Il est certes indispensable à la protection de la vie, de l'intégrité, de la liberté et de la propriété des personnes, mais, pour les protéger des violations qui les menacent, il menace lui-même de les violer. Cet instrument doit donc également nous protéger de lui-même: le problème pénal consiste désormais à savoir comment se protéger de cela même qui nous protège. La nouvelle vision de la politique qui émerge à l'époque des Lumières rend ainsi le droit pénal terriblement ambigu et menaçant: ce même pouvoir qui est chargé de nous protéger risque à tout moment de retourner sa violence contre nous. On comprend alors pourquoi il donne lieu à des débats si intenses et si tourmentés: quelles sont les conditions qui justifient le pouvoir de punir? Pourquoi, quand et comment peut-il être exercé?

Une seconde hypothèse, qui prolonge et complète la précédente plus qu'elle ne s'y oppose, et qui ouvre un champ de recherches plus qu'elle ne prétend donner la solution d'un problème, consiste à relier l'ampleur des débats suscités par le livre de Beccaria au fait que les Lumières conçoivent le droit de punir comme une dimension centrale et décisive de la vie politique. Selon certains des penseurs les plus représentatifs de cette époque (Bentham, Filangieri, Montesquieu, Sonnenfels, Voltaire, etc.), ce qui est en jeu dans le droit pénal est en effet la différence même entre la liberté et l'oppression: la construction de l'Etat de droit se fera sur le terrain des crimes et des châtiments. Peut-être doit-on chercher l'origine d'une telle idée chez Montesquieu: 'La liberté politique consiste dans la sûreté, ou du moins dans l'opinion que l'on a de sa sûreté. Cette sûreté n'est jamais plus attaquée que dans les accusations publiques ou privées. C'est donc de la bonté des lois criminelles que dépend principalement la liberté du citoyen.'[12] Dans ce contexte, le problème de la qualification des crimes, des modalités des peines encourues et des règles de procédure pénale est projeté sur le devant de la scène. Dans la seconde moitié du dix-huitième siècle, le droit pénal n'est ainsi plus considéré comme une branche du droit parmi d'autres. La vision émergente de l'ordre politique en fait au contraire un segment essentiel, voire fondateur, des institutions démocratiques assurant la liberté et la sécurité des personnes, comme

12. Montesquieu, *L'Esprit des lois*, éd. Robert Derathé, 2 vol. (Paris, 2011), XII.2, t.1, p.202. Voir Céline Spector, *Montesquieu: liberté, droit et histoire* (Paris, 2010), p.192-204; Dario Ippolito, *Lo spirito del garantismo: Montesquieu e il potere di punire* (Rome, 2016), p.37-42 et 95-101.

le montrent un grand nombre d'articles de la *Déclaration des droits de l'homme* de 1789, qui traduisent les nouveaux principes du droit pénal en dispositions normatives de rang constitutionnel.[13]

Comment?

A la question 'comment?', on découvrira les éléments d'une réponse dans les différents chapitres de cet ouvrage. Aussi nous en tiendrons-nous, à titre préalable et sur un plan plus général, aux trois considérations suivantes.

En publiant un volume consacré au 'moment Beccaria', notre ambition n'est pas de mesurer l'*influence*, souterraine ou directe, exercée par *Des délits et des peines*, mais de mettre au jour et d'étudier la *constitution d'un espace de débats et de discussions* autour des questions abordées par Beccaria dans son livre. Parmi ces questions, on en retiendra trois qui, toutes, avaient déjà été posées par Montesquieu dans *L'Esprit des lois*: 'S'ils [les jugements] étaient une opinion particulière du juge, on vivrait dans la société sans savoir précisément les engagements que l'on y contracte'; 'dans celles [les choses] qui blessent la Divinité, là où il n'y a point d'action publique, il n'y a point de matière de crime: tout s'y passe entre l'homme et Dieu, qui sait la mesure et le temps de ses vengeances'; 'L'expérience a fait remarquer que, dans les pays où les peines sont douces, l'esprit du citoyen en est frappé, comme il l'est ailleurs par les grandes.'[14]

La première de ces questions est celle de l'arbitraire judiciaire et de la codification pénale,[15] dans le contexte d'un processus amorcé au seizième siècle et qui connaît son apogée avec le Code pénal napoléonien de 1810, lui-même précédé par le Code autrichien de 1791.[16] L'affirmation de la légalité des peines est en effet au fondement

13. Voir les articles v et vii-xii, soit sept articles sur les dix-sept que compte la *Déclaration*, auxquels il faut ajouter certains aspects des articles iv et vi.
14. Montesquieu, *L'Esprit des lois*, XI.6, t.1, p.171; XII.4, t.1, p.204; VI.12, t.1, p.94. Voir Alberto Burgio, 'Entre droit et politique', dans *Figures italiennes de la rationalité*, éd. Christiane Menasseyre et André Tosel (Paris, 1997), p.375-95.
15. Sur l'histoire doctrinale du concept juridique de codification, voir Giovanni Tarello, *Storia della cultura giuridica moderna: assolutismo e codificazione del diritto* (Bologne, 1976); sur la 'révolution' amorcée par la codification pénale, voir Renée Martinage, *Histoire du droit pénal en Europe* (Paris, 1998), p.56.
16. Sur Beccaria, voir Philippe Audegean, 'Codification et interprétation: le §IV des *Délits et des peines* de Beccaria', dans *Les Lumières du pénal*, éd. Jérôme Ferrand et Xavier Pin, *L'Irascible* 1 (2011), p.15-34; sur les codes du dix-huitième siècle et

de la conception moderne de l'Etat de droit. Une autre question soulevée dans les *Délits* tient à l'élaboration d'une nouvelle économie des peines qui, fondée sur le concept d'utilité, invite à dénoncer le caractère confessionnel de l'ancien droit et à réfléchir aux conditions d'une laïcisation du droit moderne. Cette désacralisation du droit de punir a aussitôt été censurée par l'Eglise romaine: les *Délits* sont placés à l'*Index* dès 1766. Enfin, une troisième question promise à la discussion est l'exigence, formulée par Beccaria, d'un adoucissement des peines en vue d'une plus grande humanité du régime pénal. La justice suppliciaire d'Ancien Régime est accusée d'irrationalité, de démesure et de cruauté par un ouvrage qui culmine dans ses deux réquisitoires des chapitres XVI et XXVIII, aussi éloquents qu'audacieux, contre la torture et la peine de mort. Mais la liste de ces questions n'est pas close, et il importe aussi d'observer comment l'espace des discussions s'élargit vers des questions que n'avait pas abordées Beccaria, ou qu'il n'avait abordées que marginalement, comme celle des mérites comparés de la procédure accusatoire et de la procédure inquisitoire ou la question carcérale.[17]

Mais comment esquisser une cartographie de ces débats complexes où dialoguent des savants (juristes et théologiens), des hommes d'Etat et des 'gens de lettres'? Il convient ici de souligner combien il serait réducteur et inexact de croire qu'aux partisans de Beccaria se sont opposés *sic et simpliciter* les tenants de la tradition théologico-juridique, dont les plus célèbres sont sans doute Muyart de Vouglans en France[18] et Ferdinando Facchinei en Italie. La réalité est en effet plus complexe et plus nuancée qu'il n'y paraît. En même temps que les thèses de Beccaria forcent l'admiration du camp philosophique et de certains milieux éclairés de la magistrature, elles suscitent auprès de ce même

leurs précédents depuis le seizième siècle, voir Yves Cartuyvels, *D'où vient le code pénal? Une approche généalogique des premiers codes pénaux absolutistes au XVIII*e *siècle* (Paris et Bruxelles, 1996).

17. Sur le premier point, voir Gaetano Filangieri, *La scienza della legislazione* (1780-1791), éd. Vincenzo Ferrone, 7 vol. (Venise, 2003-2004), t.3, éd. Francesco Toschi Vespasiani (liv.III, 'Delle leggi criminali', 1re partie, 'Della procedura'); Dario Ippolito, 'Diritto e processo nell'Illuminismo meridionale', dans *Diritti e potere: indagini sull'Illuminismo penale* (Rome, 2012), p.105-50. Sur le second point, la référence obligée est bien entendu Michel Foucault, *Surveiller et punir: naissance de la prison* (Paris, 1975); sur Beccaria et la prison, voir Philippe Audegean, 'Beccaria et la naissance de la prison', dans *Prison et droits: visages de la peine*, éd. Luigi Delia, *L'Irascible* 5 (2015), p.47-68.

18. Voir André Langui, 'P.-F. Muyart de Vouglans ou l'anti-Beccaria (1713-1791)', *Archives de philosophie du droit* 39 (1994), p.169-79.

public toutes sortes de perplexités et de réticences. Ainsi, il n'est pas rare qu'un même lecteur savant des *Délits et des peines* loue l'esprit de justice et d'humanité de Beccaria, tout en se montrant hostile à ses propositions de bannir la torture judiciaire sous toutes ses formes ou de remplacer la peine de mort par les travaux forcés à perpétuité. C'est donc à la découverte d'un débat complexe et multiforme, où les camps ne se découpent pas nettement mais dessinent des espaces mouvants qui tantôt divergent et tantôt se superposent, que nous invitons les lecteurs de cet ouvrage.

La question 'comment?' ouvre enfin un problème plus complexe de caractérisation et de périodisation: qu'est-ce qui se joue dans ces discussions et ces débats? En faisant vaciller l'organisation de l'ancien système répressif, *Des délits et des peines* se place incontestablement à l'origine de la modernité pénale. Mais ce que nous voulons suggérer dans le présent ouvrage, c'est que cette origine ne se situe pas tant dans les quelque cent pages publiées à Livourne en 1764 que dans les milliers de pages qu'elles ont suscitées, en quelques décennies de discussions où toute l'histoire du droit pénal européen s'est remise en question et s'est interrogée pour penser et préparer ses transformations. Notre droit pénal a deux sources, qu'il faut à la fois réunir et distinguer si l'on veut se donner les moyens de comprendre son origine et sa genèse: Beccaria, puis le moment Beccaria.

Le présent volume se donne ainsi pour objectif d'éclairer l'espace de temps situé entre la parution du chef-d'œuvre des Lumières italiennes et le double avènement européen de la codification juridique et de la prison pénale. Dans les discussions qui, à une échelle inédite, traversent cet espace, on assiste à la gestation et à l'élaboration du droit pénal moderne. Entre le déclin des supplices et la naissance de la prison légale se dénoue la crise des anciennes pratiques punitives et se prépare l'avènement du paradigme carcéral qui est encore le nôtre. Et si, aujourd'hui, notre droit pénal traverse une crise multiforme, notamment symbolisée par la crise de l'institution carcérale,[19] notre volume se donne aussi pour objectif d'éclairer cette crise en remontant à ses sources, aux origines intellectuelles du droit pénal moderne.

19. De nombreuses voix soulignent ainsi que la prison ne répond pas aux objectifs qui lui sont assignés. Elle ne protège pas adéquatement la société, dans la mesure où elle ne fait pas baisser le taux de récidive: voir Annie Kensey, *Prison et récidive* (Paris, 2007). Très souvent, les peines détentives violent en outre les droits fondamentaux des détenus (intégrité physique et dignité). Enfin, elles ne favorisent pas la réinsertion des condamnés.

Le moment Beccaria

Différents foyers thématiques et géographiques de ce vaste mouvement de débats et de discussions sont ainsi explorés dans les pages qui suivent.

Il nous a paru opportun d'engager la réflexion en partant de la vivacité même des réactions suscitées par le livre de Beccaria. D'un côté comme de l'autre, du côté des enthousiasmes et des acclamations comme du côté des censures et des condamnations, on perçoit un même sentiment d'urgence, une même fébrilité – euphorique ou inquiète – à l'égard de ce qui apparaît aussitôt comme un événement fondateur et fondamental de la réflexion pénale. Le premier chapitre de cet ouvrage porte ainsi sur le *Commentaire* de Voltaire, véritable point d'impulsion et d'élan du moment Beccaria. Comme le souligne Ethel Groffier, Voltaire n'a pas seulement été le premier à mesurer l'importance du projet réformateur de Beccaria: dans le style brillant qui le caractérise, il a également su aborder les principales questions soulevées par un tel projet. Sur le versant opposé, Alberto Bondolfi analyse les réactions de deux représentants italiens de la théologie catholique. Tous deux saisissent l'importance théorique du livre, mais le second, en 1766, doit désormais tenir compte de son succès international: alors que, à Venise, Facchinei accuse d'irréligion un ouvrage qui évite pourtant soigneusement de prêter le flanc aux controverses théologiques, le censeur romain du Saint-Office le condamne comme dangereux, mais non comme hérétique.

La deuxième partie du volume porte sur les débats suscités par *Des délits et des peines* autour de la question: pourquoi punir? Dans le chapitre XII, Beccaria donne une priorité inédite au principe de la prévention, allant même dans le chapitre XVI jusqu'à réduire les 'buts des peines' à la seule dissuasion.[20] Christophe Béal montre d'abord que les réformistes anglais ont accueilli ce principe sans céder à cette réduction: contre les partisans de la sévérité pénale qui, au nom de ce principe, se réclamaient paradoxalement de Beccaria, ils l'ont en effet interprété à la lumière d'autres sources doctrinales dont certaines, comme le jusnaturalisme, sont également présentes dans les *Délits*. Passant de l'Angleterre à l'Allemagne, Pietro Costa analyse ensuite la critique kantienne de l'abolitionnisme, qui vise à résister au tournant

20. Voir Cesare Beccaria, *Des délits et des peines*, éd. Philippe Audegean (Lyon, 2009), chap.XVI, p.191: 'Quel est le but politique des peines? La terreur des autres hommes.'

utilitariste introduit par Beccaria dans la philosophie pénale. Telle est ainsi l'attitude qui conduit Kant à inventer l'opposition moderne entre deux principes qui, avant Beccaria, étaient encore perçus comme complémentaires: celui de la prévention, qui sert de clé de voûte à la théorie pénale exposée dans les *Délits*, et celui de la rétribution, placé par le philosophe allemand au fondement de sa propre théorie. Qu'en est-il enfin de cette autre fonction traditionnellement assignée aux peines qu'est la correction du coupable? Si, en 1807, dans *De l'exposition, de la prison et de la peine de mort*, le philanthrope français Charles-Louis-Fleury Panckoucke propose de remplacer les peines corporelles par la privation de liberté, c'est précisément au motif que celle-ci favorise la transformation morale du détenu. Comme le montre Luigi Delia, cet auteur qui se réclame des Lumières juridiques fonde tout son projet réformateur sur un principe étranger à la réflexion de Beccaria, celui de l'amendement pénal.

Une autre question soulevée par les *Délits* concerne le déroulement du procès. Beccaria assigne en effet deux tâches à la théorie pénale des Lumières: elle devra combattre non seulement 'la cruauté des peines', mais aussi 'l'irrégularité des procédures criminelles'.[21] C'est sur ce dernier versant que se déplacent les trois chapitres suivants, consacrés à la procédure pénale: comment faire coïncider le verdict et la vérité? Un vaste débat sur l'arbitraire du juge est ainsi déclenché par la thèse du syllogisme judiciaire énoncée dans le chapitre IV des *Délits*: comme le souligne Annamaria Monti, la justice pénale devient alors un lieu d'échange entre l'ancienne *scientia juris* et les nouveaux savoirs politiques. Or, les juristes hostiles au mouvement des Lumières n'étaient pas moins soucieux que leurs interlocuteurs de réformer le procès pénal: mieux armés pour affronter la complexité concrète des questions de procédure, ils ont eux aussi préparé les travaux des codificateurs du dix-neuvième siècle. Le chapitre suivant remonte alors dans le temps du procès en passant du prononcé de la sanction au verdict de culpabilité: comment établir les faits? Si le thème du jury populaire est abordé sous la Révolution française en termes de souveraineté du peuple, il avait pourtant reçu un traitement tout différent avant 1789. Emmanuelle de Champs montre en effet qu'il répondait alors à une question de calcul des probabilités: dans le chapitre XIV des *Délits*, puis chez Condorcet et Bentham, il apparaît comme un moyen pour pallier l'incertitude des décisions de justice. Enfin, le chapitre

21. C. Beccaria, *Des délits et des peines*, 'Introduction', p.145. Cette dernière question fait l'objet des chapitres XIII à XVIII du livre.

suivant remonte encore dans le temps du procès jusqu'à l'information judiciaire et l'interrogatoire de l'accusé. Le chapitre XVI des *Délits* avait montré non seulement que la torture ne permet pas de découvrir la vérité, mais qu'elle empêche même d'y accéder. En effet, la douleur altère les expressions du visage où, justement, la vérité se révèle parfois involontairement. Dans un livre paru en 1792 à Halle, le kantien Johann Christian Gottlieb Schaumann se fonde sur cette argumentation pour développer le concept de psychologie criminelle. L'analyse de Wolfgang Rother montre que cette science empirique de l'âme humaine exige du juge un comportement sensible, averti, respectueux, impartial et empathique qui lui permet de gagner la confiance de l'accusé.

La dernière partie du volume revient enfin sur la première des deux tâches assignées par le philosophe milanais à la réforme pénale: comment punir? On constate cependant que l'historiographie s'est rarement penchée sur les réponses offertes à cette question par les penseurs des Lumières. Dario Ippolito estime que ni Michel Foucault, qui traite abondamment ce thème dans *Surveiller et punir*, ni Giovanni Tarello, qui l'aborde à nouveau un an plus tard, ne fournissent des instruments adéquats pour comprendre et distinguer les différentes doctrines de la peine juste qui s'affrontent au dix-huitième siècle. A titre exploratoire et programmatique, il propose d'éclairer ces débats à la lumière de deux principes distincts qu'on a trop souvent tendance à confondre: celui de l'*homogénéité* entre les délits et les peines, fondé sur un idéal jusnaturaliste et rétributiviste, et celui de *proportionnalité*, justifié au contraire par des arguments utilitaristes.

A l'évidence, l'un des moments cruciaux de cette vaste discussion se trouve dans le célèbre chapitre XXVIII des *Délits* qui, condamnant la peine de mort comme injuste et inutile, offre sa première application au principe énoncé par Beccaria dans le chapitre immédiatement précédent, celui de la 'douceur des peines'. Les deux derniers chapitres de notre livre analysent deux réactions distinctes à cette critique. En montrant que l'Etat, pourvu qu'il soit bien ordonné, n'a pas le droit de faire usage de son droit de vie et de mort, et donc en s'accordant avec Beccaria pour dire que la peine de mort, n'étant pas nécessaire, n'est pas juste, l'Autrichien Joseph von Sonnenfels semble contredire la logique même de l'objection qu'il avait faite à Beccaria en déduisant le droit étatique de *punir* de mort du droit individuel de *se défendre*. Comme le montre Norbert Campagna, son argument repose en effet sur le constat qu'il existe deux catégories de criminels: si la mort n'est pas nécessaire pour dissuader les premiers, elle ne suffit pas pour dissuader les seconds, auxquels on l'applique alors non comme acte de *punition*, mais comme acte de *défense* – ce qui revient à distinguer ce que Sonnenfels avait d'abord confondu. Francesco Berti analyse enfin la théorie pénale du Sicilien Tommaso Natale, dont l'inspiration contractualiste et utilitariste le rapproche apparemment de Beccaria. Ses tendances réformatrices, dont témoigne notamment sa critique de la peine de mort – menée toutefois, comme chez Sonnenfels, au nom de son inefficacité et non de son illégitimité – coexistent cependant avec une attitude conservatrice de défense de l'Ancien Régime qui le conduit à critiquer les idées de Beccaria en faveur de l'égalité juridique des citoyens et de la laïcité des institutions.[22]

Le droit pénal moderne est né d'un livre et de ses interprétations, d'une doctrine et de ses lecteurs, des idées de Beccaria et des débats qu'elles ont provoqués. Ses deux sources se sont croisées et ne peuvent se comprendre l'une sans l'autre: c'est à la découverte de ces croisements, des malentendus ou des équivoques qu'ils ont pu susciter, des approfondissements, des déplacements, des dilemmes et des avancées qu'ils ont également engendrés, que le présent volume souhaite inviter ses lecteurs.

22. Les chapitres rédigés par Francesco Berti, Pietro Costa, Dario Ippolito et Annamaria Monti ont été traduits de l'italien par Philippe Audegean.

I

Enthousiasmes et condamnations

Voltaire vulgarisateur de Beccaria

ETHEL GROFFIER

Voltaire lit *Dei delitti e delle pene* dès octobre 1765: 'Je commence à lire aujourd'hui un livre italien des délits et des peines. A vue de pays cela paraît philosophique; l'auteur est un frère',[1] écrit-il à Etienne Damilaville. A ce moment, il vient d'en finir avec l'affaire Calas. Il a réussi à faire réhabiliter la mémoire du défunt, accusé d'avoir assassiné son fils pour l'empêcher de se convertir au catholicisme et condamné à être roué à Toulouse en mars 1762. Il est en plein combat pour obtenir la réhabilitation des Sirven sur lesquels pèse une accusation similaire. Comme toujours, il est d'une activité folle. Il travaille à sa tragédie *Adélaïde*. Ferney ne désemplit pas de visiteurs et le château est plein d'ouvriers occupés à sa rénovation.[2] Et il y a toujours la correspondance quotidienne...

Malgré l'intérêt qu'il a pu ressentir, Voltaire, surchargé, ne réagit donc pas immédiatement à l'ouvrage de Beccaria. Peut-être sont-ce la traduction de l'abbé Morellet, et surtout les entretiens qu'il dut avoir avec lui lors de sa visite en juin 1766, qui lui firent voir que ce livre était 'une arme pratique d'usage immédiat'?[3] Peut-être est-ce l'exécution du chevalier de La Barre[4] qui renforça son indignation devant l'atrocité et

1. *Correspondence and related documents*, éd. Theodore Besterman, dans *The Complete works of Voltaire* (désormais *OCV*), t.85-135 (Oxford, 1968-1977), Voltaire à Etienne-Noël Damilaville, 16 octobre 1765 (D12938). Pour plus de détails sur Voltaire et Beccaria, voir Ethel Groffier, *Criez et qu'on crie! Voltaire et la justice pénale* (Québec, 2011), chap.VII.
2. Voir Marie-Louise Denis à Marie-Jeanne Pajot de Vaux, octobre-novembre 1765 (D12962).
3. Francis Teitgen, *Cesare Beccaria, ou l'Utilité du bonheur* (Paris, 2008), p.25.
4. Le chevalier de La Barre fut décapité le 1er juillet 1766 pour n'avoir pas salué une procession, avoir chanté des chansons impies et possédé des livres prohibés. Il était aussi accusé d'avoir participé à la profanation d'un crucifix, ce qui ne fut pas prouvé.

l'absurdité de certains châtiments?[5] Toujours est-il qu'il publia vers la fin 1766 un long *Commentaire sur le livre Des délits et des peines par un avocat de Besançon*. Cet 'avocat de Besançon' n'est pas seulement l'un des multiples masques de Voltaire. Le *Commentaire* a bénéficié de la collaboration d'un jeune avocat, Charles-Gabriel-Frédéric Christin, habitant de Saint-Claude, qui possédait une riche bibliothèque à laquelle Voltaire eut de temps à autre recours.[6] Mais tout le monde savait qui était l'auteur principal, et son commentaire ajouta à la célébrité de l'œuvre que la traduction de Morellet – si infidèle fût-elle – avait fait connaître. Il ne s'agit d'ailleurs pas vraiment d'un commentaire, mais plutôt d'un écrit illustrant par de nombreux exemples l'ouvrage surtout théorique de Beccaria. Le *Prix de la justice et de l'humanité*, de 1777, le dernier texte et le plus achevé que Voltaire ait écrit sur la justice pénale, est plus proche des préoccupations générales de Beccaria que le philosophe évoquera aussi dans plusieurs autres écrits, notamment le *Dictionnaire philosophique* et les *Questions sur l'Encyclopédie*.

L'ouvrage de Beccaria est un 'manifeste politique rédigé en vue de produire une réforme',[7] inspiré en grande partie par une philosophie utilitariste et l'intérêt de son auteur pour la science économique, bien que celui-ci ne parvienne pas toujours à réconcilier sa vision utilitariste du droit avec le recours au contractualisme et au jusnaturalisme.[8] Dès l'introduction, il précise le fondement et les limites du droit de punir: les lois doivent avoir pour but 'le bonheur le plus grand partagé par le plus grand nombre'.[9]

5. Voir Marcello Maestro, *Voltaire and Beccaria as reformers of criminal law* (New York, 1975), p.76 et suivantes.
6. Voir Voltaire à Charles Gabriel Frédéric Christin, 2 décembre 1765 (D13020) et 29 novembre 1766 (D13700).
7. Alvaro P. Pires, 'Beccaria, l'utilitarisme et la rationalité pénale moderne', dans *Histoire des savoirs sur le crime et la peine*, éd. Christiane Debuyst, Françoise Digneffe et Alvaro P. Pires, 2 vol. (Bruxelles, 2008), t.2, p.109-74 (115).
8. Voir Philippe Audegean, *La Philosophie de Beccaria: savoir punir, savoir écrire, savoir produire* (Paris, 2010), p.123.
9. Cesare Beccaria, *Des délits et des peines*, éd. Philippe Audegean (Lyon, 2009), 'Introduction', p.143. Cette édition sera désormais abrégée *DP* dans les citations.

Le droit de punir

Pour jouir de la protection des lois, les hommes s'unirent en société, comme le dit Rousseau dans le *Contrat social*.[10] Beccaria précise (*DP*, chap.I, p.147):

> Ils en sacrifièrent une partie [de leur liberté] pour jouir du reste avec sûreté et tranquillité. La somme de toutes ces portions de liberté sacrifiées au bien de chacun forme la souveraineté d'une nation, et le souverain en est le légitime dépositaire et administrateur; mais [...] il fallait le défendre [ce dépôt] contre les usurpations privées de chaque homme en particulier, qui cherche toujours à ôter du dépôt non seulement sa propre portion, mais à usurper également celle des autres.

Il fallait donc élever un rempart contre cette usurpation, c'est-à-dire établir des peines pour les infracteurs des lois. Or, chacun ne veut mettre à la disposition de la communauté que la plus petite partie possible de sa liberté, 'celle-là seule qui suffise à engager les autres à se défendre. L'agrégat de ces plus petites portions possibles forme le droit de punir' (*DP*, chap.II, p.149).

Voltaire ne reprend pas cet aspect contractualiste du droit de punir, auquel il ne croit guère et qui cadre mal avec son idéal du despote éclairé, roi philosophe et législateur sage, capable de protéger ses sujets contre les excès de sévérité des magistrats et les abus des ministres. Son utilitarisme sans compromis est bien illustré par l'article 'Supplices' des *Questions sur l'Encyclopédie*, dans lequel il énumère un bon nombre d'exécutions célèbres et demande à quoi elles ont pu bien servir.[11] Dans le *Commentaire*, il entre immédiatement dans le vif du sujet:

> J'étais plein de la lecture du petit livre *Des délits et des peines*, qui est en morale ce que sont en médecine le peu de remèdes dont nos maux pourraient être soulagés. Je me flattais que cet ouvrage adoucirait ce qui reste de barbare dans la jurisprudence de tant de nations;

10. Voir Jean-Jacques Rousseau, *Du contrat social* (1762), éd. Robert Derathé, dans *Œuvres complètes*, t.3 (Paris, 1964), I.6, p.380. De son propre aveu, Beccaria a trouvé son inspiration dans les œuvres de Rousseau, d'Helvétius et des autres philosophes des Lumières: voir Cesare Beccaria, lettre à André Morellet, 26 janvier 1766, dans *Carteggio*, 1re partie: *1758-1768*, éd. Carlo Capra, Renato Pasta et Francesca Pino Pongolini, dans *Edizione nazionale delle opere di Cesare Beccaria*, éd. Luigi Firpo et Gianni Francioni, t.4 (Milan, 1994), p.122.
11. Voir Voltaire, *Questions sur l'Encyclopédie*, éd. Christiane Mervaud et Nicholas Cronk, dans *OCV*, t.38-43 (Oxford, 2007-2013), t.43, p.321 et suivantes.

> j'espérais quelque réforme dans le genre humain, lorsqu'on m'apprit qu'on venait de pendre dans une province, une fille de dix-huit ans, belle et bien faite, qui avait des talents utiles, et qui était d'une très honnête famille.
>
> Elle était coupable de s'être laissé faire un enfant; elle l'était encore davantage d'avoir abandonné son fruit.[12]

Il dénonce une loi 'injuste, inhumaine et pernicieuse [...] en ce qu'elle ravit à la société une citoyenne qui devait donner des sujets à l'Etat, dans une province où l'on se plaint de la dépopulation'.[13] Ce qu'il aurait fallu faire était d'établir dans cette province 'des maisons secourables où les enfants exposés seraient nourris'.[14]

La démarche est typique de Voltaire. Une anecdote conduit à une idée très importante, mais peu développée: 'Assurez, autant que vous le pourrez une ressource à quiconque est tenté de mal faire, et vous aurez moins à punir.'[15] La prévention réside dans une meilleure organisation de la société. S'il y avait des refuges pour les filles enceintes, du travail pour les pauvres, il y aurait moins de délits et moins de raisons de punir.

Du fondement du droit de punir établi par Beccaria découlent un certain nombre de conséquences. Les lois seules peuvent déterminer le châtiment des délits. Le souverain, qui représente la société, ne peut faire que des lois générales, auxquelles tous doivent être soumis. Il ne lui appartient pas de juger si quelqu'un a enfreint ces lois. Les sentences du magistrat ne doivent être qu'une simple affirmation ou négation de faits particuliers. Dans toute affaire criminelle, il 'doit faire un syllogisme parfait: la majeure doit être la loi générale, la mineure est l'action conforme ou non à la loi, la conséquence est la liberté ou la peine' (*DP*, chap.IV, p.153). L'arbitraire disparaît pour faire place au principe de légalité. Lorsque la loi sera fixée de manière à devoir être suivie à la lettre et qu'elle ne confiera au magistrat que le soin d'examiner les actions des citoyens pour décider si elles sont ou

12. Voltaire, *Commentaire sur le livre Des délits et des peines par un avocat de province* (1766-1767), éd. Christophe Cave, dans *OCV*, t.61A (Oxford, 2012), chap.I, p.81.
13. Voltaire, *Commentaire*, chap.I, p.83.
14. Voltaire, *Commentaire*, chap.I, p.83.
15. Voltaire, *Commentaire*, chap.I, p.84. La peine de mort pour les infanticides était prévue par l'Edit contre le recel de grossesse et d'accouchement de février 1556 (voir *Recueil général des anciennes lois françaises*, éd. Alphonse-Honoré Taillandier *et al.*, 29 vol., Paris, 1821-1833, t.13, n° 364), mais au dix-huitième siècle elle était rarement appliquée: voir Benoît Garnot, *Histoire de la justice: France, XVIe-XXIe siècle* (Paris, 2009), p.101.

non conformes à cette loi, le juste et l'injuste ne seront plus une affaire de controverse, mais de fait. Les citoyens ne seront plus soumis au despotisme des juges. Il faut donc des lois claires, écrites, accessibles à tous par l'imprimerie. 'Je ne trouve aucune exception à cet axiome général: tout citoyen doit savoir quand il est coupable ou quand il est innocent' (*DP*, chap.XI, p.177).

Beccaria n'était pas juriste. S'il éliminait le pouvoir du juge d'aggraver la peine, qui préoccupait les critiques du système judiciaire, il le privait également de celui de l'adoucir grâce à des circonstances atténuantes laissées à son appréciation. Voltaire se méfiait également du pouvoir des juges. Dans un pamphlet mordant contre Rousseau et contre l'Eglise, datant de 1765, les *Idées républicaines par un membre d'un corps*, il exprime la même idée que Beccaria en insistant sur la nécessité d'avoir des lois claires, ne laissant aucune place à l'arbitraire:

> XL
>
> Un tribunal doit avoir des lois fixes pour le criminel comme pour le civil; rien ne doit être arbitraire, et encore moins quand il s'agit de l'honneur et de la vie que lorsqu'on ne plaide que pour de l'argent.
>
> XLI
>
> Un code criminel est absolument nécessaire pour les citoyens et pour les magistrats. Les citoyens alors n'auront jamais à se plaindre des jugements, et les magistrats n'auront point à craindre d'encourir la haine [...]. Il faut une puissance pour juger par cette loi seule, et une autre puissance pour faire grâce.[16]

Mais, dans le *Commentaire*, il s'éloigne sur ce point de Beccaria:

> Il y a des affaires criminelles, ou si imprévues, ou si compliquées, ou accompagnées de circonstances si bizarres, que la loi elle-même a été forcée dans plus d'un pays d'abandonner ces cas singuliers à la prudence des juges. Mais s'il se trouve en effet une cause dans laquelle la loi permette de faire mourir un accusé qu'elle n'a pas condamné, il se trouvera mille causes dans lesquelles l'humanité, plus forte que

16. Voltaire, *Idées républicaines par un membre d'un corps* (1765), dans *Œuvres complètes de Voltaire*, t.24 (Paris, 1879), p.413-32 (424). L'idée qu'interpréter la loi est presque toujours la corrompre figure également dans Voltaire, 'Lois civiles et ecclésiastiques', dans *Dictionnaire philosophique* (écrit probablement avant le *Commentaire*), éd. Ulla Kölving et Christiane Mervaud, dans *OCV*, t.35-36 (Oxford, 1994), t.36, p.323.

la loi, doit épargner la vie de ceux que la loi elle-même a dévoués à la mort.[17]

Ce pouvoir des juges de modifier la peine en l'aggravant ou en l'adoucissant selon les circonstances remonte au droit romain. On distinguait un grand nombre de causes susceptibles de permettre au juge d'atténuer – et plus rarement d'aggraver – la peine. Certaines sont encore considérées aujourd'hui, comme la démence, la provocation, la minorité ou la contrainte. La tâche du juge était considérable. Il devait, en principe, examiner dans chaque cas tous les éléments constitutifs du crime, non seulement les faits, mais la personnalité du coupable, les diverses causes d'exonération, d'atténuation ou d'aggravation, pour mesurer la responsabilité du délinquant.[18] Il n'avait pour ce faire aucune règle écrite, ni les coutumes, ni les ordonnances royales ne traitant de ces questions. Seuls les commentaires doctrinaux pouvaient parfois l'éclairer.[19] Le pouvoir arbitraire des juges s'exerçait donc pour modifier la peine 'ordinaire' du crime en peine 'extraordinaire' ou 'arbitraire', mais il s'exerçait aussi lorsque la loi réprimant l'infraction n'avait pas fixé de peine ou lorsque l'acte commis n'avait pas reçu de qualification pénale tout en étant fondamentalement répréhensible aux yeux du droit. L'imprécision des lois risquait de provoquer des dérives, ce qui explique la méfiance des deux auteurs à l'égard de 'l'arbitraire des juges'. Il faut cependant aborder le pouvoir arbitraire du juge avec prudence. Selon certains pénalistes, il ne pouvait s'exercer qu'en l'absence d'une loi précise.[20] En outre, il était contesté qu'il puisse être exercé par les tribunaux inférieurs.

Tout comme Montesquieu, Beccaria veut voir une proportion entre les délits et les peines. Si un châtiment égal est destiné à deux actions qui blessent inégalement la société, nul obstacle n'empêchera les hommes de commettre celle qui leur sera la plus avantageuse,

17. Voltaire, *Commentaire*, chap.x, p.117.
18. Pour l'évaluation de ce pouvoir et de ses limites au cours des siècles, voir Bernard Schnapper, *Les Peines arbitraires du XIIIe au XVIIIe siècle: doctrines savantes et usages français* (Paris, 1974).
19. Voir Jean-Marie Carbasse, *Histoire du droit pénal et de la justice criminelle* (Paris, 2006), p.226 et suivantes.
20. Voir Daniel Jousse, *Traité de la justice criminelle de France*, 4 vol. (Paris, Debure, 1771), t.2, 4e partie, chap.iii, 'Des sentences, jugements et arrêts', titre xxv, n° 172, p.594; François Serpillon, *Code criminel* (Lyon, Périsse, 1767), titre xxv, art.12, n° 8; et contre cet avis, Pierre-François Muyart de Vouglans, *Institutes au droit criminel*, t.1 (Paris, Le Breton, 1757), p.32.

quoiqu'elle soit aussi la plus criminelle (voir *DP*, chap.VI, p.163). Voltaire est de cet avis et fait remarquer que, trop souvent, la punition est 'au-dessus du crime'.[21] Selon Beccaria, la 'seule et véritable mesure des délits est le dommage fait à la nation' et non l'intention du coupable (*DP*, chap.VII, p.165). Les délits ne doivent pas être mesurés à la dignité de la personne lésée, mais bien à leur importance au regard du bien public. Voltaire énonce le même principe lorsqu'il aborde le vol domestique: 'Dans les pays où un petit vol domestique est puni par la mort, ce châtiment disproportionné n'est-il pas dangereux pour la société?'[22] Quant à la critique de la disparité des peines selon le statut social, elle apparaît dans plusieurs de ses écrits, notamment dans *André Destouches à Siam*.

Enfin, il faut distinguer nettement crime et péché. Beccaria prononce une phrase célèbre maintes fois répétée: 'S'il [Dieu] a établi des peines éternelles à l'encontre de ceux qui désobéissent à son omnipotence, quel est l'insecte qui osera suppléer à la justice divine et voudra venger l'Etre qui se suffit à lui-même?' (*DP*, chap. VII, p.165). Alors que Beccaria semble tenir pour acquis que la justice de l'Etat et les questions religieuses appartiennent à deux domaines différents, Voltaire, encore tout plein de l'exécution du chevalier de La Barre, s'étend abondamment sur les peines contre les hérétiques, les profanateurs et les sorciers, tant dans le *Commentaire*[23] que dans le *Prix de la justice et de l'humanité*. Dans ce dernier texte, il insiste sur le rôle de l'Eglise dans la punition de crimes qui n'existent pas en réalité.[24] Son remède est la tolérance: 'Voulez-vous donc empêcher qu'une secte ne bouleverse un Etat, usez de tolérance.'[25] Il avait évidemment déjà développé cette idée dans son *Traité sur la tolérance*, dont la première édition date de 1763. Le but de la loi n'est pas de défendre la religion, mais d'assurer la stabilité de l'Etat. Voltaire reconnaît que certaines dispositions trop sévères des lois sont tombées en désuétude, mais note qu'elles ne sont pas abolies. 'Or, c'est la loi qui doit être changée.'[26]

21. Voltaire, *Commentaire*, chap.II, p.85.
22. Voltaire, *Commentaire*, chap.XVIII, p.142; voir également *André Destouches à Siam*, éd. John Renwick, dans *OCV*, t.62 (Oxford, 1987), p.107-26 (122-23).
23. Voir Voltaire, *Commentaire*, chap.III, IV et V, p.87-101.
24. Voir Voltaire, *Prix de la justice et de l'humanité*, éd. Robert Granderoute, dans *OCV*, t.80B (Oxford, 2009), p.1-205, art.8, p.87 et suivantes.
25. Voltaire, *Commentaire*, chap.IV, p.95.
26. Robert Granderoute, 'L'Europe et le droit pénal à travers le *Prix de la justice et de l'humanité* (1777)', dans *Voltaire en Europe: hommage à Christiane Mervaud*, éd. Michel Delon et Catriona Seth (Oxford, 2000), p.143-50 (148).

Ce point est particulièrement important pour la compréhension du rapport de Voltaire à la justice pénale. La possibilité d'abus le préoccupe autant que la situation réelle et l'entraîne parfois à noircir le tableau du système judiciaire.[27]

Cette séparation entre crime et péché découle directement du projet des Lumières consistant dans l'émancipation de toute tutelle religieuse. Il ne s'agit pas de la prohibition de la religion, mais du droit de la mettre en question, de la rejeter, de s'opposer à toute religion imposée. Il n'y a plus d'explication providentielle du monde: 'La connaissance n'a que deux sources, la raison et l'expérience.'[28] L'homme, et non plus la Divinité, devient à la fois la source et l'objet de la connaissance. Une réforme d'un aspect de l'Etat fondée sur ces principes touche alors inévitablement à l'organisation même de la société. Il est impossible de réformer le système judiciaire sans aborder la réforme de l'Etat, ce qui explique la virulence de certaines réactions. Pour Muyart de Vouglans, le crime est la violation des lois données aux hommes par Dieu, violation que le roi, représentant de Dieu, a le pouvoir de punir. L'idée de contrat social lui semble donc une espèce de blasphème: 'L'on ne peut qu'être révolté de la singularité de ce prétendu contrat social sur lequel l'auteur a bâti son nouveau système.'[29]

Pour Beccaria, les crimes ne sont pas des actes de lèse-majesté divine ou humaine, mais des actes qui tendent directement à la destruction de la société, ou qui nuisent à la sûreté particulière des citoyens en attaquant leur vie, leurs biens ou leur honneur, ou encore qui vont à l'encontre de ce que la loi prescrit ou défend en vue du bien public (voir *DP*, chap.VIII, p.167). Il insiste sur le fait que tous les crimes, quoique privés, blessent la société, mais que tous ne vont pas immédiatement à sa destruction. Il récuse ainsi la vieille idée que tout crime en est un contre le monarque. Chaque citoyen peut faire tout ce qui n'est pas contraire à la loi, sans en craindre d'autres inconvénients que ceux qui résultent de l'action même. Les juges ne peuvent donc pas punir un acte qui n'est pas prévu par la loi, ce que Voltaire développe à l'aide d'exemples. L'Eglise avait fortement étendu la notion d'inceste, et certains juristes recommandaient la peine de

27. C'est ce que lui reproche fortement Benoît Garnot dans *C'est la faute à Voltaire: une imposture intellectuelle* (Paris, 2009).
28. Tzvetan Todorov, *L'Esprit des Lumières* (Paris, 2006), p.12.
29. Pierre-François Muyart de Vouglans, *Réfutation du Traité des délits et des peines* (1767), dans *Les Lois criminelles de France dans leur ordre naturel* (Paris, Mérigot, Crapart, Morin, 1780), p.811-31 (825).

mort pour les incestes 'spirituels' tels que le mariage d'un prêtre ou des relations sexuelles entre un confesseur et sa pénitente, malgré le silence des lois civiles.[30] Voltaire fait observer que la jurisprudence anglaise punirait un juge qui aurait infligé une peine que la loi n'aurait pas déterminée.[31]

Il faut donc appliquer la peine dans la mesure où cette application protège la société. Voltaire dira: 'Punissez, mais ne punissez pas aveuglément. Punissez, mais utilement.'[32] Cela revient à rejeter la théorie de la rétribution, comme le fait Beccaria pour qui le but de la peine n'est pas de faire souffrir le coupable. Il 'récuse ainsi l'idée que la sanction puisse effacer un fait (le crime) de la réalité phénoménique',[33] puisqu'il lui nie toute dimension religieuse. Le supplice n'a plus pour objectif de purifier le coupable de sa faute. Il faut noter que Beccaria ne reprend pas dans ce paragraphe la troisième fonction des peines indiquée par Grotius: la correction, c'est-à-dire le bien du coupable.[34] Voltaire y fait une rapide allusion en parlant des travaux forcés: 'Forcez les hommes au travail, vous les rendrez honnêtes gens.'[35]

Comme l'objectif de Beccaria est de s'attaquer à la cruauté des peines et aux défauts de la procédure, il traite de ces deux sujets de façon plus détaillée que des délits spécifiques, contrairement à ce que pourrait suggérer le titre de son ouvrage. Le but des peines, dit-il, n'est pas de 'tourmenter et d'affliger un être sensible, ni d'effacer un délit déjà commis', mais 'd'empêcher le coupable de faire de nouveaux dommages à ses concitoyens et de détourner les autres d'en faire de semblables' (*DP*, chap.XII, p.179).

Les peines

Beccaria écarte la notion de 'peine exemplaire'. Ce n'est point par la rigueur des supplices qu'on prévient le plus sûrement les crimes,

30. P.-F. Muyart de Vouglans, dans *Les Lois criminelles de France*, p.226, en fait des sacrilèges.
31. Voltaire, *Prix de la justice et de l'humanité,* art.14, p.146.
32. Voltaire, *Prix de la justice et de l'humanité*, art.2, p.63.
33. Mario Cattaneo, 'Les fondements philosophiques de la fonction de la peine chez Beccaria', dans *Beccaria et la culture juridique des Lumières*, éd. Michel Porret (Genève, 1997), p.83-88 (83).
34. Hugo Grotius, *Le Droit de la guerre et de la paix* (1625), éd. Jean Barbeyrac (Amsterdam, Pierre de Coup, 1724), II.XX.6, p.573-76.
35. Voltaire, *Commentaire*, chap.X, p.116.

c'est par la certitude de la punition. La perspective d'un châtiment modéré, mais auquel on est sûr de ne pouvoir échapper, fera toujours une impression plus vive que la crainte vague d'un supplice terrible, dont l'espoir de l'impunité anéantit presque toute l'horreur (voir *DP*, chap.XXVII, p.225).[36] Puisque le but des peines est d'empêcher le coupable de nuire encore à la société et de détourner ses concitoyens de tenter des crimes semblables, il faut donc choisir celles qui, toutes proportions gardées, doivent faire l'impression la plus efficace et la plus durable sur l'esprit des hommes et la moins cruelle sur le criminel, parce qu'une société légitime repose sur le principe que les hommes n'ont voulu s'assujettir qu'aux moindres maux possibles. Plus le châtiment sera prompt, plus il suivra de près le crime qu'il punit, plus il sera juste et utile, car la peinture séduisante des avantages d'une action criminelle réveille aussitôt l'idée d'un supplice inévitable (voir *DP*, chap.XIX, p.205).

Les deux auteurs abordent la question de la peine de mort, qui faisait l'objet de critiques de plus en plus sévères depuis la fin du dix-septième siècle, non dans son principe mais dans sa fréquence et ses modalités. Trop d'infractions qui ne mettaient nullement la société en danger étaient punies de mort. La peine capitale prenait une multitude de formes, toutes plus horribles les unes que les autres: pendaison, décapitation, roue, écartèlement, bûcher...[37] Beccaria est opposé à la peine de mort, parce qu'il lui paraît impossible que, dans le sacrifice que chacun a fait de la plus petite portion de liberté qu'il a pu aliéner, il puisse y avoir celui du plus grand des biens. Il ne voit qu'une exception au principe de l'abolition: dans une situation exceptionnelle, lorsque la liberté de la nation est menacée et qu'un citoyen, quoique privé de liberté, présente une grave menace pour la sureté de son pays (voir *DP*, chap.XXVIII, p.229-31). Voltaire s'oppose également à la peine de mort et le fondement utilitariste de cette opposition est très clair: 'On a dit il y a longtemps qu'un homme pendu n'est bon à rien, et que les supplices inventés pour le bien de la société doivent êtres utiles à cette société.'[38] Il voit une exception dans le seul cas où il n'y aurait pas d'autre moyen de sauver la vie du plus grand nombre, ce

36. Ces arguments sont empruntés à Montesquieu, *L'Esprit des lois*, éd. Robert Derathé, 2 vol. (Paris, 2011), VI.12, t.1, p.94-95.
37. Voir Luigi Delia, *Droit et philosophie à la lumière de l'Encyclopédie*, Oxford University studies in the Enlightenment (Oxford, Voltaire Foundation, 2015), p.115-24.
38. Voltaire, *Commentaire*, chap.x, p.115. Voir aussi 'Lois civiles et ecclésiastiques'.

qui le rapproche de la position de Hobbes que Beccaria s'efforce au contraire de dépasser.[39] L'un et l'autre préfèrent les travaux forcés[40] à la peine de mort: 'Le grand objet, comme nous l'avons dit, est de servir le public',[41] dit Voltaire. 'Un homme pendu n'est bon à rien, et un homme condamné aux ouvrages publics sert encore la patrie et est une leçon vivante.'[42]

Un condamné peut braver la mort, par fanatisme ou par fierté, mais, dit Beccaria, cette attitude est impossible 'dans les fers et dans les chaînes, sous le bâton, sous le joug, dans une cage en fer, et les maux du désespéré ne prennent pas fin, mais ne font que commencer' (*DP*, chap.xxviii, p.233). Les travaux forcés ne sont pas une peine moins sévère que la mort. Il a beau soutenir, contre cette objection, que cet 'esclavage perpétuel' est une peine moins douloureuse et moins cruelle que la mort, parce qu'elle 'effraie plus celui qui la voit que celui qui la subit' (*DP*, chap.xxviii, p.235), ses descriptions semblent contredire le principe selon lequel la peine doit être la moins cruelle possible pour le condamné. Voltaire renchérit: 'il ne s'agit pas ici de discuter quelle est la punition la plus douce, mais la plus utile.'[43] Ces arguments provoquent le scepticisme, même chez les philosophes. Dans ses 'Observations sur le *Traité des délits et des peines*', Diderot prend le contrepied du fondement que Beccaria donne à l'abolition de la peine de mort: 'C'est parce que la vie est le plus grand de tous les biens, que chacun a consenti que la société eût le droit de l'ôter à celui qui l'ôterait aux autres.'[44] Il y a d'autres raisons d'abolir la peine de mort. Beccaria trouve absurde que 'les lois, qui sont l'expression de la volonté publique, qui détestent et punissent l'homicide, en commettent un elles-mêmes, et que pour éloigner les citoyens de l'assassinat, elles ordonnent un assassinat public' (*DP*, chap.xxviii, p.237).

39. Voir Maria Laura Lanzillo, '*Des délits et des peines*: Beccaria et Voltaire', dans *La Peine de mort*, éd. Luigi Delia et Fabrice Hoarau, numéro thématique de la revue *Corpus: revue de philosophie* 62 (2012), p.177-96 (195).
40. L'expression n'entre vraiment dans l'usage qu'avec le Code pénal de 1791. Jusque-là, les auteurs emploient plus volontiers 'travaux publics' ou une périphrase telle que 'travaux utiles à la société', voire 'esclavage', comme le fait remarquer Marc Vigié, 'Le bagne des philosophes', *Revue d'histoire moderne et contemporaine* 35 (1988), p.409-33 (415).
41. Voltaire, *Prix de la justice et de l'humanité*, art.3, p.71.
42. Voltaire, 'Lois civiles et ecclésiastiques', p.323.
43. Voltaire, *Prix de la justice et de l'humanité*, art.3, p.71.
44. Denis Diderot, 'Observations sur le *Traité des délits et des peines*' (1766), dans *Œuvres complètes*, éd. Georges Dulac, Ulla Kölving et Annette Lorenceau, t.20 (Paris, 1995), p.421-25 (425).

Les deux auteurs se rejoignent dans leur condamnation de la torture, autre sujet de critiques de la part de certains philosophes[45] et même de certains juristes: 'Quel est donc ce droit – dit Beccaria –, sinon celui de la force, qui donne à un juge la puissance de donner une peine à un citoyen, alors qu'on doute s'il est coupable ou innocent?' (*DP*, chap.XVI, p.191). Voltaire est un peu en retrait. Il admettrait la torture pour découvrir les complices d'un criminel convaincu de parricide ou de régicide.[46] Mais il s'élève violemment contre la torture destinée à faire avouer les accusés: 'La loi ne les a pas encore condamnés et on leur inflige, dans l'incertitude où l'on est de leur crime, un supplice beaucoup plus affreux que la mort qu'on leur donne quand on est certain qu'ils la méritent.'[47] Si un crime est certain, la torture est inutile; s'il est incertain, dit Beccaria, 'on ne doit pas tourmenter un innocent, parce que tel est selon les lois un homme dont les délits ne sont pas prouvés' (*DP*, chap.XVI, p.191). Il énonce ici clairement le principe de la présomption d'innocence. Il était bien admis, à l'époque, que l'accusé n'était pas coupable avant d'être prouvé tel. Mais 'c'est un pas supplémentaire de déclarer qu'il est innocent: la nouveauté consiste à refuser tout statut intermédiaire entre l'innocence et la culpabilité'.[48]

La procédure

Beccaria aborde plusieurs étapes de la procédure qui faisaient problème dans la plupart des pays d'Europe: les dénonciations secrètes, le problème des interrogatoires et de la valeur des témoignages (voir respectivement *DP*, chap.XV, p.187, chap.XXXVIII, p.275-79, chap. XIII, p.179), ainsi qu'un certain nombre d'autres. Voltaire se concentre sur la procédure pénale française, qu'il condamne dans son ensemble: 'L'ordonnance criminelle en plusieurs points semble n'avoir été dirigée qu'à la perte des accusés.'[49] Il s'attaque au secret de l'instruction, à

45. Les philosophes ne sont pas d'accord entre eux sur l'opportunité d'abolir la torture. Pour l'opinion de Diderot, voir L. Delia, *Droit et philosophie à la lumière de l'Encyclopédie*, p.167-80.
46. Voir Voltaire, *Commentaire*, chap.XII, p.124; *Prix de la justice et de l'humanité*, art.24, p.186. Voir également 'Torture', dans *Dictionnaire philosophique*, p.567 et suivantes; 'Question' et 'Torture', dans *Questions sur l'Encyclopédie*, p.76 et suivantes.
47. Voltaire, *Commentaire*, chap.XI, p.122.
48. Philippe Audegean, n.132, dans C. Beccaria, *Des délits et des peines*, p.342.
49. Voltaire, *Commentaire*, chap.XXII, p.154; voir aussi *Prix de la justice et de l'humanité*, art.22, p.179.

l'absence d'avocat,[50] aux conditions d'emprisonnement, et il s'attarde, à cause de l'affaire Sirven, à l'opinion voulant que la fuite de l'accusé soit une preuve du crime. Il s'en prend au système de calcul de la preuve et critique le parlement de Toulouse qui, selon lui, aurait admis des quarts et des huitièmes de preuve: 'Ces Visigoths – écrit-il en faisant allusion aux juges de Toulouse – ont pour maxime que quatre quarts de preuve, et huit huitièmes, font deux preuves complètes, et ils donnent à des ouï-dire le nom de quarts de preuve et de huitièmes.'[51] Mais il n'élabore pas et ne dit pas en quoi devraient consister des preuves valables. Que les jugements soient publics, que les preuves du crime le soient aussi, et l'opinion mettra un frein à la force et aux passions. Il insiste sur le fait que le juge devrait être obligé de confronter tous les témoins avec l'accusé parce qu'il 'omet souvent ceux qui ne lui semblent pas faire une charge considérable'.[52] Cela avait été le cas dans l'affaire Calas.

Les délits

Les deux auteurs abordent un certain nombre de délits en s'efforçant d'en cerner la cause et de proposer un remède. Voltaire donne surtout des exemples. Beccaria voudrait voir le vol, ce 'crime du pauvre',[53] selon Voltaire, puni d'une peine pécuniaire: quiconque veut s'enrichir du bien d'autrui mériterait qu'on le dépouillât du sien. 'Mais ce délit – ajoute Beccaria – n'est d'ordinaire que celui de la misère et du désespoir, le délit de cette malheureuse partie de l'humanité à qui le droit de propriété (droit terrible, et qui n'est peut-être pas nécessaire) n'a laissé qu'une existence nue' (*DP*, chap.XXII, p.213).[54] La parenthèse constitue une réflexion que Beccaria ne poursuit pas. Même s'il y fait allusion,[55] il ne propose pas de façon concrète une meilleure répartition des richesses, comme le feront certains juristes réformateurs aux approches de la Révolution. Mais la nécessité d'une

50. Voir respectivement Voltaire, *Commentaire*, chap.XXII, p.156; *Prix de la justice et de l'humanité*, art.23, p.180.
51. Voltaire à E. N. Damilaville, 23 mars 1763 (D11121). La remarque de Voltaire, fausse en droit, s'attire les foudres de B. Garnot, *C'est la faute à Voltaire*, p.60-61.
52. Voltaire, *Commentaire*, chap.XXII, p.162.
53. Voltaire, *Prix de la justice et de l'humanité*, art.2, p.55.
54. Cette incidente sembla à Muyart de Vouglans, ardent défenseur du providentialisme judiciaire, constituer 'une exclamation séditieuse' qui mériterait punition (*Réfutation du Traité des délits et des peines*, p.828).
55. Voir *DP*, chap.XXI, p.209-11, chap.XXXII, p.259-61.

transformation de la société est implicite dans les chapitres XLI à XLV, consacrés à la prévention des délits.

Au dix-huitième siècle, le vol était l'un des crimes qui troublaient le plus la société.[56] Les chroniques du temps en font foi.[57] La 'Déclaration prévoyant la punition des voleurs' de mai 1724[58] prévoyait la peine de mort pour le vol domestique. En fait, tout vol avec circonstance aggravante – récidive, effraction, vol de nuit, vol à main armée, sacrilège (vol de vases sacrés, par exemple) – pouvait faire encourir la peine de mort. Un édit de François Ier de janvier 1534 condamnait les voleurs de grand chemin à la roue[59] et l'Ordonnance de 1724 ne changeait pas cette peine.

Voltaire insiste sur le vol domestique, sur lequel il revient dans plusieurs de ses œuvres. La peine de mort dans ce cas lui paraît une monstruosité. Il condamne la disproportion entre la peine et le crime. Ce vol était fréquemment causé par la pauvreté du domestique et la négligence du maître. Comme souvent, il n'analyse pas le phénomène de société comme tel mais se sert d'exemples. Avant de publier son *Commentaire sur le livre Des délits et des peines*, il avait fait paraître en même temps que *Le Philosophe ignorant* un 'conte juridique', une de ces fables dont il avait le secret, *André Destouches à Siam*. Le texte est présenté sous forme de dialogue entre André Destouches et un haut fonctionnaire siamois. Le ton est léger, en contraste volontaire avec la gravité des sujets abordés, contraste voulu afin de réveiller les lecteurs. Il touche aux problèmes qui lui tiennent à cœur: l'utilité des peines du point de vue de la société, la disparité de traitement entre les pauvres et les nantis, la disproportion entre la peine et le crime.

> Si un homme a volé adroitement trois ou quatre cent mille pièces d'or, nous le respectons, et nous allons dîner chez lui. Mais si une pauvre servante s'approprie maladroitement trois ou quatre pièces de cuivre

56. Voir D. Jousse, *Traité de la justice criminelle de France*, t.4, 4e partie, titre LVII, p.166.
57. Le célèbre Cartouche avait été exécuté en novembre 1721, mais, dès le mois suivant, Barbier note dans son journal: 'Malgré les exécutions de la Grève, il y a plus de voleurs que jamais' (Edmond-Jean-François Barbier, *Chroniques de la Régence et du règne de Louis XV*, 8 vol., Paris, 1858, t.1, p.178). Chaque année, il signale plusieurs exécutions de voleurs. Chez Hardy également, le thème revient sans cesse: le 12 mars 1768, on dénonce une compagnie de quarante petits voleurs, dont le plus âgé n'avait que dix-huit ans (Siméon-Prosper Hardy, *Mes loisirs*, éd. Pascal Bastien, Sabine Juratic et Daniel Roche, 6 vol., Paris, 2012, t.1, p.279).
58. Voir *Recueil général des anciennes lois françaises*, t.21, n° 299.
59. Voir *Recueil général des anciennes lois françaises*, t.12, n° 210.

> qui étaient dans la cassette de sa maîtresse, nous ne manquons pas de tuer cette servante en place publique; premièrement, de peur qu'elle ne se corrige; secondement, afin qu'elle ne puisse donner à l'Etat des enfants en grand nombre, parmi lesquels il s'en trouverait peut-être un ou deux qui pourraient voler trois ou quatre petites pièces de cuivre, ou devenir de grands hommes; troisièmement, parce qu'il est juste de proportionner la peine au crime, et qu'il serait ridicule d'employer dans une maison de force, à des ouvrages utiles, une personne coupable d'un forfait si énorme.[60]

Beccaria et Voltaire traitent brièvement d'un certain nombre d'autres délits tels que l'adultère, la pédérastie, l'infanticide. Ils abordent le suicide du point de vue de son effet sur la société alors que, selon les juristes du temps, le suicide était 'contraire aux lois de la Religion suivant lesquelles personne n'est maître de ses membres'.[61]

Beccaria établit une intéressante analogie entre le suicide et l'émigration. Celui qui se tue fait moins de tort à la société que celui qui part avec ses biens: 'La question se réduit donc à savoir s'il est utile ou dommageable à la société d'accorder une liberté perpétuelle de s'absenter à chacun de ses membres' (*DP*, chap.XXXII, p.257). L'émigrant, s'il emporte tout ce qu'il possède, ne laisse plus rien sur quoi les lois puissent faire tomber la peine dont elles le menacent; son crime, dès qu'il est consommé, ne saurait plus être puni, et lui assigner un châtiment avant qu'il soit commis c'est punir la volonté et non le fait; c'est exercer un pouvoir tyrannique sur l'intention, cette partie de l'homme sur laquelle les lois humaines ne peuvent jamais avoir d'empire.[62] Si l'on fait tomber la peine du fugitif sur ses biens, s'il en laisse, on risque de nuire au commerce de nation à nation. Punir le coupable lorsqu'il rentrera dans son pays serait empêcher que le mal fait à la société ne se répare. Ce serait bannir pour jamais de l'Etat quiconque s'en sera une fois éloigné. L'émigration des huguenots était un thème cher à Voltaire,[63] qui ne peut qu'abonder dans le même sens. La saignée économique que fit et faisait encore subir à la France la révocation de l'Edit de Nantes lui semblait un argument qui aurait

60. Voltaire, *André Destouches à Siam*, p.122-23.
61. P.-F. Muyart de Vouglans, *Les Lois criminelles de France*, p.184.
62. L'argument sera repris à la Révolution par Jacques Peuchet: voir Ethel Groffier, *Un Encyclopédiste réformateur, Jacques Peuchet (1758-1830)* (Laval, 2009), p.64 et suivantes.
63. Voir Voltaire, *Le Siècle de Louis XIV*, dans *Œuvres historiques*, éd. René Pomeau (Paris, 1957), chap.XXXVI, p.1055-56.

dû convaincre le pouvoir: 'Je ne désespère point du tout que la cour ouvre enfin les yeux sur la manière dont on peut adoucir la révocation de l'Edit de Nantes; mais les finances pressent plus que la religion. Cet article des finances peut devenir encore un motif bien intéressant pour faire revenir une partie de vos tribus dispersées.'[64] Il évoque la loi romaine selon laquelle le testament de quelqu'un qui met fin à ses jours pour se soustraire aux douleurs, par désespoir ou par démence, était valable, et il blâme le droit canon qui a fait du suicide un crime.[65]

La prévention

Beccaria insiste fortement sur la prévention des délits: 'on ne peut appeler précisément juste (ce qui veut dire nécessaire) une peine encourue pour un délit, tant que la loi n'a pas usé du meilleur moyen possible dans les circonstances données d'une nation pour le prévenir' (*DP*, chap. XXXI, p.257). L'idée centrale est empruntée à Montesquieu: 'un bon législateur s'attachera moins à punir les crimes qu'à les prévenir.'[66] Ici, la nécessité de réorganiser la société apparaît clairement, même si elle n'est qu'implicite dans l'analyse. La prévention est fondée sur cinq préceptes: l'excellence des lois, le progrès des sciences, l'intégrité des magistrats, les récompenses promises à la vertu, ainsi que l'éducation (voir *DP*, chap.XLI-XLV). Beccaria met en garde contre la criminalisation des 'actions indifférentes': interdire une multitude d'actes qui ne nuisent pas à la société ne contribue pas à la prévention, tout au contraire, puisqu'on crée des crimes à partir d'actes qui n'en étaient pas. C'est changer à son gré les notions de vice et de vertu, que cependant on veut faire regarder comme éternelles et immuables (voir *DP*, chap. XLI, p.285). Les lois ne doivent pas servir à des intérêts particuliers. L'éducation est 'le moyen le plus sûr mais le plus difficile de prévenir les délits' (*DP*, chap.XLV, p.293), mais la rapidité des progrès dépend de la nature du gouvernement. Finalement, il faut que les lumières accompagnent la liberté: la liberté et le progrès des connaissances tendent évidemment à transformer la société.

Voltaire ne formule pas de principes de prévention comme tels, mais lui aussi s'élève contre la criminalisation d'un certain nombre de

64. Voltaire à Charles Manoël de Végobre, 10 janvier 1764 (D11635). L'argument avait été évoqué dans Voltaire, *Traité sur la tolérance*, éd. Haydn Mason et John Renwick, dans, *OCV*, t.56C (Oxford, 2000), p.255.
65. Voir Voltaire, *Commentaire*, chap.XIX, p.144.
66. Montesquieu, *L'Esprit des lois*, VI.9, p.91.

conduites qui ne nuisent pas à la société: hérésie, suicide... La tolérance et un meilleur équilibre entre la gravité du délit et la sévérité de la peine contribueraient évidemment à la prévention, mais cela reste implicite dans le *Commentaire*. Dans l'article premier du *Prix de la justice et de l'humanité*, en revanche, il demande: 'Un Etat bien policé ne doit-il pas prévenir autant qu'il est possible [les délits] avant de les punir?'[67] Il aborde la prévention, surtout en ce qui concerne le vol: 'Le filoutage, le larcin, le vol, étant d'ordinaire les crimes des pauvres, et les lois ayant été faites par les riches, ne croyez-vous pas que tous les gouvernements qui sont entre les mains des riches doivent commencer par essayer de détruire la mendicité, au lieu de guetter les occasions de la livrer aux bourreaux?'[68] En revanche, il ne croit pas à la nécessité d'éduquer le peuple, comme il l'écrit à Damilaville:

> Je crois que nous ne nous entendons pas sur l'article du peuple que vous croyez digne d'être instruit. J'entends par peuple la populace qui n'a que ses bras pour vivre. Je doute que cet ordre de citoyens ait jamais le temps ou la capacité de s'instruire, ils mourraient de faim avant de devenir philosophes, il me paraît essentiel qu'il y ait des gueux ignorants. Si vous faisiez valoir comme moi une terre, et si vous aviez des charrues vous seriez bien de mon avis.[69]

Comme souvent, il faut nuancer les affirmations de Voltaire, surtout dans ses lettres, influencées par l'humeur du moment. Si Voltaire n'était pas favorable à l'instruction du peuple, il n'y était pas farouchement opposé puisqu'il avait créé une école à Ferney.[70]

L'œuvre de vulgarisation de Voltaire eut une profonde influence, non seulement sur les juristes réformateurs comme Michel Servan, Jacques-Vincent Delacroix et d'autres, mais aussi sur la réforme du droit pénal entreprise à la Révolution. Cette influence s'exerça davantage grâce au prestige de 'l'homme des Calas', ainsi que le peuple appelait Voltaire lors de sa panthéonisation, que par ses propres idées. Elle donna l'impulsion de l'urgence et la rédaction du nouveau Code pénal acquit une priorité qu'elle n'aurait probablement pas eue sans Voltaire.

67. Voltaire, *Prix de la justice et de l'humanité*, art.1, p.53.
68. Voltaire, *Prix de la justice et de l'humanité*, art.2, p.55.
69. Voltaire à E. N. Damilaville, 1er avril 1766 (D13232).
70. Voir Eugène Noël, *Voltaire à Ferney* (Rouen, 1867), p.25.

Beccaria et la religion: la réaction de Facchinei et du Saint-Office

ALBERTO BONDOLFI

La publication des *Délits et des peines* a suscité de multiples réactions, qui sont allées de l'enthousiasme le plus vif à la critique la plus dure et même malveillante.[1] Dans la présente contribution, je me bornerai à exposer quelques-uns des arguments développés par Ferdinando Facchinei dans son pamphlet de 1765.[2] Ce petit ouvrage contient la plus ample réponse faite alors à Beccaria par un représentant de la pensée religieuse.

Pour apprécier et interpréter correctement ce texte, il faut évidemment tenir compte des autres prises de position venues du contexte ecclésiastique italien. Or, une telle analyse est devenue possible depuis la publication récente des rapports internes de la congrégation du Saint-Office qui a mis à l'*Index* le livre de Beccaria.[3] Les remarques du censeur Pietro Lazzari constitueront ainsi le deuxième thème de cette contribution.

On pourrait penser qu'une étude sur Beccaria et ses critiques n'offre qu'un intérêt purement historique, sans lien avec les débats contemporains. Or, la lecture de ces textes révèle des parallèles

1. Pour une présentation d'ensemble de la pensée de Beccaria, voir Philippe Audegean, *La Philosophie de Beccaria: savoir punir, savoir écrire, savoir produire* (Paris, 2010). Sur la réception de la doctrine pénale de Beccaria, voir, parmi les plus récentes présentations, *Justice et religion – regards croisés: histoire et droit*, éd. Eric Wenzel (Avignon, 2010); *Cesare Beccaria: la controverse pénale, XVIIIe-XXIe siècle*, éd. Michel Porret et Elisabeth Salvi (Rennes, 2015); *Il caso Beccaria: a 250 anni dalla pubblicazione del 'Dei delitti e delle pene'*, éd. Vincenzo Ferrone et Giuseppe Ricuperati (Bologne, 2016).
2. Voir Ferdinando Facchinei, *Note ed osservazioni sul libro intitolato Dei delitti e delle pene* (Venise, Zatta, 1765). Alessandro et Pietro Verri ont pris la défense de Beccaria dans un opuscule paru sans nom d'auteur: voir *Risposta ad uno scritto che s'intitola Note ed osservazioni sul libro Dei delitti e delle pene* (Lugano, Agnelli, 1765).
3. Voir Mario Pisani, *Cesare Beccaria e l'Index librorum prohibitorum* (Naples, 2013).

frappants, dès lors qu'elle se montre sensible aux conflits d'une société qui sortait alors des idéologies d'Ancien Régime, et qu'elle ne néglige pas de se montrer également attentive à nos débats contemporains sur le droit pénal et ses pratiques.[4]

Qui était Ferdinando Facchinei?

Les informations biographiques à ma disposition mettent en évidence le caractère ambivalent du personnage de Facchinei.[5] Né à Forlì en 1725, il entra très jeune dans l'ordre des bénédictins de Vallombreuse et fit des études non seulement en théologie, mais aussi en sciences naturelles. Professeur de sciences bibliques au couvent de Vallombreuse, il attira l'attention de ses confrères en traduisant des œuvres de deux théologiens protestants du seizième siècle, Philippus Melanchthon et Théodore de Bèze. Cette activité lui valut d'être jeté dans une prison de l'ordre en 1750, d'où il sortit en 1751 au prix d'une rétractation. L'expérience de la répression le porta à soutenir des positions fortement réactionnaires et à cultiver un style particulièrement polémique, alors même qu'il n'avait aucun contact direct avec les sources qu'il critiquait âprement. Il séjourna à Novare et à Bergame. Lorsque cette dernière ville fut occupée par les troupes françaises, il se déclara 'démocrate et républicain', puis fut arrêté lorsque les Autrichiens reprirent le contrôle de l'Italie du nord en 1799. On ne connaît pas la date de sa mort, mais on sait qu'il atteignit l'âge de quatre-vingt-dix ans.

L'opinion publique du temps a cru que les 'notes et observations' de Facchinei sur *Des délits et des peines* avaient été motivées par la politique pénale de la République de Venise, favorable aux idées des Lumières comme marchandise éditoriale, mais conservatrice dans ses pratiques. Mais cette réception du livre ne correspond pas aux orientations théoriques de son auteur, qui n'a pas eu non plus d'influence directe sur la décision romaine de mettre à l'*Index* l'ouvrage de Beccaria.[6]

4. La bibliographie sur ces thèmes est immense et ne peut être évoquée ici. Je me limite à renvoyer à mon anthologie de textes philosophiques et théologiques: *Pena e pena di morte*, éd. Alberto Bondolfi (Bologne, 1985).
5. Voir Paolo Preto, 'Facchinei, Ferdinando', dans *Dizionario biografico degli italiani*, t.44 (Rome, 1994), p.29-31, consultable en ligne (www.treccani.it/enciclopedia/ferdinando-facchinei_(Dizionario-Biografico); date de dernière consultation le 11 janvier 2018).
6. Pour plus de détails sur ces questions, voir Girolamo Imbruglia, 'Illuminismo e religione: il *Dei delitti e delle pene* e la difesa dei Verri dinanzi alla censura inquisitoriale', *Studi settecenteschi* 25-26 (2005-2006), p.119-61.

En dépit de ses limites théoriques et pratiques, le moine de Vallombreuse a néanmoins pu exercer une influence indirecte sur l'activité des censeurs autrichiens et romains. Tel ne sera pas cependant l'objet de la présente contribution, qui sera consacrée à la pensée même de Facchinei.

Les éléments biographiques que j'ai pu tirer de la littérature secondaire nous montrent un personnage assez étrange, qui a attiré l'attention de ses supérieurs en raison de ses orientations religieuses et politiques. Toute sa vie, Facchinei a manifesté un vif besoin d'être reconnu comme 'expert des choses de ce monde', tout en se montrant soucieux d'accompagner les développements politiques de son temps sans être victime de mesures de répression. Avec si peu d'éléments en notre possession, faire de lui un pur 'opportuniste' serait toutefois probablement injuste.

Quelques aspects des *Note ed osservazioni*

Facchinei est convaincu de disposer de puissants arguments pour abattre l'édifice érigé par Beccaria contre le système pénal de son temps. Son lecteur idéal semble être le sujet loyal des monarchies qui gouvernent le territoire italien au dix-huitième siècle. Ce lecteur connaît, au moins superficiellement, quelques 'philosophes' français, même s'il n'a jamais eu d'accès direct à leurs textes. Facchinei peut ainsi désigner nommément le penseur qui, selon lui, a exercé l'influence la plus néfaste sur Beccaria: ce penseur est Rousseau, le philosophe du contrat social comme expression de la volonté générale de sujets de droits qui s'organisent en une communauté sociale et politique.

Or, cette référence à Rousseau n'est pas complètement déplacée. En effet, le moine a compris que l'élément fondamental de la pensée de Beccaria, non seulement dans le domaine du droit pénal mais aussi dans toutes les dimensions de la vie sociale, est sa conception générale de la genèse du phénomène politique et son interprétation. Au schéma du 'pacte d'origine', Facchinei oppose la figure d'une 'soumission d'origine' qui commence au sein de la famille et s'étend spontanément aux autorités politiques:

> La loi naturelle fait de tous les êtres humains, dans leur jeunesse, les sujets de leurs parents, car ils ont reçu d'eux la vie et l'éducation. Une fois devenus adultes, ils deviennent les sujets de ceux qui dirigent l'Etat où ils ont été élevés. Ils doivent donc, au nom de cette même

loi naturelle, obéir et se conformer aux lois reçues dans cette société. Qui nie de tels principes détruit le fondement de toutes les sociétés.[7]

Dès l'introduction de son pamphlet, Facchinei déclare sans ambages le caractère partisan de son plaidoyer en énumérant les six 'préjugés' qui ont motivé sa volonté de prendre la plume contre Beccaria. Le troisième d'entre eux est particulièrement discutable: il consiste à affirmer 'que ce sont les mauvaises mœurs qui font naître les mauvais livres, plutôt que les mauvais livres qui font naître les mauvaises mœurs'.[8]

Les observations de Facchinei sont toutes l'expression d'un moralisme plus ou moins avoué. Comme on le verra, ce ton moralisateur influence aussi son interprétation de la pensée religieuse de Beccaria, auquel il prête une intention antichrétienne. Le niveau le plus bas de son interprétation de la pensée politique des Lumières milanaises n'est cependant atteint que lorsqu'il interprète le 'pacte d'origine' comme un phénomène empirique et vérifiable à partir de sources écrites. En niant l'existence vérifiable d'un tel événement, Facchinei pense avoir définitivement démoli la philosophie politique de Beccaria et de son 'maître' Rousseau.[9] Sa volonté polémique le pousse à accuser Beccaria de fonder son système sur une erreur: 'Je conclus que l'hypothèse de cet Auteur et de tous ses maîtres publicistes est fausse et absurde, et qu'elle est une véritable chimère.'[10]

Sa définition du droit naturel est elle aussi assez floue. Fondée sur un arrière-plan théologique lié à sa formation, elle ne lui permet pas de comprendre les sources philosophiques de la pensée de Beccaria. Facchinei reproche au Milanais une vision contractualiste de la souveraineté qui ouvre la voie à une contestation sans fin du pouvoir

7. F. Facchinei, *Note ed osservazioni*, p.14: 'Per legge naturale tutti gli uomini, da' giovini sono sudditi dei loro Parenti, perchè ànno dagli stessi ricevuto la vita, e l'educazione; fatti poi che siano adulti, diventano sudditi di quelli, che signoreggiano nello stato in cui essi sono stati allevati, e devono per la stessa legge naturale ubbidire, e conformarsi alle leggi ricevute in quella Società; e chi nega questi principii, distrugge il fondamento di tutte le Società.' Les traductions de l'italien et du latin dans ce chapitre sont les miennes.
8. F. Facchinei, *Note ed osservazioni*, p.5: 'siano più i cattivi costumi, che facciano nascere i cattivi Libri, che i cattivi Libri, li cattivi costumi.'
9. Pour une introduction aux philosophies du contrat d'origine, voir Norberto Bobbio et Michelangelo Bovero, *Società e Stato nella filosofia politica moderna*, 2e éd. (Milan, 1984); *Contratto sociale*, éd. Giuseppe Duso (Bari, 2005).
10. F. Facchinei, *Note ed osservazioni*, p.13: 'concludo che l'Ipotesi di questo Autore, e di tutti i Pubblicisti, suoi Maestri, è falsa ed assurda, ed una vera chimera.'

établi et qui fragilise ainsi à la racine tous les gouvernements: 'Si le droit des souverains se réduit à celui qu'ils reçoivent des peuples, ce droit sera toujours contradictoire, surtout dans le cas où le nombre des associés souhaitant observer fidèlement le pacte serait en équilibre avec celui de ceux qui ne veulent pas l'observer.'[11] Comme on le voit, Facchinei ne parvient pas à saisir l'idée moderne de souveraineté populaire. Pour lui, seule une souveraineté absolue de droit divin permet d'exercer un effet stabilisateur sur l'ensemble d'une société.

Une telle vision de l'origine du pouvoir politique influence évidemment sa perception et son interprétation du pouvoir de punir. Or, ses considérations sur ce sujet révèlent la fonction qu'il assigne à la religion et à la morale religieuse. C'est en ce point que semble se manifester la différence la plus nette entre les deux penseurs, et surtout l'incapacité du moine de Vallombreuse à percevoir ce qui est vraiment nouveau dans la démarche du Milanais.

La différence entre le *péché* comme catégorie théologique et morale et le *délit* comme catégorie juridique était connue bien avant le siècle des Lumières, mais elle n'avait pas été valorisée de façon systématique dans le domaine de la pratique judiciaire.[12] Soucieux d'échapper aux mécanismes de la censure civile autant qu'ecclésiastique, Beccaria reprend la distinction, mais sans s'aventurer sur le terrain d'une polémique explicite contre la théologie morale de son temps. Au contraire, Facchinei polémique ouvertement contre le penseur milanais et aborde le problème du rôle de la religion dans la vie publique, aussi bien dans le domaine moral que dans le domaine pénal. Selon Facchinei, les peines doivent être fondées sur le critère de l'offense faite à Dieu et non sur celui du dommage causé à la société. Contre Beccaria, il affirme qu''il est plus sûr, plus juste et plus facile de fonder la mesure des peines sur le critère de l'offense faite au Créateur, conformément à la façon dont l'entendent et l'expliquent les chrétiens, plutôt que sur celui du dommage fait à la nation, comme l'enseigne notre politique'.[13] Dans une telle perspective, les crimes contre la

11. F. Facchinei, *Note ed osservazioni*, p.21: 'Se il diritto dei sovrani non è altro, che quello che ricevono dai Popoli, sarà un diritto sempre in contraddizione, massime nel caso in cui si trovasse in equilibrio il numero degli associati fedeli osservatori del patto, con quelli degli altri, che non lo vorrebbero osservare.'
12. Sur la distinction entre péché et délit, voir Paolo Prodi, 'Christianisme et pouvoir, péché et délit', dans *Christianisme et monde moderne: cinquante ans de recherches*, éd. Antonella Romano (Paris, 2006), p.329-40.
13. F. Facchinei, *Note ed osservazioni*, p.39: 'è più sicuro, più giusto, e più facile, ritrovare la misura delle Pene colla regola dell'offesa del Creatore, conforme

religion doivent évidemment être réprimés plus sévèrement que les infractions portant atteinte à la vie ou à la propriété.

Beccaria, quant à lui, ne nie pas directement la gravité des crimes contre Dieu. Par le biais d'une habile stratégie argumentative destinée à éviter toute attaque directe, il souligne cependant que les peines divines sont inaccessibles aux êtres humains. Facchinei cite ces propos, mais sans parvenir à saisir leur originalité, notamment sur le plan théologique. Il ne comprend pas que l'intellectuel milanais veut convaincre ses sympathisants tout en évitant les foudres de la censure.

La tâche de Facchinei devient alors difficile, puisque Beccaria ne fait aucune affirmation susceptible d'être dénoncée comme antireligieuse. Affirmer qu'il est mû par des sentiments antichrétiens devient une opération délicate, sinon impossible. Les frères Verri ont donc beau jeu, dans leur réponse à Facchinei, d'invoquer les propos 'religieux' de leur ami commun. Leur texte est constitué d'une série de 'réponses' aux 'accusations' lancées dans le pamphlet vénitien. Or, les seize premières d'entre elles touchent directement aux aspects religieux de la polémique. En effet, l'intention des frères Verri est d'abord de se prémunir, eux et tout leur groupe d'intellectuels, contre la répression politique, et non de s'engager dans une discussion explicitement théologique. Il convient toutefois d'évoquer quelques éléments de cette controverse, afin de mettre au jour leurs points communs et leurs différences par rapport aux arguments des censeurs romains qui ont obtenu la mise à l'*Index* des *Délits et des peines*.

Quelques aspects de la censure du Saint-Office

Le moine de Vallombreuse n'a pas été le seul à soumettre le livre de Beccaria à une critique sans merci. La publication du rapport du jésuite Pietro Lazzari, chargé par le Saint-Office de préparer un argumentaire en vue d'une éventuelle mise à l'*Index* des *Délits et des peines*, met au jour, à 250 ans de distance, les préoccupations et les réserves des censeurs de la curie romaine de l'époque.[14]

l'intendono, e la spiegano i Cristiani, che colla misura del danno fatto alla Nazione, come insegna il nostro Politico.' Cf. Cesare Beccaria, *Des délits et des peines*, éd. Philippe Audegean (Lyon, 2009), chap.7, p.165.

14. Le rapport de Pietro Lazzari est conservé à l'Archivio della Congregazione della dottrina della fede, *Diari*, t.18 (1764-1807), f.10-12. Je citerai ce rapport dans l'édition récemment procurée par Mario Pisani dans *Cesare Beccaria e l'Index librorum prohibitorum*, p.55-70. Pour une analyse historique et une interprétation de ce texte, voir Albrecht Burkardt, '"Periculosum dico hoc principium": la censure

Je me limiterai ici à souligner la spécificité de la perspective adoptée par Lazzari pour juger le livre de Beccaria, notamment par rapport à celle de Facchinei, afin d'évaluer l'impact de la condamnation romaine sur la diffusion des *Délits et des peines* et sur les tentatives de condamnation de la part d'autres pouvoirs politiques en Europe.

Le censeur Pietro Lazzari (appelé aussi Lazzeri ou Lazeri) était conscient du danger politique que le livre de Beccaria faisait courir aux pays placés sous l'influence du pouvoir du pape. Aussi recommanda-t-il sa mise à l'*Index*, tout en se montrant soucieux d'éviter une condamnation de l'auteur pour hérésie. Une telle sanction aurait certainement provoqué des effets bien plus graves pour tout le groupe des Milanais.

Qui est donc ce jésuite à qui fut confiée la tâche de juger l'ouvrage de Beccaria à la lumière de la doctrine catholique officielle? Pour un tel travail, la congrégation avait besoin de quelqu'un qui soit capable de comprendre la culture issue des sciences naturelles du temps. Lazzari, né en 1710 à Sienne, avait reçu chez les jésuites, à Florence, une formation aussi bien en philosophie qu'en mathématiques et en astronomie. L'ordre lui avait ensuite confié l'enseignement de l'histoire de l'Eglise au Collège romain à Rome. Tout en maintenant son activité d'enseignant, il était alors devenu 'consulteur' sous le pontificat de Clément XIV, c'est-à-dire expert de la congrégation du Saint-Office.

Ses rapports sur les ouvrages soumis à son jugement témoignent de son intention de considérer la liste des livres interdits non comme définitive ou 'éternelle', mais comme révisable en fonction du progrès des connaissances scientifiques. Ainsi proposa-t-il avec succès d'éliminer de l'*Index* la formule générale condamnant 'tous les livres enseignant la mobilité de la terre et l'immobilité du soleil' ('libri omnes docentes mobilitatem terrae et immobilitatem solis').[15] Dans son rapport sur *Dei delitti e delle pene*, sa bienveillance se manifeste non dans une attitude positive à l'égard des positions de Beccaria, mais dans les qualificatifs donnés à son livre et dans les sanctions proposées à son encontre.

---

de Beccaria par la Congrégation de l'Index', dans *Comportements, croyances et mémoires: Europe méridionale XVe-XXe siècle*, éd. Gilbert Buti et Anne Carol (Aix-en-Provence, 2007), p.119-34; Giuseppe Orlandi, 'Beccaria all'Indice', *Spicilegium Historicum Congregationis Sanctissimi Redemptoris* 58 (2008), p.179-218; G. Imbruglia, 'Illuminismo e religione'.

15. Pour cette information et pour plus de détails biographiques, voir Leendert Spruit, 'Lazzari, Pietro', dans *Dizionario biografico degli Italiani*, t.64 (Rome, 2005), consultable en ligne (www.treccani.it/enciclopedia/pietro-lazzari_(Dizionario-Biografico); date de dernière consultation le 11 janvier 2018).

On peut bien entendu lire et interpréter littéralement ce rapport, en analysant le contenu de ses arguments. On peut toutefois également y discerner une intention qui n'affleure pas explicitement, mais qu'on peut déduire indirectement en tenant compte des mécanismes internes qui président aux arrêts rendus par ce tribunal, en comparant les affirmations de Lazzari avec celles de Facchinei et en considérant en toile de fond les stratégies de défense adoptées par les frères Verri.

L'examen du rapport de Lazzari, comme l'ont souligné les commentateurs modernes, montre que son auteur connaissait le pamphlet de Facchinei et les réponses des frères Verri (qu'il interprétait comme provenant de Beccaria lui-même). Ces éléments nous permettent de penser que le censeur jésuite se rendait compte non seulement de l'importance théorique du petit livre de Beccaria, mais aussi de l'impact qu'il pouvait avoir sur la vie des fidèles catholiques et sur la vie politique des pays qui se réclamaient de l'Eglise romaine. Il faut donc le juger non seulement d'un point de vue interne et doctrinal, mais aussi dans une perspective 'politique' au sens large du terme. J'essaierai ici d'esquisser ces deux niveaux de lecture du rapport de Lazzari, tout en m'armant de la prudence requise pour interpréter un tel texte, préparatoire à une décision de justice et placé sous le sceau du secret.

Lazzari se concentre avant tout sur les sources, explicites et implicites, de Beccaria. Il reprend la référence à Rousseau que Facchinei avait déjà soulignée avec insistance, mais il l'interprète dans un contexte plus vaste. Plus cultivé sans doute que le moine de Vallombreuse, il mentionne d'autres auteurs ayant pu influencer la réflexion de Beccaria: il sait en effet que la théorie du contrat social n'est pas une originalité de Rousseau, mais domine la discussion philosophique depuis plus d'un siècle. Or, il voit dans le protestantisme la racine commune d'une telle conception de la société.

Il faut interpréter cette lecture confessionnelle à la lumière de la sensibilité spécifique au milieu culturel italien du dix-huitième siècle. Le but de Lazzari n'est pas de condamner une orientation théologique qui lui est étrangère et même opposée, mais plutôt d'empêcher que des doctrines 'étrangères' viennent influencer la culture politique et juridique des pays catholiques fidèles au Saint-Siège. Dans le domaine de la philosophie politique et sociale, l'orientation de ce jésuite cultivé s'inspire surtout du cardinal jésuite Robert Bellarmin, encore considéré à Rome au dix-huitième siècle comme le théologien officiel du catholicisme post-tridentin. Bellarmin s'était exprimé au sujet du droit pénal en combattant les positions de Luther sur la peine de mort.[16] Ces positions étaient fondées sur la différence entre la loi et l'Evangile, qui conduisait le réformateur allemand à opérer une nette distinction entre la répression pénale des délits et des crimes portant atteinte à la vie en société et celle des délits et des crimes contre la religion.[17] En d'autres termes, Luther avait anticipé, quoique de façon embryonnaire, la distinction entre crime et péché: ce n'est donc pas un hasard si Bellarmin a voulu attaquer cette position, aussi bien sur le plan théologique que sur le plan politique.

Le censeur jésuite se réclame justement de Bellarmin pour convaincre les cardinaux appelés à se prononcer sur une éventuelle mise à l'*Index* des *Délits et des peines* que l'inspiration de l'auteur milanais est 'protestante'. Pour éclairer les sources de cette inspiration, Lazzari cite Hobbes, Bodin et Pufendorf. Il semble connaître assez bien ces auteurs, au moins dans leurs grandes lignes, puisqu'il soutient que Beccaria subit principalement l'influence de Rousseau qui, à propos du droit de résistance exercé au nom du pacte social, soutient en effet une position fort différente de celle de Hobbes.

Lazzari défend évidemment la position classique d'Aristote, qu'il considère un peu hâtivement comme commune à toute l'Antiquité classique, en soulignant qu'elle est en accord avec le message biblique et en insistant sur sa cohérence, notamment sur le plan théologique: 'Nos théologiens [...], en accord notamment avec Platon et Aristote [...], affirment que par sa nature même et par instinct, c'est-à-dire par Dieu, l'être humain, animal social, a été amené à s'associer, d'abord au sein d'une famille, puis, après la multiplication des familles, avec les autres êtres humains.'[18] Après ces considérations générales sur la figure du contrat social, le censeur se penche sur le problème spécifique de

16. Pour un accès direct aux textes de Luther, des autres réformateurs et de Bellarmin, je renvoie à mon anthologie *Pena e pena di morte*.

17. Pour une première introduction aux positions des réformateurs dans le domaine du droit pénal, voir Helmuth Mayer, 'Die Strafrechtstheorie bei Luther und Melanchton', dans *Rechtsidee und Staatsgedanke*, éd. Karl Larenz, 2e éd. (Aalen, 1973), p.77-105; pour plus d'informations, voir Alberto Bondolfi, 'Straftheorien und Strafrechtsbegründungen: Schwierigkeiten einer ethischen Neubesinnung', *Zeitschrift für evangelische Ethik* 27 (1983), p.375-90.

18. Pietro Lazzari, rapport sur *Dei delitti e delle pene*, dans Mario Pisani, *Cesare Beccaria e l'Index librorum prohibitorum*, p.58: 'Theologi nostri [...], qui Platoni, Aristotteli [...] consensientes, dicunt a natura ipsa ejusque instinctu, idest a Deo, inductum hominem, sociabile animal, primo con suis in una fmailia, deinde, multiplicatis familiis, cum aliis convenisse; a Deo immediate auctoritatem [...] consequitur naturam hominis, esse non a consensu hominis, sed ab eo qui facit naturam hominis, ut naturalem consecutionem, ex vi prima creationis eius.'

la peine de mort. Sans entrer dans les détails de l'argumentation de Beccaria, il se borne à formuler quelques critiques de caractère très général.

On retrouve également, à propos du jugement moral sur la torture, cette même tendance à reprendre les exemples concrets de Beccaria au lieu de se pencher sur ses arguments de principe. Lazzari déplore ainsi que Beccaria invoque l'exemple des pays protestants qui ont aboli la torture tout en oubliant d'examiner les pratiques des pays catholiques et les réflexions des théologiens qui se sont exprimés sur ce thème: 'Il préfère la position des hérétiques eux-mêmes à la pratique des tribunaux et des peuples catholiques.'[19] Néanmoins, le censeur ne se confronte pas aux arguments de Beccaria contre la torture. Comment expliquer une telle négligence à propos d'un livre qui a obtenu un si grand succès?

On ne saurait répondre adéquatement à cette question sans tenir compte de la logique interne au droit canonique qui préside aux pratiques du Saint-Office et des intentions subjectives qu'on peut vraisemblablement prêter au censeur jésuite. Les interprètes récents du dossier Beccaria conservé au Vatican s'accordent sur ce point. Lazzari définit les *Délits* comme un ouvrage 'dangereux', injuste à l'égard de la doctrine catholique et de la justice des pays catholiques, inspiré par une littérature protestante, mais il ne le définit pas comme 'hérétique'. Une condamnation romaine pour hérésie aurait eu pour l'auteur milanais des conséquences canoniques et politiques fort dangereuses. Le censeur, qui connaissait probablement le nom de l'auteur du livre anonyme, cite pourtant constamment l'édition originale de 1764, protégeant ainsi indirectement la personne de Beccaria.

Somme toute, le rapport de Lazzari a été rédigé de façon à minimiser les risques aussi bien pour son propre rédacteur que pour la personne visée par la condamnation doctrinale qui s'ensuivra. Les faits confirment cette interprétation. En effet, la condamnation romaine n'a empêché ni la vaste diffusion du livre de Beccaria dans toute l'Europe de son temps, ni la discussion de ses thèses dans les milieux intellectuels, ni enfin les premières applications de ses thèses de la part de différents princes 'éclairés'.

19. P. Lazzari, rapport sur *Dei delitti e delle pene*, p.64: 'Cum catholicorum populorum et tribunalium praxi, antenponit illam haereticorum.'

II

Pourquoi punir?

Beccaria et le réformisme pénal en Angleterre (1764-1790)

CHRISTOPHE BÉAL

La lecture qu'a faite Bentham de Beccaria amène à faire de ce dernier un précurseur de l'utilitarisme classique et à interpréter sa théorie pénale à partir du principe d'utilité tout en incorporant un ensemble d'éléments spécifiques, issus du contractualisme et du jusnaturalisme, ce qui a conduit à interpréter *Des délits et des peines* comme une synthèse singulière entre des discours et des paradigmes hétérogènes. La théorie pénale de Beccaria se ramènerait donc à une forme spécifique de l'utilitarisme s'efforçant de concilier l'utilité et des principes déontologiques de justice, théorie que l'on a pu désigner comme 'qualified utilitarianism', selon l'expression de Hart,[1] ou de 'contractualisme utilitariste' conçu à la lumière de l'utilitarisme de la règle, comme le suggère Philippe Audegean.[2] Cette façon d'appréhender le traité de Beccaria dans une perspective utilitariste, avec tous les débats que cela a pu susciter, a eu tendance à occulter la manière dont ses idées ont été reçues et interprétées en Angleterre à la fin du dix-huitième siècle.

Les travaux consacrés à la réception anglaise de Beccaria attestent incontestablement son influence sur les juristes et politiques favorables à une réforme pénale.[3] Mais en analysant de manière plus précise

1. Voir Herbert Lionel Adolphus Hart, 'Bentham and Beccaria', dans *Essays on Bentham: studies in jurisprudence and political theory* (Oxford, 1982), p.40-52.
2. Voir Philippe Audegean, *La Philosophie de Beccaria: savoir punir, savoir écrire, savoir produire* (Paris, 2010), p.138.
3. Voir Cyprian Blamires, 'Beccaria et l'Angleterre', dans *Beccaria et la culture juridique des Lumières*, éd. Michel Porret (Genève, 1997), p.69-81; Anthony J. Draper, 'Cesare Beccaria's influence on English discussion of punishment, 1764-1789', *History of European ideas* 26 (2000), p.177-99; Hugh Dunthorne, 'Beccaria and Britain', dans *Crime, protest and police in modern British society*, éd. David W. Howell et Kenneth O. Morgan (Cardiff, 1999), p.73-96; Frederik Rosen, 'Utilitarianism and the reform of criminal law', dans *The Cambridge history*

les usages qui sont faits de Beccaria par des réformistes comme Blackstone, Eden ou Romilly, on constate que ni le principe du plus grand bonheur du plus grand nombre comme fondement de la législation, ni les thèses en faveur de l'abolition de la peine de mort ne figurent au premier plan. Si les juristes anglais adoptent dans leur immense majorité une théorie préventive de la peine, ils ne font pas de l'utilité le principe fondamental de la qualification des infractions ni de la proportionnalité des peines. Les réformistes ne semblent pas considérer l'œuvre de Beccaria comme un système fondé sur le principe d'utilité, mais plutôt comme un ensemble de réflexions dont ils tirent certains principes justifiant une modération des peines, une plus juste proportionnalité entre les délits et les châtiments, ainsi qu'un recours restreint et parcimonieux à la peine de mort.

Les idées défendues par le Milanais se trouvent ainsi incorporées à des discours qui tirent leurs sources de la *common law* ou du droit naturel et qui ne préfigurent en rien les principes de l'utilitarisme classique. Si, durant cette période charnière, l'œuvre de Beccaria est omniprésente dans les controverses autour de la législation pénale, on est assez vite surpris par les usages très différents, parfois contradictoires, qui en sont faits. Quelles sont réellement les idées de Beccaria qui retiennent l'attention des réformistes anglais, comment les interprètent-ils et dans quelles stratégies discursives sont-elles mobilisées? L'œuvre du Milanais contribue-t-elle à une transformation du paradigme qui sous-tend le droit pénal anglais, ou bien participe-t-elle simplement à une évolution de l'échelle des peines?

Pour le savoir, il semble nécessaire d'étudier comment et dans quel contexte argumentatif les juristes anglais mobilisent et s'approprient les thèses de Beccaria, de déterminer précisément quels passages de son traité sont convoqués et comment ils sont exploités, afin de comprendre le 'travail de l'œuvre' opéré dans ce contexte particulier.

Blackstone lecteur de Beccaria

A la fin du dix-huitième siècle se développe en Angleterre un mouvement de contestation de la législation pénale et du *Bloody Code*.[4]

---

of eighteenth-century political thought, éd. Mark Goldie et Robert Wokler (Cambridge, 2006), p.547-72.

4. Pour une présentation générale des débats autour du *Bloody Code* durant cette période, voir Leon Radzinovicz, *A History of English criminal law and its administration from 1750*, t.1 (Londres, 1948); John M. Beattie, *Crime and the courts in*

En 1765, ce sont près de 160 infractions qui sont passibles de la peine de mort (leur nombre ne cessera de s'accroître, pour atteindre 200 en 1820). Cela va du meurtre et de l'incendie criminel au vol à l'étalage, en passant par le cambriolage, le grand larcin, le vol de bétail ou la contrefaçon. Au livre IV de ses *Commentaries of the laws of England*, consacré à la législation pénale, William Blackstone constate: 'It is a melancholy truth, that among the variety of actions which men are daily liable to commit, no less than one hundred and sixty have been declared by act of parliament to be felonies without benefit of clergy; or, in other words, to be worthy of instant death.'[5]

Plusieurs voix s'élèvent pour dénoncer cette législation et le caractère disproportionné entre les peines prévues et les infractions qu'elles sanctionnent, en particulier en matière d'atteintes aux biens. C'est dans ce contexte que les idées de Beccaria se diffusent en Angleterre, en particulier suite à la traduction publiée en 1767.[6] Blackstone évoque à plusieurs reprises l'œuvre de Beccaria, qu'il présente comme l'un de ces 'écrivains ingénieux' qui ont contribué à dénoncer la cruauté et l'inhumanité des législations pénales en vigueur dans plusieurs pays d'Europe. Selon William Holdsworth, la lecture de Beccaria aurait permis à Blackstone de clarifier ses idées et 'de donner un ton plus critique à sa manière de traiter le droit pénal anglais par rapport aux autres parties du droit'.[7] Pour Blackstone, comme pour Beccaria, les peines ne sont pas destinées à faire expier le mal commis (ce qui relève de la justice divine), mais à prévenir les infractions à venir. Ce caractère essentiellement préventif des peines, qui n'est pas une idée nouvelle en Angleterre et qui n'est pas directement lié à l'influence de Beccaria, constitue un élément central de la théorie pénale de la fin du dix-huitième siècle. Comme l'écrit Alvaro Pires, le dix-huitième siècle est, en matière pénale, le 'siècle de la prévention'.[8] Les doctrines

England 1660-1800 (Oxford, 1986), p.520-618; Clive Emsley, *Crime and society in England 1750-1900* (Londres et New York, 2010), p.261-307; Drew D. Gray, *Crime, policing and punishment in England 1660-1914* (Londres, 2016), p.275-96.

5. William Blackstone, *Commentaries of the laws of England*, 4 vol. (Oxford, Clarendon Press, 1765-1769), t.4, chap.1, p.18.
6. Voir Cesare Beccaria, *An Essay on crimes and punishments* (Londres, John Almon, 1767).
7. William Holdsworth, *A History of English law*, 12 vol. (Londres, 1938), t.11, p.578.
8. Alvaro P. Pires, 'La doctrine de la sévérité maximale au siècle des Lumières', dans *Histoire des savoirs sur le crime et la peine*, éd. Christian Debuyst, Françoise Digneffe et Alvaro P. Pires, 3 vol. (Bruxelles, 2008), t.2, p.53-81. Pour une vision plus nuancée, voir Dario Ippolito, 'La philosophie pénale des Lumières entre

pénales, qu'elles soient réformistes, en faveur d'une modération des peines, ou qu'elles défendent une sévérité maximale, s'articulent autour d'un paradigme commun qui fait de la peine un moyen d'empêcher des crimes ou des délits à venir.

Blackstone distingue trois modalités principales de la prévention: la dissuasion individuelle par des peines corporelles, des amendes, l'exil ou l'incarcération; la dissuasion générale par des peines exemplaires; enfin, la mise hors d'état de nuire par la condamnation à mort, par la prison perpétuelle, par l'esclavage ou par l'exil.[9] Cependant, la valeur d'une peine ne peut se limiter à son efficacité préventive, et tous les moyens ne sont pas justifiés pour empêcher la récidive ou les infractions à venir:

> But indeed, were capital punishments proved by experience to be a sure and effectual remedy, that would not prove the necessity (upon which the justice and propriety depend) of inflicting them upon all occasions when other expedients fail. I fear this reasoning would extend a great deal too far. For instance, the damage done to our public roads by loaded waggons is universally allowed, and many laws have been made to prevent it; none which have hitherto proved effectual. But it does not therefore follow, that it would be just for the legislature to inflict death upon every obstinate carrier, who defeats or eludes the provisions of former statutes. Where the evil to be prevented is not adequate to the violence of the preventive, a sovereign that thinks seriously can never justify such a law to the dictates of conscience and humanity. To shed the blood of our fellow creature is a matter that requires the greatest deliberation, and the fullest conviction of our own authority: for life is the immediate gift of God to man; which neither he can resign, nor can it be taken from him, unless by the command or permission of him who gave it; either expressly revealed, or collected from the laws of nature or society by clear and indisputable demonstration.[10]

Blackstone ne remet pas en cause la légitimité de la peine de mort en tant que telle, qui peut s'avérer juste pour des crimes particulièrement graves ou à l'encontre de certains individus 'incorrigibles' qui présentent une disposition avérée au crime, mais il condamne vigoureusement le recours massif à la peine capitale, qui n'est pas nécessairement plus

---

utilitarisme et rétributivisme', dans *Penser la peine à l'âge des Lumières*, éd. Luigi Delia et Gabrielle Radica, *Lumières* 20 (2012), p.21-34.

9. W. Blackstone, *Commentaries*, t.4, chap.1, p.11.
10. W. Blackstone, *Commentaries*, t.4, chap.1, p.10.

efficace et qui paraît surtout totalement disproportionnée. Tout en rendant hommage à la volonté réformatrice de Catherine II, dont il a pu prendre connaissance à travers *The Grand instruction to the commissioners appointed to frame a new code of laws for the Russian Empire*, traduit par Michael Tatischeff et paru à Londres en 1768, Blackstone considère que restreindre le recours à la peine capitale n'implique pas nécessairement un accroissement de l'insécurité et des infractions. Suivant Beccaria, il considère que la certitude des peines a un effet plus dissuasif que leur sévérité: 'It is the sentiment of an ingenious writer, who seems to have well studied the springs of human action, that crimes are more effectually prevented by the *certainty*, than by the *severity*, of punishment'.[11] Autrement dit, des peines plus modérées auxquelles personne ne peut échapper sont plus dissuasives que des peines plus sévères dont on sait, comme c'était le cas pour la peine de mort, que les juges ne l'appliqueront pas systématiquement.

Les peines, ajoute-t-il, doivent toujours être proportionnées à la finalité particulière à laquelle elles sont supposées servir et ne jamais aller au-delà. Ce principe de proportionnalité est au cœur de l'argumentation de Blackstone en faveur d'une modération des peines et d'une réforme du *Bloody Code*:

> As punishments are chiefly intended for the prevention of future crimes, it is but reasonable that among crimes of different natures those be most severely punished, which are the most destructive of the public safety and happiness: and, among crimes of an equal malignity, those which a man has the most frequent and easy opportunities of committing, which cannot be so easily guarded against as others, and which therefore the offender has the strongest inducement to commit.[12]

Il serait donc nécessaire d'instituer une échelle des infractions à laquelle corresponde une échelle des peines. Même si Blackstone émet des doutes sur la possibilité de recourir à une mesure précise, il invite néanmoins le législateur à établir un ensemble de distinctions afin 'de ne pas imposer des peines du premier degré pour des infractions de rang inférieur'.[13] L'idée d'une hiérarchie des délits en fonction de leurs effets sur le

11. W. Blackstone, *Commentaries*, t.4, chap.1, p.17. Sauf indication contraire, je reproduis l'italique des textes cités.
12. W. Blackstone, *Commentaries*, t.4, chap.1, p.16. Blackstone renvoie en note au chap.vi du livre de Beccaria, consacré à la proportion des délits et des peines.
13. W. Blackstone, *Commentaries*, t.4, chap.1, p.19.

bonheur public ne signifie pas pour autant faire de l'utilité le fondement de la législation pénale. Et lorsque Blackstone déclare, en citant à nouveau Beccaria, que les crimes doivent être estimés en fonction des dommages qu'ils produisent sur la société civile, c'est uniquement pour condamner toute législation pénale visant à réprimer des vices privés, au motif que ne peut être qualifié de crime que ce qui porte atteinte aux droits et aux devoirs publics.[14] La gravité des infractions ne se mesure pas seulement en fonction des effets sur le bonheur du plus grand nombre, mais selon les incidences qu'elles peuvent avoir sur les droits individuels et la sûreté. Comme l'indique Anthony Draper, il n'y a pas chez Blackstone de tentative pour réconcilier l'utilité des peines et une version libérale du contractualisme.[15]

En accordant une primauté au caractère préventif de la peine, le juriste anglais en vient à des conclusions qui seront vivement discutées. Dans le passage cité plus haut, il tente d'exposer les raisons qui conduisent à punir plus durement des crimes qui, à gravité égale, sont plus faciles à commettre. Ce qui explique pourquoi la législation prévoit une peine plus sévère pour le vol lorsqu'il est commis par un valet plutôt que par un étranger, ou pour le vol de choses qui sont par nature plus faciles à dérober:

> Hence it is, that for a servant to rob his master is in more cases capital, than for a stranger: if a servant kills his master, it is a species of treason; in another it is only murder: to steal a handkerchief, or other trifle, privately from one's person, is made capital; but to carry off a load of corn from an open field, though of fifty times greater value, is punished with transportation only.[16]

La peine ne dépend pas tant de la valeur de ce qui est volé que des penchants qui incitent à commettre ce genre de délit. Blackstone est toutefois clairement opposé à l'usage de la peine capitale en cas de vol et invite à recourir plutôt à l'incarcération ou au travail forcé:

> Sir Thomas More and the marquis Beccaria, at the distance of more than two centuries, have very sensibly proposed that kind of corporal punishment, which approaches the nearest to a pecuniary satisfaction; viz. a temporary imprisonment, with an obligation to labour, first for

14. W. Blackstone, *Commentaries*, t.4, chap.4, p.41. Blackstone s'appuie ici sur le chap. VIII des *Délits et des peines*.
15. Voir A. J. Draper, 'Cesare Beccaria's influence on English discussion of punishment', p.181.
16. W. Blackstone, *Commentaries*, t.4, chap.1, p.16.

> the party robbed, and afterwards for the public, in works of the most slavish kind: in order to oblige the offender to repair, by his industry and diligence, the depredations he has committed upon private property and public order. But, notwithstanding all the remonstrances of speculative politicians and moralists, the punishment of theft still continues, throughout the greatest part of Europe, to be capital.[17]

Le juriste anglais considère la prison comme une alternative à la peine capitale ou à la déportation et sera d'ailleurs l'un des artisans du *Penitentiary Act*[18] adopté en 1779. On retrouve enfin dans les *Commentaries* certains arguments de Beccaria en faveur d'une distinction entre les peines infligées à l'auteur principal d'une infraction et à ses complices.[19] Le fait que les complices bénéficient de peines moins sévères n'altère pas le caractère préventif de la peine dans la mesure où, en cas d'association de malfaiteurs, il sera plus difficile de trouver un exécutant qui s'expose à un risque plus grand que ses complices.

Prévention, utilité et justice

C'est également dans le cadre d'une théorie générale de la prévention que William Eden, autre figure majeure du réformisme pénal, mobilise les thèses de Beccaria. Dans les *Principles of penal law*, publiés à Londres en 1771, Eden considère en effet que la prévention reste le principal objectif du législateur, qui doit se montrer à la fois sévère envers l'infraction et clément envers le coupable.[20] Néanmoins, la prévention et la dissuasion ne suffisent pas à justifier n'importe quelle peine; celle-ci doit être proportionnée au délit, en vertu des raisons suivantes:

> At present it may be sufficient to appeal to the unwritten law of God imprinted on the heart of Man; to the natural sympathy better felt than expressed, which forbids us to give unnecessary pain to each other; or in fuller words, to extend the severity of punishments beyond

17. W. Blackstone, *Commentaries*, t.4, chap.17, p.238.
18. Sur la genèse de ce texte, voir Simon Devereaux, 'The making of the Penitentiary Act 1775-1779', *The Historical journal* 42:2 (1999), p.405-33.
19. W. Blackstone, *Commentaries*, t.4, chap.3, p.40.
20. William Eden, *Principles of penal law* (Londres, B. White, T. Cadell, 1771), chap. II, sect.1, p.6. Sur la théorie pénale d'Eden, voir Lucie Buttex, 'Bienveillance et douceur des peines: le réformisme des *Principles of penal law* de William Eden', dans *Cesare Beccaria: la controverse pénale XVIIIe-XXIe siècle*, éd. Michel Porret et Elisabeth Salvi (Rennes, 2015), p.67-79.

> what is essentially necessary to the preservation and morality of society.[21]

Ce sont la loi naturelle et un principe de justice fondé sur une sorte de sentiment moral qui imposent la modération des peines, bien plus qu'un principe d'utilité sociale. Un peu plus loin, Eden reconnaît que les peines imposées par l'Etat doivent être limitées premièrement, par la justice naturelle, et ensuite par l'utilité publique, deux finalités entre lesquelles il semble établir une hiérarchie et qui doivent être recherchées avec sagesse et clémence. La législation pénale est au service de la 'moralité publique' et non du bonheur du plus grand nombre. La proportionnalité des peines n'est donc pas conçue dans une perspective purement conséquentialiste qui préfigurerait l'utilitarisme, mais s'inscrit dans un cadre normatif hérité du jusnaturalisme. Cette conception de la proportionnalité conduit Eden à se démarquer de certaines thèses avancées par Blackstone. Rien ne justifie à ses yeux que la sévérité des peines soit accrue en fonction de la tentation ou de la facilité que l'on peut avoir de commettre une infraction. Même si la loi pénale vise à prévenir des infractions futures plutôt qu'à punir des actes passés, le caractère moral de l'infraction constitue un élément essentiel dans la mesure de la peine.

Au chapitre consacré à la peine de mort, on est étonné de ne pas voir apparaître le nom de Beccaria. Eden ne condamne pas la peine de mort en tant que telle, mais la considère comme l'ultime moyen pour exterminer ceux dont l'existence parmi les citoyens constitue une menace pour la sûreté publique; en d'autres termes, une nécessité absolue peut autoriser la destruction d'un homme par les mains d'un autre homme, ce qui peut être le cas pour le meurtre, le crime de lèse-majesté, le viol ou l'incendie criminel.[22] Et lorsqu'une telle peine doit être prononcée, elle doit être exécutée en évitant toute forme de cruauté ou de sévices, qui ne peuvent qu'inspirer l'horreur. La critique d'Eden porte principalement sur le fait d'infliger la peine de mort, sans aucun discernement, pour certaines atteintes à la propriété, peine qu'il juge alors non nécessaire, inhumaine et immorale et qui devrait être remplacée, comme le suggèrent Beccaria et Blackstone, par une peine d'emprisonnement et de travail forcé qui serait plus bénéfique pour le criminel et pour la société.[23] L'auteur juge essentiel d'opérer

21. W. Eden, *Principles*, chap.i, sect.3, p.5.
22. W. Eden, *Principles*, chap.iii, sect.2, p.21-22.
23. W. Eden, *Principles*, chap.xxiii, sect.5, p.263.

une hiérarchie dans la qualification des infractions de vol de manière à réserver la peine capitale uniquement pour certains types d'atteintes à la propriété (vol accompagné de meurtre, vol avec effraction...) et à instituer des peines moins sévères pour les autres.

Les *Principles of penal law* apparaissent comme le traité d'un réformateur engagé, favorable à une transformation profonde de la législation relative à la peine de mort et à un système de peines basé sur la proportionnalité et la modération, d'où la cruauté et la brutalité des sévices seraient bannies. Cette modération, que prescrivent la justice naturelle et une forme de sympathie, ne remet pas en cause le caractère dissuasif des peines. Bien au contraire, Eden considère que des peines trop dures ou disproportionnées ne sont que rarement appliquées par les magistrats, ce qui engendre un sentiment d'impunité et ne fait qu'encourager la criminalité: 'It is a property inseparable from harsh laws, that they are neither regular, nor expeditious in their execution; consequently, that they flatter the hope of impunity, and, equally injurious to the society and to the criminal, tend to the fatal multiplication both of crimes and of punishments.'[24]

Cet argument revient de façon récurrente tout au long du traité. Eden écrit ainsi, en français: 'Une loi rigoureuse produit des crimes.'[25] Une peine excessive agit en effet sur l'imagination en laissant espérer l'impunité et finit par inciter le coupable à commettre l'infraction. En bref, la corruption des mœurs ne résulte pas de la modération des peines, mais de l'impunité des criminels.[26] Une échelle juste des peines doit s'écarter des deux extrêmes que sont l'oppression et l'impunité, en instituant des peines dissuasives mais modérées.

Au bout du compte, les références directes à l'œuvre de Beccaria restent relativement peu nombreuses;[27] elles interviennent le plus souvent sur des questions de procédure et parfois dans une perspective critique. Ainsi, Eden juge nécessaire l'existence d'un délai entre l'accusation et le procès, de manière à ce que les juges, dans leur délibération, ne soient pas affectés par les émotions. Si Beccaria suggère le

24. W. Eden, *Principles*, chap.XXIII, sect.7, p.267.

25. W. Eden, *Principles*, chap.II, sect.5, p.12. Cette phrase est tirée de Voltaire, *Commentaire sur le livre Des délits et des peines par un avocat de province*, éd. Christophe Cave, dans *The Complete works of Voltaire*, t.61A (Oxford, 2012), chap.XVIII, p.143: 'Tout prouve cette grande vérité, qu'une loi rigoureuse produit quelquefois les crimes.'

26. Voir W. Eden, *Principles*, chap.II, sect.6, p.13.

27. Nous n'avons répertorié que quatre occurrences dans lesquelles Beccaria est directement cité.

contraire, au nom de la promptitude des peines, c'est qu'il a consulté son propre cœur et sous-estimé les imperfections de l'humanité.[28] Dans le même chapitre, lorsqu'il défend le caractère public de l'accusation et met en garde contre le recours aux dénonciations secrètes, considérant que le devoir du législateur est de lutter contre la calomnie et les fausses accusations, Eden reproche à Beccaria la sévérité de ses propos lorsqu'il écrit que 'tout gouvernement, républicain et monarchique, doit donner au calomniateur la peine qu'encourrait l'accusé',[29] formule qui manifeste à ses yeux un écart de langage dangereux de la part d'un écrivain sage et juste.

Les idées de Beccaria semblent ainsi appréhendées à travers le filtre de considérations morales et de principes de justice tirés de la loi naturelle. L'ouvrage que publie Henry Dagge en 1772, *Considerations on criminal law*, confirme cette lecture particulière des *Délits et des peines* parmi les réformateurs anglais. Si, dans l'introduction, l'auteur fait l'éloge de Beccaria, comparé à un médecin capable de remédier aux imperfections qui corrompent le système pénal de la plupart des nations, il semble privilégier la portée morale de la législation pénale plutôt que ses effets sur le bonheur du plus grand nombre:

> The necessity of laying the foundation of political order in moral rectitude is so strong, that it seems surprising how the idea could arise, that the immorality of an act is not so much to be regarded as its bad tendency to society. Nothing is more certain, than every immoral act has such bad tendency; for immorality is the root of all political evil, and an immoral man cannot be a good citizen.[30]

La législation pénale, selon Dagge, répond à quatre finalités principales: elle doit donner des raisons qui justifient la prohibition de certains actes, instituer des peines proportionnelles, garantir, lorsque cela est possible, la réparation des dommages, et enfin sanctionner l'infraction en tant qu'elle trouble la paix et nuit à la 'pureté de la société'. Ces finalités ne découlent pas de l'utilité, mais de la loi de nature et de la droite raison, et c'est au nom de ces principes que Dagge engage une critique des lois pénales anglaises, pointées pour leur sévérité et

28. W. Eden, *Principles*, chap.XXVII, sect.4, p.296.

29. Cesare Beccaria, *Des délits et des peines*, éd. Philippe Audegean (Lyon, 2009), chap.XV, p.189; passage cité en italien dans W. Eden, *Principles*, chap.XXVII, sect.4, p.296, n.m.

30. Henry Dagge, *Considerations on criminal law* (Dublin, H. Saunders *et al.*, 1772), p.XXIV.

leur absence de toute proportion entre les peines et les délits. Toute la critique menée contre les abus de la peine capitale s'appuie sur des arguments tirés du jusnaturalisme de Grotius ou de Pufendorf, plutôt que sur un principe d'utilité. Dagge souligne également les paradoxes d'une législation pénale trop sévère qui punit de la peine capitale, sans aucune discrimination, des délits de nature radicalement distincte. Une telle loi finit par ne plus être appliquée dans le cas de délits mineurs, ce qui favorise une forme d'impunité et contribue à la corruption des mœurs.

Les discours en faveur d'une sévérité maximale des peines

Les idées d'Eden vont susciter un réel enthousiasme, inspirer différents projets de loi (le *Hulks Act* de 1776, le *Penitentiary Act* de 1779) et alimenter les débats parlementaires. Mais elles apparaissent à contre-courant des opinions dominantes et des doctrines attachées à la prévention par la sévérité des châtiments.[31] En effet, à l'opposé de ce courant réformiste, les discours en faveur d'une sévérité maximale des peines font appel non pas à un principe de rétribution, mais à la prévention et à la dissuasion. Il est étonnant de constater qu'une partie des débats autour de la législation pénale se focalise autour d'un paradigme commun, de type conséquentialiste, qui conduit toutefois à des divergences majeures concernant la proportionnalité et la modération des peines. Les *Principles of moral and political philosophy*, publiés par William Paley en 1785, sont révélateurs de ces controverses autour de la prévention. Le chapitre consacré à la justice pénale commence par rappeler que le véritable but des peines infligées par les hommes n'est pas de satisfaire la justice mais de prévenir les crimes.[32] La seule chose à prendre en considération est l'effet qu'aura une peine afin de prévenir de nouveaux crimes et non la gravité ou la valeur morale du crime. Cette rupture avec les principes rétributifs conduit Paley à admettre que, dans l'absolu, il ne serait pas injuste, du point de vue pénal, d'accorder l'impunité à certaines infractions si on avait la certitude que cette impunité ne constitue pas un danger pour la société et n'encourage pas le crime.

Les peines n'ont par conséquent qu'une valeur instrumentale: elles ne sont qu'un mal qui doit permettre d'éviter un mal plus grand.

31. Voir A. P. Pires, 'La doctrine de la sévérité maximale au siècle des Lumières'.
32. William Paley, *The Principles of moral and political philosophy* (Indianapolis, IN, 2002), liv.VI, chap.9, p.373.

La valeur des peines se mesure à leur efficacité préventive et, dès lors, il ne faut point recourir à une peine, et encore moins à une peine sévère, lorsqu'on peut prévenir le crime par un autre moyen. Néanmoins, Paley est loin d'adhérer aux thèses des réformistes en faveur d'une modération des peines. D'abord il reconnaît, à la suite de Blackstone, que la facilité avec laquelle une infraction déterminée peut être commise justifie des peines plus lourdes: le vol de bétail peut être sanctionné par la peine capitale alors qu'il n'est pas moralement plus grave que d'autres atteintes à la propriété punies par l'emprisonnement ou la déportation, uniquement afin de lutter contre une plus grande propension à commettre ce genre de vol. D'autre part, Paley ne remet pas en cause la législation pénale relative aux peines capitales. La terreur qu'inspire la peine de mort justifie son maintien pour toute une variété de délits de gravité inégale, même si, dans les faits, cette peine n'est pas systématiquement infligée. Paley juge préférable d'appliquer cette peine à un grand nombre d'infractions même si elle n'est effectivement exécutée que pour quelques cas exemplaires, que de l'appliquer à un nombre restreint d'infractions et de la faire exécuter à chaque fois. L'essentiel est que chaque individu soit conscient de risquer une telle condamnation et que la crainte qu'elle inspire le dissuade de commettre une infraction. Cela revient évidemment à accorder aux juges un pouvoir discrétionnaire qui, selon Paley, leur permet d'apprécier les circonstances particulières de chaque infraction et d'individualiser les peines. Cette latitude permet d'éviter à la fois que certains échappent à la peine capitale alors qu'elle serait requise au nom de la sécurité publique, et que d'autres soient condamnés à mort alors que cela n'est ni mérité ni nécessaire. En même temps, Paley estime que la certitude de la peine a plus d'importance que sa sévérité:

> The *certainty* of punishment is of more consequence than the severity. Criminals do not so much flatter themselves with the lenity of the sentence, as with the hope of escaping. They are not so apt to compare what they gain by the crime with what they may suffer from the punishment, as to encourage themselves with the chance of concealment or flight. For which reason, a vigilant magistracy, an accurate police, a proper distribution of force and intelligence, together with due rewards for the discovery and apprehension of malefactors, and an undeviating impartiality in carrying the laws into execution, contribute more to the restraint and suppression of crimes than any violent exacerbations of punishment.[33]

33. W. Paley, *The Principles*, liv.vi, chap.9, p.390-91.

Cette certitude ne remet pas en cause le pouvoir discrétionnaire des juges, mais impose tout un ensemble de mesures visant à réduire, pour l'auteur d'une infraction, ses chances d'échapper à la justice et à une condamnation. Cela passe par un assouplissement des règles procédurales, en particulier pour ce qui touche à l'établissement de la preuve. Si ces règles sont trop rigides et exigent qu'on s'abstienne de condamner quelqu'un tant qu'on n'a pas l'absolue certitude de sa culpabilité, cela risque de favoriser un sentiment d'impunité. Or, selon Paley, même si on ne doit pas sacrifier la vie d'un innocent, la certitude des peines oblige à accepter qu'on condamne parfois une personne sans pouvoir prouver, en toute certitude, sa culpabilité. On pourrait alors considérer que la victime d'une erreur judiciaire est 'tombée pour son pays', victime de règles qui contribuent au bien-être de la communauté:

> But when certain rules of adjudication must be pursued, when certain degrees of credibility must be accepted, in order to reach the crimes with which the public are infested; courts of justice should not be deterred from the application of these rules by *every* suspicion of danger, or by the mere possibility of confounding the innocent with the guilty. They ought rather to reflect, that he who falls by a mistaken sentence may be considered as falling for his country; whilst he suffers under the operation of those rules, by the general effect and tendency of which the welfare of the community is maintained and upheld.[34]

Un tel argument montre comment la référence à l'utilité ou au bien commun peut venir appuyer et justifier un durcissement des procédures pénales qui prend le contre-pied de l'esprit des discours réformistes que nous avons évoqués. Le problème de la condamnation des innocents sera d'ailleurs un des points visés par les critiques des théories conséquentialistes de la peine et notamment de l'utilitarisme, même si, on le sait, la position de Bentham sur cette question délicate est plus complexe et plus nuancée qu'on ne la présente parfois.

Les doctrines en faveur d'une sévérité maximale justifient ainsi un durcissement et une application stricte des peines comme un moyen nécessaire afin de maximiser leur efficacité préventive. C'est autour de cette thèse que s'articule le traité de Martin Madan publié en 1785, *Thoughts on executive justice*, dans lequel on retrouve une synthèse des discours dominants auxquels les réformistes ont pu être

34. W. Paley, *The Principles*, p.393.

confrontés. La sévérité des lois et des juridictions a essentiellement une fonction dissuasive et préventive. La justice pénale n'a qu'une valeur instrumentale et seule la fin pour laquelle elle a été instituée, à savoir lutter contre la criminalité, doit être prise en compte pour déterminer les peines adéquates. Des peines aussi sévères que la peine capitale peuvent être ainsi justifiées en raison de leur efficacité, y compris pour de simples atteintes à la propriété. En revanche, si de telles peines n'avaient aucun effet, elles seraient inutiles et cruelles. Un tel argument ne joue pas, chez Madan, en faveur d'une modération des peines. Bien au contraire, son diagnostic l'amène à penser que l'inefficacité des peines tient en grande partie au fait qu'elles ne sont pas assez sévères ou qu'elles ne sont pas strictement appliquées par les magistrats, ce qui entretient un sentiment d'impunité. Si un Etat se dote de lois pénales capables d'inspirer la crainte mais que les tribunaux, par clémence et humanité, s'abstiennent de condamner les coupables à de telles peines, la législation cesse d'agir sur les esprits et devient futile. Madan critique ouvertement la modération et le pouvoir discrétionnaire des juges, directement responsables de l'inefficacité des lois:

> those, whose duty and office is to administer these laws have now, for many years, been preferring their own *feelings* as *men*, to the duty which they owe the public as *magistrates*; and have been making so wanton and indiscriminate an use, or rather *abuse*, of certain discretionary powers which they are invested, that safety and impunity invite forth and harden offenders, while danger and distress are every where menacing the innocent.[35]

La certitude de la peine est constitutive de son effet dissuasif, ce que Madan justifie en rapportant les propos de Beccaria[36] et en montrant que la terreur produite par une peine est proportionnelle à sa certitude. Cependant, contrairement à Beccaria, Madan n'oppose pas la certitude et la sévérité des peines mais les considère comme intrinsèquement liées: multiplier ou durcir les peines apparaît totalement vain si les juges ne les prononcent pas, préférant les commuer en des peines plus douces, et ne les font pas exécuter, mais des peines trop modérées, même si elles font l'objet d'une application rigoureuse, seraient tout aussi inefficaces. L'argument beccarien relatif à la

35. Martin Madan, *Thoughts on executive justice, with respect to our criminal laws* (Londres, J. Dodsley, 1785), p.13-14.
36. M. Madan, *Thoughts*, p.63; Beccaria est à nouveau cité p.132.

certitude des peines et à l'application littérale des lois pénales est ainsi exploité dans un sens antiréformiste. Avant de se demander si les lois pénales doivent être réformées, il faut commencer par les appliquer réellement. Madan ne remet pas en cause la sévérité des peines, mais invite les juges à mettre de côté leurs scrupules et leur mansuétude et à obéir à la loi. Les magistrats doivent à tout prix se prémunir contre certaines dispositions qui incitent à la clémence et avoir davantage de compassion pour les victimes ou la société que pour les coupables.[37] En somme, les règles d'établissement de la preuve doivent permettre d'éviter la condamnation d'innocents, mais sans accroître les chances d'échapper à la condamnation ni rendre les peines encore plus incertaines.

Romilly et Beccaria

Le paradigme de la prévention et le principe de la certitude des peines ne conduisent pas nécessairement à la modération des peines, et on ne peut qu'être étonné du détournement qu'ont pu subir certaines idées de Beccaria pour soutenir une plus grande sévérité de la législation et des tribunaux. Samuel Romilly, dans son étude critique du texte de Madan, publiée en 1786 sous le titre *Observations on a late publication intitled Thoughts on executive justice*, dénonce un tel détournement sous la plume de Madan: 'Montesquieu and Beccaria too are cited as approving this unmerciful doctrine, though both those writers contend that the laws should be religiously executed only when they are mild and equitable.'[38] Il ajoute que Beccaria ne pouvait prévoir que son livre servirait un jour à étendre ces différents systèmes de lois criminelles qu'il cherchait à réformer, ni que ses principes d'humanité serviraient à justifier un durcissement des lois pénales. La théorie pénale défendue par Romilly est fondée sur la prévention, mais condamne la disproportion et la sévérité des peines prévues par la législation anglaise et

37. Voir M. Madan, *Thoughts*, p.54-55.

38. Samuel Romilly, *Observations on a late publication intitled thoughts on executive justice* (Londres, T. Cadell, R. Faulder, 1786), p.85. Le texte de Romilly, diffusé seulement à une centaine d'exemplaires, sera traduit en français par son ami Mirabeau dans un volume publié en 1788 sous le titre *Observations d'un voyageur anglais sur la maison de force appelée Bicêtre, suivies de Réflexions sur les effets de la sévérité des peines et sur la législation criminelle de la Grande-Bretagne.* Sur Romilly, voir Coleman Phillipson, *Three criminal reformers: Beccaria, Bentham, Romilly* (Londres, 1923); Charles N. Gregory, 'Sir Samuel Romilly and criminal law reform', *Harvard law review* 15:6 (1902), p.446-67.

notamment le recours à la peine capitale pour des infractions sans commune mesure avec elle:

> That criminal prosecutions ought always to be carried on for the sake of the public, and never to gratify the passions of individuals; that the primary object of the legislature should be to prevent crimes and not to chastise the criminals; that that object cannot be possibly attained by the mere terror of punishment; and that unless a just proportion be observed between the various degrees of crimes, in the penalties appointed for them the law must serve to excite rather than to repress guilt.[39]

Tels sont, d'après Romilly, les axiomes du code pénal qui doivent guider une réforme de la législation anglaise. Avocat, parlementaire, whig, nommé *solicitor general* (1806), Romilly consacre une large partie de sa carrière politique à tenter d'assouplir les lois pénales et notamment d'abolir la peine capitale pour certaines catégories de vol. Il parvient à faire adopter l'abolition de la peine capitale à l'encontre des pickpockets (1808) et pour d'autres formes de vol (1811), mais l'opposition de nombreux juristes attachés à la sévérité des peines l'empêche de mener jusqu'au bout tous ses projets de réforme. Dans l'un de ses discours, prononcé en mai 1808, Romilly rend compte de ces résistances rencontrées par les idées de Beccaria en Angleterre:

> For no principle seems to me more clear than this, that it is the certainty, much more than the severity, of punishments, which renders them efficacious. This has been acknowledged, I believe, ever since the publication of the works of the marquis Beccaria. The impression, however, which was made in this country by his writings, has hitherto proved unavailing; for it has not produced a single alteration in our Criminal Law.[40]

Mais si Romilly est l'un des plus ardents artisans de la réforme pénale et un promoteur incontestable des thèses de Beccaria, on constate pourtant, de sa part, certaines réserves à l'égard de ce dernier. En premier lieu, Romilly ne semble guère favorable à une abolition de la peine de mort en tant que telle: 'I shall not, with the Marquis of Beccaria, and the many writers who have adopted his humane principles, contend that the punishment ought not, and cannot legally

39. S. Romilly, *Observations on a late publication*, p.2-3.
40. S. Romilly, *The Speeches of Sir Samuel Romilly in the House of Commons* (Londres, 1820), p.39.

be inflicted by the legislature for any crime committed under any circumstances.'[41] Il refuse principalement qu'on qualifie de crimes capitaux certaines atteintes à la propriété, considérant qu'il y a là une disproportion qui entraîne une violation de la loi naturelle et des préceptes de la religion. Romilly semble également sceptique sur l'idée d'une mesure des peines fondée sur l'utilité. Dans une lettre du 1er mars 1782 adressée à son beau-frère, il écrit:

> I have lately read a second time Beccaria *On Crimes and Punishments*, a favourite book, I know, of yours, and I think deservedly. But does not the author too often reason by analogy to his favourite mathematics? Are not his observations sometimes too subtle? And what do you think of the principle on which he relies so much, that crimes are to be measured by the injury they do to the State, without regard to the malignity of the will?[42]

Romilly perçoit chez Beccaria la volonté d'établir la proportionnalité des délits et des peines sur une espèce de calcul utilitariste. Cependant, même si Romilly est un proche de Dumont et de Bentham, sa théorie pénale ne se fonde pas sur le principe d'utilité,[43] mais puise dans l'œuvre de Beccaria des arguments en faveur de la modération des peines dans le cadre d'une théorie essentiellement préventive.

Utilité et justice pénale

On comprend ainsi mieux la singularité de la lecture que fait Bentham de Beccaria lorsqu'il le présente comme l'un de ceux qui ont contribué à faire du principe du plus grand bonheur le fondement de la morale et de la législation. On le sait, Bentham considère Beccaria comme son 'maître', un de ceux qui ont permis de promouvoir l'utilité dans le champ éthique et juridique, et Etienne Dumont va largement contribuer à faire reconnaître cette filiation.[44] Le traité *Des délits et des*

41. S. Romilly, *Observations on a late publication*, p.24.
42. S. Romilly, *The Speeches*, p.xxix.
43. Richard R. Follett, *Evangelicalism, penal theory, and the politics of criminal law reform in England 1808-1830* (Houndsmills, 2001), p.46-66, a bien montré que le réformisme de Romilly repose sur des principes religieux et juridiques qui sont distincts de l'utilitarisme.
44. Sur cette relation entre Beccaria et Bentham, voir H. L. A. Hart, 'Bentham and Beccaria'; Jean Pierre Cléro, 'Un tournant dans la conception du droit pénal: Beccaria et Bentham', dans *Entre droit et morale: la finalité de la peine*, éd. Annette Sousa Costa (Berne, 2010), p.63-98; Emmanuelle de Champs, 'Bentham et

peines pourrait ainsi servir de modèle à une réforme de la législation pénale fondée sur l'utilité. En premier lieu, ne devraient être qualifiés d'infractions que des actes ou des conduites qui nuisent au bonheur du plus grand nombre. Ensuite, l'utilité doit être la seule mesure des peines et servir de principe pour ériger, suivant un calcul rationnel, une juste échelle des peines. Une peine, selon Bentham, est un mal destiné à empêcher un mal plus grand; une peine est donc nécessairement injuste lorsqu'elle est inefficace, inutile, au sens où il serait possible de prévenir l'infraction par un moindre mal, ou enfin lorsque la peine inflige un mal plus grand que celui qu'elle est supposée empêcher.[45] De là peut se déduire un système de peines qui garantit une réelle proportionnalité et évite à la fois des châtiments cruels et des sanctions totalement vaines. Les règles de proportionnalité des peines, énoncées par Bentham, reprennent une grande partie des arguments de Beccaria: 'The first object, it has been seen, is to prevent, in as far as it is worth while, all sorts of offences; therefore, *The value of the punishment must not be less in any case than what is sufficient to outweigh that of the profit of the offence.*'[46]

Il y a donc un seuil minimal des peines: le mal ou le désavantage engendré par la peine doit toujours l'emporter sur l'avantage espéré en commettant l'infraction. Mais l'utilité implique également un seuil maximal des peines, puisque toute peine devient cruelle et tyrannique dès lors qu'elle impose un mal superflu, ce qui invite à faire preuve de parcimonie ou de 'frugalité', selon l'expression de Bentham. A la suite de Beccaria, Bentham considère que la certitude et la promptitude du châtiment sont à prendre en compte pour établir une échelle des peines appropriée. Mais, au lieu d'en conclure que la certitude d'un châtiment l'emporte sur sa sévérité, Bentham en déduit que la proximité et la certitude de la peine apparaissent nécessairement plus faibles que l'avantage immédiat qu'on pense retirer d'une infraction et qu'elles doivent être en quelque sorte compensées par la quantité

---

l'héritage de Beccaria: du *Projet d'un Corps complet de législation* aux *Traités de législation civile et pénale*', dans *Cesare Beccaria: la controverse pénale*, éd. M. Porret et E. Salvi, p.99-110.

45. Voir Jeremy Bentham, *An Introduction to the principles of morals and legislation* (1789), éd. James Henderson Burns et Herbert Lionel Adolphus Hart (Oxford, 1996), chap.XIII, sect.I, paragr.3, p.159; J. Bentham, 'Principes du code pénal', dans *Traités de législation civile et pénale* (1802), éd. Malik Bozzo-Rey, Anne Brunon-Ernst et Emmanuelle de Champs (Paris, 2010), 3e partie, chap.I, p.309-10; J. Bentham, *Théorie des peines et des récompenses*, éd. Etienne Dumont (Londres, 1811), t.1, liv.I.

46. J. Bentham, *An Introduction*, chap.XIV, sect.VIII, p.166.

du mal infligé: '*To enable the value of the punishment to outweigh that of the profit of the offense, it must be increased, in point of magnitude, in proportion as it falls short in point of certainty. Punishment must be further increased in point of magnitude, in proportion as it falls short in point of proximity.*'[47] Enfin, Bentham, tout comme Beccaria, considère que l'efficacité d'une peine suppose, dans la mesure du possible, une certaine analogie entre l'infraction et la nature de la peine.[48] La théorie de la proportionnalité et de la commensurabilité développée par l'utilitarisme se présente ainsi comme le développement et l'explicitation des intuitions formulées par Beccaria, mais dont il n'aurait pas perçu tous les enjeux à défaut d'une véritable 'arithmétique morale': 'Montesquieu a senti la nécessité d'une proportion entre les délits et les peines. Beccaria a insisté sur son importance: mais ils l'ont plutôt recommandée qu'éclaircie: ils n'ont point dit en quoi consiste cette proportion.'[49]

Concernant la peine de mort, l'analyse détaillée des avantages et des inconvénients qu'en fait Bentham dans la *Théorie des peines et des récompenses* semble prendre ses distances avec Beccaria en montrant que, 'quelque respectable que soit l'autorité de ce philosophe', il se trompe en considérant que la peine capitale a moins d'effet sur les esprits qu'une peine moins sévère et plus durable.[50] Bentham reconnaît une certaine efficacité de cette peine, mais il dénonce avec Beccaria les conséquences auxquelles peut conduire une législation qui institue ce type de peine pour des délits mineurs:

> La peine de mort appliquée à des délits où l'opinion publique lui est contraire, loin de prévenir ces délits, tend à les multiplier par l'espoir de l'impunité; c'est-à-dire que la peine la plus forte opère moins qu'une peine inférieure. Cette proposition paraît d'abord paradoxale. Mais le paradoxe s'évanouit quand on observe les différents effets produits par l'impopularité de la peine de mort.[51]

47. J. Bentham, *An Introduction*, chap.XIV, sect.XVIII-XIX, p.170.
48. Voir C. Beccaria, *Des délits et des peines*, chap.XIX, p.207-209; J. Bentham, *An Introduction*, p.178; 'Principes du code pénal', 3e partie, chap.VI, p.318; *Théorie des peines et des récompenses*, t.1, liv.I, chap.VII-VIII, p.50-65.
49. J. Bentham, 'Principes du code pénal', 3e partie, chap.II, p.311.
50. Voir J. Bentham, *Théorie des peines et des récompenses*, t.1, liv.II, chap.XIV, p.234-62. Sur cette analyse, voir Gilles Trimaille, 'La peine de mort dans la doctrine utilitariste de Jeremy Bentham', dans *La Peine de mort*, éd. Luigi Delia et Fabrice Hoarau, numéro thématique de la revue *Corpus: revue de philosophie* 62 (2012), p.215-29.
51. J. Bentham, *Théorie des peines et des récompenses*, p.256. L'argument avait été développé par C. Beccaria, *Des délits et des peines*, chap.XXVII, p.225.

Parce qu'une telle peine peut être perçue comme trop cruelle pour certains délits, les juges répugneraient à la faire appliquer, ce qui entraînerait un relâchement de la procédure, le mépris des lois et l'arbitraire et, surtout, pourrait favoriser un sentiment d'impunité.

La lecture utilitariste de Beccaria permet de développer une véritable théorie de la proportionnalité et de l'efficacité des peines qui semble invalider les usages des idées du marquis milanais en faveur de la sévérité pénale. En revanche, elle laisse au second plan les sources jusnaturalistes qui, chez Beccaria, ainsi que chez certains réformistes anglais, permettent de justifier une modération et une parcimonie de la législation pénale. En cela, la réception et l'exploitation des idées de Beccaria par les juristes anglais révèlent un aspect singulier du 'moment Beccaria', dans la mesure où ils tirent de sa théorie pénale des arguments en faveur de la modération, de la proportionnalité ou de la certitude des peines, en se situant au sein d'un paradigme fondé sur la prévention, sans pour autant adopter une perspective utilitariste, mais en interprétant plutôt cette théorie à la lumière de principes de justice tirés de la *common law* ou de la loi naturelle. Si de telles lectures non utilitaristes de Beccaria ont été possibles, c'est sans doute parce que sa théorie pénale n'est pas strictement utilitariste, ou du moins qu'il a été possible, dans un contexte particulier, de saisir la portée radicale des *Délits et des peines* en laissant au second plan les considérations d'utilité au sens où l'entend l'utilitarisme classique.

'Un sentiment d'humanité affecté': Kant critique de Beccaria

PIETRO COSTA

La condamnation de la peine de mort a peut-être été la thèse la plus célèbre et en même temps la plus contestée des *Délits et des peines*. Pour Beccaria, non seulement la peine de mort n'est pas utile, mais de toute façon elle n'est pas légitime: 'La peine de mort n'est donc pas un *droit*, [...] mais une guerre de la nation contre un citoyen.'[1] A ses yeux, la théorie du contrat social conduit nécessairement à l'abolition de la peine de mort. Or, non seulement la tradition contractualiste des dix-septième et dix-huitième siècles que connaissait Beccaria n'était nullement parvenue à cette conclusion,[2] mais les contractualistes ultérieurs qui lisent et commentent les *Délits* prennent souvent leurs distances à l'égard de l'abolitionnisme de Beccaria.[3]

1. Cesare Beccaria, *Des délits et des peines*, éd. Philippe Audegean (Lyon, 2009), chap. XXVIII, p.229. Sauf indication contraire, je reproduis l'italique des textes cités. Sur la philosophie de Beccaria, voir surtout Philippe Audegean, *La Philosophie de Beccaria: savoir punir, savoir écrire, savoir produire* (Paris, 2010). Voir aussi Michel Porret, *Beccaria: le droit de punir* (Paris, 2003); Ettore Dezza, 'Il problema della pena di morte', dans *Il contributo italiano alla storia del pensiero: diritto*, éd. Paolo Cappellini, Pietro Costa, Maurizio Fioravanti et Bernardo Sordi (Rome, 2012), p.223-31; Bernard E. Harcourt, 'Beccaria's *On crimes and punishments*: a mirror on the history of the foundations of modern criminal law', dans *Foundational texts in modern criminal law*, éd. Markus Dubber (Oxford, 2014), p.39-60; *Attualità e storicità del Dei delitti e delle pene a 250 anni dalla pubblicazione*, éd. Giovanni Rossi et Francesca Zanuso (Naples, 2015).
2. Je me permets de renvoyer le lecteur à Pietro Costa, 'Lo *ius vitae ac necis* alla prova: Cesare Beccaria e la tradizione contrattualistica', *Quaderni Fiorentini* 44 (2015), p.817-95.
3. Je me permets de renvoyer le lecteur à Pietro Costa, '"Voilà le sophisme qui a séduit tant de publicistes": lectures contractualistes des *Délits et des peines* dans l'Italie du second XVIIIe siècle', dans *Le Bonheur du plus grand nombre: Beccaria et les Lumières*, éd. Philippe Audegean, Christian Del Vento, Pierre Musitelli et Xavier Tabet (Lyon, 2017), p.197-224.

L'exemple le plus célèbre est peut-être celui de Kant. Le philosophe allemand reprend le modèle contractualiste (tout en le réinterprétant de manière originale), mais il n'en tire nullement les mêmes conséquences que Beccaria et attaque rudement, dans un chapitre de sa 'Doctrine du droit' consacré au 'droit de punition et de grâce',[4] l'abolitionnisme du 'marquis' italien. A première vue, Beccaria ne semble attirer l'attention de Kant qu'en tant que fauteur de l'illégitimité de la peine de mort. En réalité, l'enjeu de la discussion entre les deux auteurs est beaucoup plus vaste: c'est à l'ensemble de la vision de la peine développée dans les *Délits* que Kant, au moment de mettre au point sa 'philosophie pénale', ne peut éviter de se confronter.

Il conviendra donc, dans un premier temps, de s'arrêter sur la vision kantienne de la peine dans son ensemble (sans avoir la prétention d'en recomposer jusqu'au moindre détail la délicate architecture), avant de relire les pages explicitement consacrées à la réfutation de l'abolitionnisme de Beccaria.

Rétribution et/ou prévention?

Dans toute l'Europe, le petit livre de Beccaria a eu de profondes répercussions sur la philosophie pénale de la fin du dix-huitième siècle. Les pays de langue allemande ne font pas exception:[5] aux traductions et aux commentaires des *Délits* s'ajoutent les prises de position des juristes et des théoriciens du droit. Sans aller jusqu'à dire, comme Victor Barkhausen, que le seul ouvrage important après Montesquieu en matière de droit pénal est celui de Beccaria,[6] tous prennent au sérieux les thèmes traités dans les *Délits* (que souvent ils reprennent et développent), à commencer par l'idée de la fonction préventive de la peine.

4. Voir Immanuel Kant, *Métaphysique des mœurs* (1797), éd. Alain Renaut, t.2, 1re partie, 'Principes métaphysiques de la doctrine du droit' (Paris, 1994), p.151-60. Cette édition de la 'Doctrine du droit' kantienne sera désormais désignée sous l'abréviation *DD*.
5. Voir Bernd Kreutziger, 'Bibliographie zur Rezeptions- und Wirkungsgeschichte der Abhandlung *Dei delitti e delle pene* Cesare Beccarias und zur Strafrechtsreformbewegung im deutschsprachigen Raum des 18. Jahrhunderts', *Das Achtzehnte Jahrhundert* 12:1 (1988), p.89-116.
6. Voir Victor Barkhausen, 'Über die Abschaffung der Todesstrafen: Probe eines Kommentars über den Beccaria', dans Johann Friedrich Plitt, *Repertorium für das peinliche Recht* (Francfort-sur-le-Main, Gebrüdern van Düren, 1786), p.302-420 (302).

Que la peine ait pour fonction de détourner du crime est une idée ancienne, reprise par Grotius et amplement partagée par ses lecteurs et successeurs: la peine regarde vers le futur, plus que vers le passé, et n'inflige une souffrance qu'en vue d'un avantage plus grand. La considération du *malum actionis* n'est cependant pas pour autant exclue: le *quia peccatum* coexiste pacifiquement avec le *ne peccetur*. La conception la plus répandue est exprimée en toute clarté par Pufendorf, qui soutient que la peine implique une référence au passé (au mal accompli), mais n'est en même temps infligée que pour obtenir un bénéfice futur.[7] C'est seulement aux dix-neuvième et vingtième siècles que les visions *backward-looking* et *forward-looking* de la peine sont présentées comme exclusives l'une de l'autre, alors qu'elles apparaissaient comme fondamentalement complémentaires pour la *communis opinio* des dix-septième et dix-huitième siècles.[8]

En adoptant l'idée d'une fonction préventive de la peine, Beccaria recueille ainsi l'héritage d'une longue tradition. Toutefois, il reformule également cette idée dans le cadre de sa philosophie utilitariste, puisqu'il en fait le fondement et la direction de sens de l'intervention punitive du souverain, rejetant ainsi dans l'ombre le moment du *quia peccatum*. C'est à cette vision de la peine que Kant semble s'opposer de manière frontale.

Pour Kant, punir un coupable pour dissuader ses concitoyens, ce serait comme accepter de gracier un criminel qui s'offrirait pour servir de cobaye dans des expériences utiles à l'humanité: dans un cas comme dans l'autre, un être humain serait traité 'simplement comme un moyen utilisable en vue des buts d'autrui' et serait donc réduit au rang de chose. Or, la peine est nécessaire pour cette seule raison que quelqu'un '*a commis un crime*' et ne peut jamais être utilisée 'à titre de moyen de favoriser un autre bien, soit pour le criminel lui-même, soit pour la société civile' (*DD*, p.152).

Les termes de l'alternative semblent désormais clairs et nets: la peine comme *prévention* (de crimes futurs) s'oppose à la peine comme *rétribution* (c'est-à-dire comme punition adéquate d'un crime déjà commis). Les théoriciens de la prévention (Karl Heinrich Heydenreich, Karl Ferdinand Hommel, Karl Grolman, Paul Johann

7. Voir Samuel Pufendorf, *De jure naturae et gentium* (1672), éd. Frank Böhling, dans *Gesammelte Werke*, t.4 en 2 vol. (Berlin, 1998), liv.VIII, chap.III, paragr.8, p.769.

8. Voir Dario Ippolito, 'La philosophie pénale des Lumières entre utilitarisme et rétributivisme', dans *Penser la peine à l'âge des Lumières*, éd. Luigi Delia et Gabrielle Radica, numéro thématique de la revue *Lumières* 20 (2012), p.21-34.

Anselm Feuerbach...), nombreux en Allemagne (avant comme après la publication de la *Rechtslehre* kantienne) et forts de leurs convictions, reformulent et développent les thèses des Lumières et en particulier celles de Beccaria. Il ne manque pourtant pas de théoriciens du caractère rétributif de la peine.[9] Ludwig Heinrich Jakob accuse ainsi la théorie de la prévention de corrompre la pureté formelle du principe juridique[10] par des considérations qui lui sont étrangères: cette théorie s'empêtre alors dans des contradictions qu'on ne peut en réalité éviter qu'en fondant la peine non sur ses conséquences ou les finalités qu'on en espère, mais sur le fait qu'une norme a été transgressée.[11] Certes, comme le reconnaît Jakob lui-même,[12] l'opinion qui voit dans la prévention le fondement et le sens de la peine est encore dominante. Mais ce qui émerge néanmoins dans la réflexion d'un juriste kantien comme Jakob, c'est une théorie de la peine qui, deux ans plus tard, devait trouver sa plus célèbre expression dans la *Rechtslehre* kantienne, au point de faire de Kant le porte-drapeau d'un rétributionnisme intransigeant qui allait profondément marquer la réflexion pénale des dix-neuvième et vingtième siècles.[13]

La *received view* d'un rétributionnisme kantien rigoureux a pourtant fait l'objet d'un procès en révision[14] qui a donné lieu à une intense

9. Voir Mario Alessandro Cattaneo, *Illuminismo e legislazione penale: saggi sulla filosofia del diritto penale nella Germania del Settecento* (Milan, 1993).
10. Voir Ludwig Heinrich Jakob, *Philosophische Rechtslehre, oder Naturrecht* (Haller, In der Rengerschen Buchhandlung, 1795), paragr.423, p.250; voir aussi paragr.81, p.47.
11. Voir L. H. Jakob, *Philosophische Rechtslehre*, remarque 2, p.25; M. A. Cattaneo, *Illuminismo e legislazione penale*, p.289-343.
12. Voir L. H. Jakob, *Philosophische Rechtslehre*, p.252.
13. Voir par exemple Ulrich Klug, 'Abschied von Kant und Hegel', dans *Programm für ein neues Strafgesetzbuch*, éd. Jürgen Baumann (Francfort-sur-le-Main, 1968), p.36-41 (cet article a fait l'objet d'une vive critique de la part de Joachim Hruschka, 'Die "Verabschiedung" Kants durch Ulrich Klug im Jahre 1968: einige Korrekturen', *Zeitschrift für die gesamte Strafrechtswissenschaft* 122:3, 2010, p.493-503; 'Die Interpretation von Kants Strafrechtsphilosophie – eine Wissenschaft oder eine Ideologie?', *Zeitschrift für die gesamte Strafrechtswissenschaft* 124:1, 2012, p.232-35); Jeffrie G. Murphy, *Kant: the philosophy of right* (New York, 1970) (cet auteur a revu ses positions dans 'Does Kant have a theory of punishment?', *Columbia law review* 87:3, 1987, p.509-32); Samuel Fleischacker, 'Kant's theory of punishment', *Kant-Studien* 79 (1988), p.431-49.
14. Voir Don E. Scheid, 'Kant's retributivism', *Ethics* 93:2 (1983), p.262-82; B. Sharon Byrd, 'Kant's theory of punishment: deterrence in its threat, retribution in its execution', *Law and philosophy* 8:2 (1989), p.151-200.

discussion.[15] Or, l'importance de cette discussion pour une juste contextualisation historique de la philosophie pénale de Kant ne saurait être sous-estimée. Si en effet nous attribuons à cette philosophie une tendance strictement rétributionniste, nous soulignons la rupture qu'elle instaure par rapport à la tradition des dix-septième et dix-huitième siècles et nous l'opposons de manière catégorique à la théorie de la prévention formulée par Beccaria (puis largement adoptée et développée par ses lecteurs allemands). Il convient donc de considérer le 'rétributionnisme' kantien non comme un fait, mais comme un problème.

En première approximation, l'offensive lancée dans la *Rechtslehre* contre une vision utilitariste et préventive de la peine (qui réduit l'être humain à un moyen) va de pair avec l'affirmation que la condition nécessaire et suffisante de la peine est la transgression d'une norme: lorsqu'un individu a commis un crime, il devient par là même susceptible d'être puni (*strafbar*) et la peine doit lui être infligée en dehors de toute considération sur ses effets éventuellement bénéfiques, pour la société ou pour le coupable (*DD*, p.152-53).

Ayant dissocié la définition de la peine (et de sa légitimité) de la réflexion sur ses effets, Kant recherche le critère qui doit présider à sa détermination. Ce critère est fourni par le principe d'égalité ('la position qu'occupe l'aiguille de la balance de la justice'), c'est-à-dire la 'loi du talion', la proportion rigoureuse entre le crime et la peine (*DD*, p.153). Le *jus talionis* trouve son application la plus simple et la plus convaincante

15. Voir par exemple J. Angelo Corlett, 'Foundations of a Kantian theory of punishment', *The Southern journal of philosophy* 31:3 (1991), p.263-83; Stephen Kershnar, 'Kant on freedom and the appropriate punishment', *Jahrbuch für Recht und Ethik* 3 (1995), p.309-21; Mark Tunick, 'Is Kant a retributivist?', *History of political thought* 17 (1996), p.60-78; Thomas E. Hill, Jr, 'Kant on wrongdoing, desert, and punishment', *Law and philosophy* 18 (1999), p.407-41; Daniela Tafani, 'Kant e il diritto di punire', *Quaderni Fiorentini* 29 (2000), p.55-84; Thom Brooks, 'Corlett on Kant, Hegel, and retribution', *Philosophy* 76 (2001), p.561-80; 'Kant's theory of punishment', *Utilitas* 15:2 (2003), p.206-24; Michael Clark, 'A non-retributivist Kantian approach to punishment', *Ratio* 17:1 (2004), p.12-27; Thom Brooks, 'Kantian punishment and retributivism: a reply to Clark', *Ratio* 18:2 (2005), p.237-45; Jane Johnson, 'Revisiting Kantian retributivism to construct a justification of punishment', *Criminal law and philosophy* 2 (2008), p.291-307; Dimitri Landa, 'On the possibility of Kantian retributivism', *Utilitas* 21:3 (2009), p.276-96; Arthur Ripstein, *Force and freedom: Kant's legal and political philosophy* (Cambridge, MA, et Londres, 2009), p.300 et suivantes; Eoin O'Connell, 'Kantian moral retributivism: punishment, suffering, and the highest good', *The Southern journal of philosophy* 52:4 (2014), p.477-95.

dans le cas du meurtre: à la mort de la victime doit nécessairement correspondre la mort du coupable. La peine capitale est alors un dû: 'Il n'y a ici aucun substitut possible qui puisse satisfaire la justice', parce qu'il n'existe 'aucune *commune mesure*' entre la vie, 'si pénible qu'elle soit' (il est difficile ici de ne pas penser à l'image beccarienne du condamné 'transformé en bête de somme'),[16] et la mort (*DD*, p.154).

Pour établir la validité du *jus talionis*, Kant semble se fonder sur l'intuition plus que sur une démonstration en bonne et due forme, comme l'avait déjà fait observer Karl Grolman, selon lequel la théorie kantienne de la peine est non seulement fausse,[17] mais également postulée plutôt que démontrée.[18] Le souci de Kant est surtout de montrer que le principe d'égalité peut s'appliquer dans tous les cas, quelle que soit la variété des conditions subjectives et des genres de crimes.[19]

En ce qui concerne les différences subjectives, Kant reconnaît qu'une peine formellement identique (par exemple une amende) frappe différemment le condamné selon qu'il s'agit d'une 'personne d'un rang élevé' ou d'un 'citoyen de rang inférieur': dans ce cas, l'application du 'principe du talion d'égal à égal' n'est pas 'possible à la lettre' (*DD*, p.153-54). Il faut donc, en préservant sinon la lettre, du moins l'esprit du principe d'égalité, trouver une peine qui inflige au coupable la souffrance la plus proche possible de celle qu'il a causée à la victime.

Dans un appendice inspiré par les observations d'un recenseur de la *Rechtslehre* (Friedrich Bouterwek), Kant revient sur la difficulté de parvenir à une correspondance exacte entre la peine et le délit. Que faire, se demande-t-il, face à des crimes tels que le 'viol', la 'pédérastie' ou la 'bestialité'? Sous prétexte qu'il soit alors impossible ou immoral d'infliger des peines parfaitement 'égales', ces peines ne devront pas pour autant être '*arbitraires*', parce que ce serait 'littéralement contraire au concept d'une *justice pénale*' (*DD*, p.194). Kant est si soucieux d'éviter toute détermination arbitraire des peines qu'il en vient à proposer des

16. C. Beccaria, *Des délits et des peines*, chap.XXVIII, p.231.
17. Voir Karl Grolman, *Ueber die Begründung des Strafrechts und der Strafgesetzgebung nebst einer Entwickelung der Lehre von dem Maasstabe der Strafen und der juridischen Imputation* (Giessen, Friedrich Hayer, 1799), p.218: présenter la peine comme une fin et non comme un moyen est 'une erreur du grand, mais non infaillible vieillard' ('eine Verirrung des großen, aber darum keinesweges infalliblen Greises').
18. Voir K. Grolman, *Ueber die Begründung des Strafrechts*, p.219-20; Mario A. Cattaneo, *L'umanesimo giuridico penale di Karl Grolman* (Pise, 1996), p.131 et suivantes.
19. Cette objection avait été également avancée par les premiers lecteurs de Kant: voir par exemple V. Barkhausen, 'Über die Abschaffung der Todesstrafen', p.320-22.

peines brutales (comme la castration pour la pédérastie et pour le viol) pour se rapprocher le plus possible d'une correspondance objective entre la peine et le crime.[20]

Dans deux cas seulement, Kant se voit contraint de reconnaître la difficulté à laquelle se heurte le principe de stricte égalité dans la détermination de la peine. Le premier cas est celui du meurtre en duel et de l'infanticide commis par une mère célibataire. Ces deux crimes ont en commun d'être inspirés par le 'sentiment de l'honneur'. Ils font naître un conflit entre les 'mobiles de l'honneur', très forts dans le 'peuple', et les principes du droit: les premiers suggèrent l'indulgence, alors que les seconds ne sauraient souffrir la moindre exception. 'On peut dénouer ce nœud', selon Kant, sans transgresser le principe d'égalité, en admettant une sorte de 'suspension' de son application tant que la législation 'est encore barbare et non civilisée' (*DD*, p.158-60). Le second cas se présente lorsque le nombre de criminels dignes de subir la peine capitale est tellement grand qu'il risque de compromettre la prospérité de l'Etat en appauvrissant la population. Pour éviter cette conséquence, le souverain peut alors décider de commuer la peine de mort en une autre peine (*DD*, p.156-57).

Cette infraction à la loi du talion n'est pas négligeable, mais Kant colmate la brèche en invoquant un antique argument: l'état de nécessité, le *jus necessitatis*. Aux yeux de Kant, la nécessité ne fait pas droit, elle ne rend pas 'légal ce qui est injuste', mais se borne à garantir une impunité subjective dans des cas déterminés (*DD*, p.24). C'est le pouvoir 'excédentaire' du souverain (dont une autre manifestation est le 'droit de grâce') qui, en cas de nécessité et uniquement 'dans des cas particuliers' (*DD*, p.157), opère non tant contre les lois ordinaires qu'à côté d'elles. Face à l'exception, le principe d'égalité ou *jus talionis* n'est pas violé, mais il est seulement 'suspendu', sans cesser de former le cœur et le pivot du système pénal.

Bien que contraint d'admettre des dérogations au principe d'égalité,[21] Kant en fait ainsi l'unique critère objectif et non arbitraire

20. Daniela Tafani constate à ce propos la présence d'un 'élément archaïque dans la pensée de Kant' ('Kant e il diritto di punire', p.71: 'un elemento arcaico nel pensiero di Kant').
21. Heinrich Stephani avait souligné ce point délicat de la doctrine kantienne, tout en ajoutant que, contrairement à la loi du talion, le principe selon lequel la peine ne doit être ni plus sévère ni plus douce que ce que requiert l'exigence de la sécurité est un critère qui peut être appliqué sans aucune exception: voir Heinrich Stephani, *Anmerkungen in Kants metaphysischen Anfangsgründen der Rechtslehre* (Erlangen, Johann Jakob Palm, 1797), p.124.

de la détermination des peines: ce principe est l'expression même d'une justice qui ne demande qu'à être rigoureusement observée. Même si 'la société civile se dissolvait [...], le dernier meurtrier se trouvant en prison devrait auparavant être exécuté' (*DD*, p.155): la peine n'étant pas un moyen en vue d'un but extrinsèque, elle ne saurait perdre sa nécessité en même temps que son utilité. Elle est au contraire un 'impératif catégorique, et malheur à celui qui s'insinue dans les sinuosités de la doctrine du bonheur pour y découvrir quelque chose qui, par l'avantage qu'il promet, le délierait de la peine' (*DD*, p.152-53).

Comme on le voit, bien des passages de la *Métaphysique des mœurs* paraissent ainsi confirmer l'image traditionnelle d'un Kant théoricien du rétributionnisme le plus rigoureux. Il convient cependant de se souvenir que le choix rétributionniste n'émerge qu'au moment où Kant aborde le problème des critères à employer pour choisir et déterminer les peines, mais ne s'appuie sur aucun élément de sa vision générale du droit et de la coercition.

Dans les pages initiales de sa *Rechtslehre*, Kant énonce en effet les thèses suivantes: (1) le droit est un ensemble de règles grâce auxquelles 'le libre usage de ton arbitre p[eut] coexister avec la liberté de tout homme selon une loi universelle' (*DD*, p.18);[22] (2) le droit est rigoureusement distinct de la morale, dans la mesure où il 'ne concerne que le rapport extérieur [...] d'une personne à une autre' (*DD*, p.16); (3) l'obéissance à une norme juridique (à la différence du respect d'une obligation morale) s'appuie 'sur le principe de la possibilité d'une contrainte extérieure' (*DD*, p.19). La contrainte est partie intégrante du droit: on ne saurait concevoir l'une sans l'autre. Elle relève de la '*construction* du concept de droit' et la peine peut donc être comprise, par analogie avec la loi physique de 'l'*égalité de l'action et de la réaction*', comme la réponse parfaitement égale et contraire à la transgression.[23] On ne saurait concevoir 'l'Idée d'une constitution politique' qui n'impliquerait pas 'déjà le concept d'une justice pénale' (*DD*, p.193).

22. Voir aussi Immanuel Kant, 'Sur l'expression courante: il se peut que ce soit juste en théorie, mais en pratique cela ne vaut rien', dans *Théorie et pratique: droit de mentir*, éd. Louis Guillermit (Paris, 1967), p.9-59 (30).
23. Voir J. Johnson, 'Revisiting Kantian retributivism', p.302: 'The construction of justice allows us to see, and via analogy with the physical world understand, the implications of disruptions within an ordered system – in the case of the physical world there is resistance or opposed action, and in the legal, punishment.'

Kant reformule ici dans son lexique théorique des éléments déjà présents dans la culture politique et juridique des dix-septième et dix-huitième siècles: non seulement la nette distinction entre le droit et la morale (déjà établie par Thomasius et adoptée, bien que non théorisée, par Beccaria), mais plus généralement le lien nécessaire qui associe la défense du droit (et des droits) à l'intervention coercitive du souverain. Ces éléments avaient servi de cadre théorique à la tradition jusnaturaliste et contractualiste (Grotius, Hobbes, Locke, Pufendorf) qui, tout en soulignant la fonction préventive et intimidatrice de la peine (*ne peccetur*), n'avait pas pour autant renoncé au *quia peccatum.*

Il faudrait alors conclure que la vision kantienne du droit demeure essentiellement conforme aux opinions dominantes du siècle pour ce qui concerne le rapport entre droit et coercition, mais rompt brusquement et drastiquement avec une attitude largement répandue qui tendait à voir dans le couple de la 'prévention' et de la 'rétribution' (nous employons par commodité, non sans anachronisme, la terminologie qui nous est devenue familière) non tant une alternative qu'une complémentarité.

Il n'en reste pas moins que certains moments de cette même réflexion kantienne, sur lesquels les 'révisionnistes' ont attiré l'attention, semblent difficilement compatibles avec une philosophie pénale purement et simplement 'rétributionniste'.

Dans la *Rechtslehre* elle-même, ou trouve ainsi certains passages qui semblent impliquer l'attribution d'une finalité préventive à la peine. L'exemple le plus connu, exposé par Kant au moment d'aborder le problème du *jus necessitatis*, est le cas d'un naufragé qui, réfugié sur une planche ne pouvant supporter le poids de deux personnes, provoque la mort d'un second naufragé en le rejetant à la mer. Aucune loi, observe Kant, ne saurait condamner à mort ce survivant d'un naufrage: la peine infligée par une telle loi ne l'aurait en effet menacé que d'un mal futur et incertain, qui serait resté inefficace face à la 'peur éprouvée devant le mal qui est certain (en l'occurrence, la noyade)' (*DD*, p.23). Quoique indirectement, un lien apparaît donc ici entre la peine et sa fonction préventive; or, ce lien n'est pas secondaire puisque c'est justement l'inefficacité intimidatrice de la peine qui dissuade d'y avoir recours.

L'attention aux effets préventifs de la peine ne surgit pas seulement incidemment dans la *Rechtslehre*, puisqu'on la rencontre également à propos d'un thème de grande importance, celui de la distinction entre la morale et le droit. Alors que l'obéissance à la norme morale repose sur 'l'Idée même du devoir', l'obligation juridique dépend de mobiles externes qui 'diffèrent de l'Idée du devoir': elle dépend en particulier de la crainte de subir les conséquences infligées au transgresseur par une législation nécessairement 'coercitive'.[24] Cette dimension coercitive est l'un des caractères distinctifs du droit et il agit sur les sujets lorsque, en menaçant de faire souffrir tout éventuel transgresseur, il les incite à l'obéissance.

L'extériorité et la coercivité du droit se conjuguent facilement avec l'insistance sur le caractère intimidateur et préventif des sanctions. On en trouve des témoignages dans les cours de Kant[25] (quoique le problème reste ouvert – et peut-être à jamais – de savoir si ces cours reflètent fidèlement la pensée de l'enseignant). Dans ces textes revient souvent la distinction entre les peines qui sont infligées parce qu'une norme a été transgressée, et celles qui visent à éviter de futures transgressions. A la peine '*vindicativa*' ou '*moralis*' s'oppose la peine '*correctiva*' ou '*pragmatica*': 'Dans la Politique, les peines n'ont d'autre nécessité que de servir à décourager les actes méchants.'[26] Kant semble ainsi adhérer à la vision traditionnelle qui tend à faire coexister les deux conceptions de la peine, *backward-looking* et *forward-looking*: tout au plus précise-t-il que la seconde relève de la '*prudentia* punitive',[27] c'est-à-dire des instruments auxquels recourent nécessairement les gouvernants pour garantir l'ordre, tandis que la première concerne la justice au sens strict et rigoureux.

Jusqu'où peut-on alors maintenir l'image traditionnelle d'un Kant théoricien du rétributionnisme? Don E. Scheid, qui a précocement attiré l'attention sur cette question, propose de voir en Kant le défenseur d'un rétributionnisme pour ainsi dire modéré, qui 'embraces the Retributivist Principle but adopts as its general justifying aim the control or reduction of crime (through deterrence, incapacitation,

24. Passage absent de l'édition citée de la 'Doctrine du droit': nous citons d'après Immanuel Kant, *Métaphysique des mœurs*, éd. Joëlle Masson et Olivier Masson, dans *Œuvres philosophiques*, t.3 (Paris, 1986), 1re partie, 'Premiers principes métaphysiques de la doctrine du droit', p.464.
25. Voir *Kant's lectures on ethics: a critical guide*, éd. Lara Denis et Oliver Sensen (Cambridge, 2015).
26. Immanuel Kant, 'Practische Philosophie Powalski', dans *Kant's gesammelte Schriften*, t.27:1, *Kant's Vorlesungen*, *Vorlesungen über Moralphilosophie*, t.4:1 (Berlin, 1974), p.91-235 (150): 'In der Politic haben die Strafen keine andre Nothwendigkeit als so fern sie dienen böse Thaten abzuhalten.' Voir aussi Immanuel Kant, *Leçons d'éthique*, éd. Luc Langlois (Paris, 1997), p.145-46.
27. Immanuel Kant, *Metaphysik der Sitten Vigilantius*, dans *Kant's gesammelte Schriften*, t.27:2-1, *Kant's Vorlesungen*, *Vorlesungen über Moralphilosophie*, t.4:2-1 (Berlin, 1975), p.475-732 (551): '*prudentiam poenitivam*'.

etc.)',[28] et recommande de se souvenir de la distinction de Hart entre le but des peines et les différents aspects de son application.[29] Dans cette optique, B. Sharon Byrd a forgé (dès le titre de son article) une formule efficace: la peine est pour Kant 'deterrence in its threat' et 'retribution in its execution'.[30]

C'est ainsi la distinction, de nos jours désormais acquise,[31] entre le but poursuivi par la loi pénale (dans sa formulation générale et abstraite) et son application concrète qui sert à Scheid et Byrd de schème herméneutique pour relire Kant. En réalité, cette distinction avait fait son apparition bien avant que Hart ne l'impose à l'attention de la philosophie pénale. Elle circulait déjà dans l'Allemagne de la fin du dix-huitième siècle, par exemple chez Joseph von Sonnenfels,[32] avant de trouver une formulation précise en 1799 dans le premier volume d'un ouvrage d'une importance capitale pour la culture pénale, la *Revision der Grundsätze und Grundbegriffe des positivien peinlichen Rechts* de Feuerbach. Dans cet ouvrage, Feuerbach insiste sur le but de la prévention (en se référant évidemment à Beccaria), tout en adhérant pourtant non seulement à la vision générale du droit et de l'Etat qu'on trouve chez Kant, mais aussi à sa conviction qu'il doit y avoir une correspondance nécessaire entre la peine et une action antijuridique antérieure. Ce qui rend possible la coexistence du *ne peccetur* et du *quia peccatum* est la distinction entre la loi pénale (qui fait encourir une sanction pour un genre abstrait de délit ou de crime) et son application judiciaire: à la première revient la tâche de l'*'Abschreckung'*, de l'intimidation, de la prévention générale, tandis que la seconde met en œuvre la justice en infligeant au coupable la peine édictée par la loi.[33]

28. D. E. Scheid, 'Kant's retributivism', p.264.
29. Voir Herbert Lionel Adolphus Hart, 'Prolegomenon to the principles of punishment', dans *Punishment and responsibility* (Oxford, 1968), p.1-27.
30. B. S. Byrd, 'Kant's theory of punishment: deterrence in its threat, retribution in its execution'.
31. Voir Luigi Ferrajoli, *Diritto e ragione: teoria del garantismo penale*, 10ᵉ éd. (Rome et Bari, 2011), p.242 et suivantes.
32. Voir D. Tafani, 'Kant e il diritto di punire', p.56.
33. Voir Paul Johann Anselm Feuerbach, *Revision der Grundsätze und Grundbegriffe des positiven peinlichen rechts*, 1ʳᵉ partie (Erfurt, In der Henningschen Buchhandlung, 1799), p.60; Mario Alessandro Cattaneo, *Anselm Feuerbach: filosofo e giurista liberale* (Milan, 1970), p.296 et suivantes; Oliver Rosbach, 'Strafrecht und Gesellschaft bei Anselm von Feuerbach', *Forum historiae iuris* (2000), http://www.forhistiur.de/2000-12-rosbach/ (date de dernière consultation le 14 janvier 2018); Martin Reulecke, *Gleichheit und Strafrecht im deutschen Naturrecht des 18. und 19. Jahrhunderts* (Tübingen, 2007), p.233 et suivantes.

Or, c'est au moment de l'application de la loi pénale que le *jus talionis* exerce sa fonction. Le cœur du discours semble être l'exigence de garantir la suprématie de la loi et de limiter le pouvoir discrétionnaire du juge, conformément à la vision de l'Etat de droit qui est celle de Feuerbach (et de Kant).

C'est au juge que s'adresse la loi pénale et c'est le juge qui est tenu de l'appliquer rigoureusement: 'Le *jus talionis* ne souffre aucune exception, au point qu'il n'est jamais permis au juge de substituer une peine à une autre.'[34] Cette clé de lecture, qui consiste à attribuer à Kant la paternité d'une perspective qui n'a été développée et systématisée que par Feuerbach, fournit une explication limpide de la connotation singulière (et controversée) de la loi pénale kantienne comme 'impératif catégorique'. Définir ainsi une norme juridique est apparu à de nombreux interprètes (à commencer par Georg Jellinek)[35] comme un choix inapproprié de Kant, parce qu'incompatible avec l'une de ses thèses centrales, selon laquelle l'impératif juridique a un caractère 'hypothétique', par opposition à la 'pureté' qui distingue l'obéissance à la loi morale. Cette définition de la loi pénale devient toutefois compréhensible si l'on tient compte de la distinction (mise au point par Feuerbach) entre la formulation de la loi et son application: c'est aux juges que la loi s'impose comme un impératif catégorique, ce sont donc les juges qui sont tenus de l'appliquer de manière inconditionnelle et absolue ('catégorique', justement), sans aucune atténuation ni oscillation.[36]

D'un côté la loi pénale, de l'autre son application; d'un côté, la prévention comme finalité générale de la répression pénale, de l'autre la logique rétributive qui s'exprime dans la punition du coupable: le 'rétributivisme' ne monopoliserait donc pas toute la vision kantienne de la peine, mais n'en occuperait qu'une portion nettement délimitée.

Mais jusqu'à quel point l'interprétation révisionniste est-elle convaincante? Suffit-il de relier la dissuasion à la 'peine encourue' et la rétribution à la 'peine infligée' pour clore le débat? Je ne le crois pas. Les considérations de Feuerbach (sur le plan théorique) et de Scheid et Byrd (sur le plan historiographique) servent à poser le problème plutôt

34. I. Kant, *Metaphysik der Sitten Vigilantius*, p.555: 'Dies *jus talionis* leidet so wenig Ausnahme, daß es dem Richter nicht einmal erlaubt ist, eine Strafe für di andere substituieren.'
35. Sur cette observation critique de Georg Jellinek, voir Mario Alesandro Cattaneo, *Dignità umana e pena nella filosofia di Kant* (Milan, 1981), p.291.
36. Voir Th. E. Hill, Jr, 'Kant on wrongdoing', p.431-32.

qu'à le résoudre. La distinction entre la formulation de la loi pénale et son application est conceptuellement indiscutable, mais laisse encore indéterminé le régime de leur rapport. A l'intérieur même du cadre tracé par cette distinction, on peut en effet suivre des voies profondément différentes, puisqu'on peut ou bien attribuer au souverain le pouvoir de déterminer les peines comme il l'entend, ou bien invoquer des principes imprescriptibles qui président à la fixation des peines et qui s'imposent au législateur comme au juge.

Il ne suffit donc pas de constater la coexistence, chez Kant, des deux moments du *quia peccatum* et du *ne peccetur.* Pour parvenir au cœur de sa philosophie pénale, il faut également s'interroger sur leur rôle spécifique. Or, on trouve des indices intéressants dans les cours antérieurs à la rédaction de la *Métaphysique des mœurs*, qui non seulement distinguent la '*prudentia*' et la '*justitia*', mais soulèvent également le problème de leur rapport: 'toute peine doit être fondée sur la justice' et doit être 'façonnée de manière à promouvoir la Moralité, ou du moins à ne pas lui faire obstacle';[37] 'toute *poena exemplaris* est injuste, si elle n'est pas juste en tant que *poena vindicativa*.'[38] Kant se demande également de quelle manière le '*summus imperans*' doit légiférer: il est certes arbitre de ses choix, mais 'en ce qui concerne le caractère de la peine', il est 'lié par la nature de la chose'. Il doit punir pour renforcer la sécurité en regardant vers le futur, mais en même temps il doit le faire 'conformément au *jus talionis*'.[39] La '*prudentia*' du législateur est prise en compte, mais elle est subordonnée à la '*justitia*' et à la 'nature de la chose'. C'est la justice et non la prudence qui est donc à la base du système, au point que le rédacteur du texte, pour ménager la chèvre et le chou, doit attribuer au *jus talionis* une sorte

37. I. Kant, *Metaphysik der Sitten Vigilantius*, p.551: 'jede Strafe auf Gerechtigkeit gegründet seyn muß, auch der *justitia poenitiva* untergeordnet und muß überdem jederzeit so geartet seyn, daß di Moralität zu befördern, wenigstens sie nicht zu beschränken im Stande ist.'
38. I. Kant, 'Practische Philosophie Powalski', p.150: 'Jede *poena exemplaris* ist ungerecht, wenn sie nicht als *poena vindicativa* gerecht ist.'
39. Immanuel Kant, 'Kants Naturrecht (Gottlieb Feyerabend)', dans *Kant's gesammelte Schriften*, t.27:2-2, *Kant's Vorlesungen*, *Vorlesungen über Moralphilosophie*, t.4:2-2 (Berlin, 1979), p.1317-94 (1390): 'Auch in Ansehung der Beschaffenheit der Strafen ist er von der Natur der Sache schon zu gewissen verbunden. Er muß strafen, um Sicherheit zu verschaffen, und da muß er solche Strafen machen, die der Sicherheit des laesi in künftigen Fällen angemessen sind, daß muß er nachm jure talionis ausfindig machen.' Voir Gianluca Sadun Bordoni, 'Introduzione', dans Immanuel Kant, *Lezioni sul diritto naturale (Naturrecht Feyerabend)*, éd. Norbert Hiske et Gianluca Sadun Bordoni (Milan, 2016), p.7-50.

d'effet sécuritaire automatique, sans parvenir toutefois à en donner la moindre démonstration.[40]

On ignore si cette défaillance argumentative doit être imputée au rédacteur, ou si les notes qu'il a transcrites reflètent une difficulté restée irrésolue dans le cours. Il demeure en tout cas hors de doute que le principe d'égalité y est désigné comme le critère général et imprescriptible qui préside à la détermination de la peine. Il est donc vrai que Kant accorde une place (plus grande que ne le pensait la tradition historiographique) à la finalité préventive (que prend en charge la 'prudence' du législateur). Décisif est néanmoins le fait qu'il considère que la *prudentia*, quoique ayant son rôle à jouer, ne doit pas franchir les bornes préalablement posées par la *justitia*. La preuve en est fournie par les seuls cas où un meurtre n'est pas nécessairement puni de mort: les crimes d'honneur (le duel et l'infanticide) et l'assassinat du naufragé par son compagnon d'infortune. Ces crimes ont en commun d'être *exceptionnels*, par opposition au caractère *ordinairement* intangible du principe d'égalité au sein de l'ordre juridique.

Si donc le principe rétributif, même sous réserve des compléments et des corrections suggérés à juste titre par les 'révisionnistes', est bien la base de la philosophie pénale de Kant,[41] on doit en conclure que la discussion du philosophe allemand avec Beccaria ne peut s'être limitée au problème de la peine de mort, mais a accompagné en sous-main toute sa vision de la peine. Le rapport entre Beccaria et Kant a pour ainsi dire un contenu manifeste et un contenu latent. Le premier concerne la peine de mort; le second est dominé par l'exigence de réagir au tournant utilitariste que Beccaria a imprimé à la philosophie pénale. Beccaria a donné une priorité et une importance inédites au moment de la prévention: dans une culture pénale qui, notamment dans les pays de langue allemande, faisait de la prévention le volet principal de la politique criminelle, il était donc une référence obligée.

Telle est la raison pour laquelle on pourrait faire l'hypothèse, sans trop forcer les choses, que Beccaria (ainsi évidemment que de nombreux lecteurs et partisans allemands des *Délits et des peines*) est l'interlocuteur

40. Fichte a plus tard explicitement abordé ce problème en donnant la priorité au but de la prévention et en lui subordonnant la loi du talion: voir Johann Gottlieb Fichte, *Fondements du droit naturel selon les principes de la doctrine de la science* (1796-1797), éd. Alain Renaut (Paris, 1998), 2e partie: 'Droit naturel appliqué', paragr.20, p.271-72; Daniela Tafani, 'Recht, Zwang und Strafe bei Fichte', dans *Beiträge der Rechtsphilosophie des deutschen Idealismus* (Berlin, 2011), p.71-109.

41. Voir Otfried Höffe, 'Vom Straf- und Begnadigungsrecht', dans *Metaphysische Anfangsgründe der Rechtslehre*, éd. Otfried Höffe (Berlin, 1999), p.213-33.

tacite de la philosophie pénale de Kant. De manière symétrique (égale et contraire), Beccaria et Kant pratiquent deux interventions sur le corps de la culture philosophico-pénale des dix-septième et dix-huitième siècles. Dans cette culture, le moment de la prévention, quoique nettement valorisé, coexistait avec la considération du *quia peccatum* et avec des arguments de nature 'rétributionniste'. C'est à cette promiscuité de perspectives, trop facilement acceptée et insuffisamment thématisée, que réagissent à la fois Beccaria et Kant, l'un faisant de la dimension préventive et l'autre de la dimension rétributive le centre de gravité du système punitif. La première voie avait été tracée par Beccaria. Pour frayer la sienne, Kant ne pouvait éviter de prendre Beccaria pour cible: non seulement (explicitement) sur la question névralgique de la peine de mort, mais aussi (implicitement) à propos de la définition même de la peine.

'Tout cela n'est que sophisme et fausse interprétation du droit': le problème de la peine de mort

S'il est vrai que le refus de l'abolitionnisme n'est que la partie émergée, mais peut-être pas la principale, de la critique menée par Kant contre les *Délits*,[42] on comprend mieux la dureté singulière des expressions qu'emploie le philosophe allemand contre Beccaria, accusé

42. Il est tout à fait remarquable que de nombreuses études portant sur la philosophie pénale de Kant, surtout dans le monde anglo-saxon, ne mentionnent qu'en passant – lorsqu'elles le mentionnent – Beccaria et les nombreux juristes et théoriciens du droit qui, dans le sillage du succès fracassant des *Délits et des peines* et notamment dans l'Allemagne de la fin du dix-huitième siècle, avaient tout misé sur la 'prévention'. L'une des raisons de cette singulière omission se trouve peut-être dans la question qui oriente par avance ces études: cette question est de caractère théorique, plus qu'historiographique, et anime le projet d'interroger Kant d'une part pour évaluer la cohérence interne de sa philosophie, et d'autre part pour mettre à l'épreuve (pour confirmer ou invalider) une théorie pénale déterminée. Le résultat est que ces études, d'un côté, offrent une reconstitution analytique du discours kantien dont l'utilité (notamment historiographique) est indéniable, mais que, de l'autre, elles présentent une image en quelque façon décontextualisée ou déshistoricisée de l'auteur étudié. Un auteur qui s'exprime en ce sens est Moritz Heepe, 'Strafgerechtigkeit bei frühen Kantianern', *Archiv für Rechts- und Sozialphilosophie* 100:4 (2014), p.483-500, qui présente une intéressante reconstitution du contexte où s'est développée la philosophie pénale de Kant. On trouve notamment une semblable attention au contexte dans M. A. Cattaneo, *Dignità umana e pena nella filosofia di Kant*, D. Tafani, 'Kant e il diritto di punire', et M. Reulecke, *Gleichheit und Strafrecht.*

d'être animé par cette 'sensibilité sympathisante qui caractérise une humanité affectée' (*DD*, p.157). La décision d'exclure la peine capitale pour tous les genres de crimes, y compris pour le meurtre, contredit en effet la loi du talion et le principe de la correspondance nécessaire entre la norme et le crime. Or, elle les contredit dans leur application la plus claire et la plus pure, étant donné la symétrie parfaite entre le crime (la mort de la victime) et la peine (la mort de l'assassin). Elle remet par là en cause les principes imprescriptibles de l'ordre juridique. On comprend donc pourquoi Kant ne fait aucune référence à l'argument abolitionniste le plus célèbre de Beccaria, celui de la moindre efficacité préventive et dissuasive de la peine capitale par rapport aux travaux forcés à perpétuité, et se concentre sur le problème de la légitimité de la peine capitale, précisément parce qu'il est relié par de multiples fils aux aspects les plus délicats de sa réflexion philosophique, anthropologique, politique et juridique.

Kant a en commun avec Beccaria de recourir au modèle théorique du contrat social. Or, même circonscrites dans ce cadre, les distances entre les deux auteurs sont radicales et se répercutent nécessairement sur leurs solutions opposées au problème de la peine de mort. L'argument beccarien contesté par Kant prend appui sur l'interdiction faite aux contractants de disposer de leur propre vie: si 'l'homme n'est pas maître de se tuer' – avait écrit Beccaria –, comment peut-il avoir déféré 'à l'arbitraire d'autres hommes le droit de le tuer?'[43] 'Tout cela n'est que sophisme et fausse interprétation du droit', répond Kant (*DD*, p.157). Il faut en effet comprendre qui est le sujet et ce qu'il fait lorsqu'il s'accorde avec les autres pour créer un ordre capable de garantir la liberté. Le sujet engagé dans cette entreprise n'est identique qu'en apparence au sujet qui, plus tard, commet un crime et s'expose aux sanctions prévues par la loi. Lorsque, en tant que fondateur de l'ordre juridique, 'je rédige une loi pénale contre moi-même comme criminel', j'agis en effet comme porte-parole de la 'pure raison juridiquement législatrice (*homo noumenon*)', alors que l'individu que je soumets à la loi et à la sanction pénale est moi-même 'en tant que je suis quelqu'un qui est capable d'être un criminel, par conséquent en tant qu'une autre personne (*homo phaenomenon*)' (*DD*, p.157-58). C'est pour n'avoir pas tenu compte de ces deux dimensions différentes de la subjectivité que Beccaria a versé dans le 'sophisme'.

Cette distinction entre l'*homo noumenon* et l'*homo phaenomenon* joue un rôle important dans l'anthropologie et dans l'éthique kantiennes.

43. C. Beccaria, *Des délits et des peines*, chap.XXVIII, p.229.

L'homme doit être considéré – lit-on dans l'un des cours de Kant – comme un 'doppeltes Wesen': on doit le regarder d'un côté en tant 'qu'idéal, en tant que ce qu'il doit et peut être' – on peut parler dans ce cas 'd'*homo noumenon*' –, mais on doit aussi le regarder dans sa condition d'être sensible, 'd'*homo phänomenon*'.[44] Alors que ce dernier est l'individu en tant qu'il est affecté par les sentiments de plaisir et de douleur,[45] le premier est un sujet qui se conçoit lui-même en accord avec l'impératif catégorique,[46] qui ne s'écarte pas de la voie tracée par la pure raison et n'obéit pas à ses mobiles, mais suit une règle universelle.[47]

Cette distinction est confirmée et développée dans la *Métaphysique des mœurs*, où elle préside à la solution d'une antinomie qui semble remettre en cause la catégorie des 'devoirs envers soi-même'. Cette catégorie implique en effet la coexistence, au sein du même sujet, de deux positions – le moi qui oblige et le moi obligé – qui paraissent ne pouvoir s'appliquer qu'à des individus distincts. L'antinomie n'est toutefois qu'apparente, parce que l'être humain doit être considéré, d'un côté, comme '*être sensible*', 'appartenant à une espèce animale', et de l'autre comme 'être raisonnable', expression d'une raison universelle. L'individu qui s'oblige lui-même est 'l'*homo noumenon*', 'un être doué de *liberté* intérieure', capable de respecter l'humanité dans sa propre personne.[48]

Ce dédoublement du sujet se manifeste aussi dans la valeur différente qu'il faut attribuer à l'homme phénoménal et à l'homme nouménal. Le premier a une importance limitée: sa valeur, comme celle de tous les autres êtres vivants, est vulgaire et se confond avec son utilité. Seul le second, sujet d'une 'moralisch-praktische Vernunft', n'est pas un moyen mais une fin en soi et, à ce titre, possède une dignité et une

44. I. Kant, *Metaphysik der Sitten Vigilantius*, p.593: 'Dies is durch ein doppeltes Wesen zu erklären. Man denkt sich den Menschen zuvörderst als Ideal, wie er seyn soll, und seyn kann, blos nach der Vernunft, und nennt diese Idee *homo noumenon*: dies Wesen denkt man sich zu einem andern, so, als werde dies andere von ihm eingeschränkt; dies ist der Mensch im Zustande der Sinnlichkeit, den man *homo phänomenon* nennt.'

45. Voir I. Kant, *Metaphysik der Sitten Vigilantius*, p.593.

46. Voir Oliver Sensen, 'The moral importance of autonomy', dans *Kant on moral autonomy*, éd. Oliver Sensen (Cambridge et New York, 2013), p.262-81.

47. Voir Immanuel Kant, 'Moral Mrongovius II (Die Moral des HE Prof. Kant gelesen nach Baumgartens Practischer Philosophie)', dans *Kant's gesammelte Schriften*, t.29:1-1, *Kant's Vorlesungen, Kleinere Vorlesungen und Ergänzungen I*, t.6:1-1 (Berlin, 1980), p.593-642 (627).

48. Immanuel Kant, *Métaphysique des mœurs*, 2e partie, 'Premiers principes métaphysiques de la doctrine de la vertu', p.268-69.

valeur absolues: 'L'humanité présente en sa personne est l'objet du respect qu'il peut exiger de tout autre homme.'[49]

Ce dédoublement du sujet permet de comprendre pourquoi la 'conscience' se présente comme un 'tribunal intérieur': tout homme se sent continuellement surveillé par un juge auquel il ne peut se soustraire et qui le suit comme son ombre. Là encore, Kant se heurte au paradoxe d'un 'double moi' dont le caractère problématique ne lui échappe nullement, puisqu'il s'arrête à nouveau en note sur cette apparente contradiction: à nouveau, l'accusateur et l'accusé sont une seule et même personne. Comme précédemment, Kant fait alors intervenir le sujet nouménal et le sujet phénoménal, qu'il rapporte respectivement aux facultés supérieures et inférieures de l'être humain, tout en reconnaissant qu'on ne dispose d'aucune théorie 'sur la relation causale de l'intelligible au sensible'.[50]

Tels sont les éléments éthiques et anthropologiques invoqués par Kant pour décrire l'activité du sujet engagé dans la conclusion du contrat social: en tant que cofondateur de l'ordre politico-juridique, il obéit aux préceptes de la raison, non aux mobiles des passions (les facultés inférieures, comme les appelle Kant conformément à une tradition millénaire), et il peut donc sans contradiction s'exposer lui-même (sa partie 'phénoménale') à la peine capitale réclamée par l'homme nouménal.

Un large fossé sépare ainsi l'individu kantien de l'individu beccarien, tous deux pourtant activement engagés dans le contrat social. Pour Beccaria, l'invention de la souveraineté (qui va de pair avec celle des appareils normatifs et coercitifs qui en découlent) n'est pas le fruit d'une opération de la raison. Son anthropologie recueille l'héritage d'Helvétius et, au-delà, de Hobbes: l'individu qu'il nous présente est dominé par les passions. La raison (pour Hobbes comme pour Beccaria) peut satisfaire leurs tendances, mais elle ne peut s'en rendre maître et les assujettir en vue d'un bien 'supérieur'. La hiérarchisation du sujet (selon une conception platonicienne qui a continuellement et diversement été reprise dans l'Europe chrétienne) et la conviction que ses qualités plus 'élevées' (rationnelles) doivent et peuvent réfréner ses penchants les plus 'bas' cèdent la place à l'idée d'un 'sujet-de-besoins' qui se sert de la raison pour minimiser les risques et maximiser la satisfaction de ses désirs. Les lois ne reflètent donc pas la pure raison,

49. I. Kant, 'Premiers principes métaphysiques de la doctrine de la vertu', p.291.
50. I. Kant, 'Premiers principes métaphysiques de la doctrine de la vertu', p.296, note.

mais reposent sur l'habileté du souverain à 'gouverner' les passions et les intérêts des sujets en réduisant leur sacrifice au minimum.

Pour Beccaria, 'l'intérêt privé' exerce sur les hommes un empire trop puissant pour qu'ils aient pu s'ouvrir à la contemplation de l'intérêt public et pour que le contrat puisse avoir été le fruit d'une 'décision rationnelle'. La raison n'est pas une force autosuffisante: 'la société est la source de la raison et non la raison la source de la société.'[51] De son côté, Kant n'est pas étranger à un pessimisme anthropologique qui, d'une certaine façon, se souvient de la leçon de Hobbes. Mais il réagit en traçant un chemin opposé à celui qui est suivi par Beccaria: il mise sur le 'dédoublement' du sujet et sur le primat d'une raison capable de modeler à la fois l'action individuelle et l'ordre politico-juridique.

On comprend donc pourquoi Kant fait une lecture 'sélective' des arguments de Beccaria. S'arrêtant exclusivement sur l'interdiction de disposer de sa propre vie,[52] il passe sous silence la question oratoire qui précède: 'Comment, dans le plus petit sacrifice de la liberté de chacun, peut-il jamais y avoir celui du plus grand de tous les biens, la vie?'[53] Or, c'est justement cette dernière proposition qui, selon Beccaria, permet de soutenir la thèse du caractère intolérable (et irrationnel) d'un ordre juridique qui ferait encourir la peine de mort: non seulement parce que l'homme ne *doit* pas se laisser tuer, mais aussi (et surtout) parce qu'il ne *peut* le vouloir, dans la mesure où un tel consentement serait incompatible avec ses penchants les plus profonds.

Ayant circonscrit les passions dans la sphère 'inférieure' de l'homme phénoménal, Kant peut rejeter comme un 'sophisme' l'argument abolitionniste de Beccaria et présenter la peine de mort comme une disposition nécessaire dans un ordre juridique intrinsèquement rationnel et juste. On peut cependant se demander si ne surgissent pas certaines tensions entre une telle justification de la peine de mort et la philosophie morale et juridique kantienne dans son ensemble.

Une première difficulté pourrait naître de la fonction même qui est assignée à l'ordre politico-juridique. Si son objectif est de garantir les droits de tous les citoyens, comment admettre l'élimination physique

51. Ph. Audegean, *La Philosophie de Beccaria*, p.50. Voir l'ensemble des pénétrantes considérations développées par l'auteur sur ce thème, p.39 et suivantes.
52. Voir C. Beccaria, *Des délits et des peines*, chap.XXVIII, p.229: si l'homme 'n'est pas maître de se tuer', comment a-t-il 'pu donner ce droit à autrui ou à la société tout entière'?
53. C. Beccaria, *Des délits et des peines*, chap.XXVIII, p.229.

de certains d'entre eux, et donc l'anéantissement de tous leurs droits (qui présupposent évidemment la préservation de leur vie)? Kant soulève ce problème dans l'un de ses cours. La *quaestio disputata* est à nouveau l'abolitionnisme de Beccaria. Pour le rejeter, Kant n'évoque cependant pas ici la distinction entre le nouménal et le phénoménal, mais adopte une autre stratégie, qui consiste en une sorte de *reductio ad absurdum* de la thèse adverse. Si Beccaria avait raison, s'il n'était pas permis de supprimer la vie au motif que la vie est un bien inaliénable, alors c'est tout le système pénal qui s'écroulerait: aucune peine ne serait légitime, pas même la peine de privation de liberté, parce que si nul ne peut disposer de sa vie, nul ne peut non plus 'disposer de sa liberté'.[54]

Gaetano Filangieri recourt à la même ligne argumentative contre cette thèse des *Délits*.[55] Au-delà des arguments employés, il semble que persiste encore (chez Filangieri comme chez Kant) une vision largement répandue dans toute la culture philosophico-pénale des dix-septième et dix-huitième siècles (elle-même débitrice de traditions antérieures), selon laquelle le crime transforme radicalement, qualitativement, le statut du criminel, au point de provoquer (pour reprendre l'expression de Locke) la '*forfeiture*' de ses droits. Kant recueille l'héritage de cette tradition lorsqu'il soutient d'un côté que nul citoyen ne peut perdre ses droits (égaux pour tous en dépit de la différence des conditions sociales et économiques), que nul ne peut y renoncer à supposer même qu'il le veuille, mais que, d'un autre côté, il admet néanmoins une exception, celle d'un citoyen qui s'est rendu coupable d'un crime.[56]

Il ne semble donc pas y avoir de tension entre la fonction de sauvegarde des sujets attribuée par Kant à l'ordre politico-juridique

54. I. Kant, 'Kants Naturrecht (Gottlieb Feyerabend)', p.1391: 'Nach demselben Grunde könnte man nicht zur ewigen Gefangenschaft einstimmen. Denn niemand kann ja über sein eigne Freiheit disponiren.'
55. Voir Gaetano Filangieri, *La scienza della legislazione* (1780-1791), éd. Vincenzo Ferrone, 7 vol. (Venise, 2003-2004), t.4, éd. Gerardo Tocchini et Antonio Trampus (liv.III, 'Delle leggi criminali', 2e partie, 'De' delitti e delle pene'), chap. XXIX, p.20. Filangieri était connu de nombreux lecteurs allemands de Beccaria: voir par exemple Johann Adam Bergk, *Des Marchese Beccaria's Abhandlung über Verbreche und Strafen*, 2e partie (Leipzig, Johann Gottlob Beygang, 1798), p.109 et suivantes. L'argument abolitionniste de Filangieri a été repris par Paul Johann Anselm Feuerbach, *Kritik des Kleinschrodischen Entwurfs zu einem peinlichen Gesetzbuche für die Chur-Pfalz-Bayerischen Staaten* (Giesen, 1804), 2e partie, 3e section, p.166.
56. Voir I. Kant, 'Sur l'expression courante', p.32-33; Jean-Christophe Merle, *German idealism and the concept of punishment* (Cambridge, 2009), p.58-61.

et la légitimité de la peine de mort. Une difficulté pourrait cependant surgir sur un autre front, lorsqu'on se demande comment peuvent coexister chez Kant une mise en valeur forte et originale de la 'dignité' de l'homme et la thèse admettant l'élimination légale de son existence.

Les pages que Kant consacre au suicide (dans ses cours et dans la *Métaphysique des mœurs*) contiennent en effet des éléments apparemment incompatibles avec le pouvoir étatique de mettre à mort.[57] Si, aux yeux de Kant, le suicide est un crime, c'est parce qu'il consiste à anéantir 'en sa propre personne le sujet de la moralité': celui qui se suicide dispose librement de son propre corps en vue de ses fins et finit par 'abaisser l'humanité en sa propre personne (*homo noumenon*), à laquelle pourtant l'être humain (*homo phanomenon*) était confié pour sa conservation'.[58] Supprimer notre corps, c'est supprimer 'la condition même de l'accomplissement de tous nos autres devoirs' et outrepasser 'toutes les limites de l'usage légitime de notre liberté, puisque celui-ci n'est possible que s'il existe un sujet'.[59] La portée apparemment générale de ce principe semble permettre de l'appliquer au cas du condamné à mort: pour lui aussi, la suppression de sa réalité 'phénoménale' implique nécessairement la destruction de sa composante 'nouménale'.

Telle n'est pourtant pas la conséquence tirée par Kant de l'interdiction du suicide. Ce qui l'empêche d'effectuer cette déduction est l'attribution à la vie d'une valeur non absolue, mais relative: 'La vie, en elle-même et pour elle-même, n'est pas le plus grand bien [...]. Il y a des devoirs qui sont plus élevés que la vie, et dont l'exercice exige même souvent que l'on sacrifie celle-ci.'[60] La moralité est de loin plus importante que la vie: 'Il est préférable de sacrifier sa vie que de perdre sa moralité. [...] Celui qui ne peut vivre honorablement n'est plus du tout digne de vivre.'[61] La dignité de l'homme n'est nullement coextensive à son existence biologique. Il faut se rendre 'digne' de ce bien qu'est la vie:[62] à nouveau, ce qui se profile en filigrane est l'image

57. Voir D. Tafani, 'Kant e il diritto di punire'; Attila Ataner, 'Kant on capital punishment', *Kant-Studien* 97 (2006), p.452-88; Benjamin S. Yost, 'Kant's justification of the death penalty reconsidered', *Kantian review* 15:2 (2010), p.1-27.
58. I. Kant, 'Premiers principes métaphysiques de la doctrine de la vertu', p.275.
59. I. Kant, *Leçons d'éthique*, p.270.
60. I. Kant, *Leçons d'éthique*, p.277-78.
61. I. Kant, *Leçons d'éthique*, p.274.
62. Voir Immanuel Kant, *Réflexions sur la philosophie morale*, éd. Luc Langlois (Paris, 2014), p.352: 'La vie n'est pas en soi un bien, mais seulement dans la mesure où l'on est digne de celle-ci.'

ancienne de 'l'autodégradation' du criminel et de sa perte de toute prérogative.[63]

Si la vie n'est pas une valeur absolue, mieux vaut 'qu'un homme meure' (comme dit la 'sentence pharisienne') plutôt que disparaisse la 'justice' – sans laquelle 'il n'y a plus aucune valeur dans le fait que des hommes vivent sur la Terre' (*DD*, p.153). Or, pour que l'ordre politico-juridique soit placé sous le signe de la justice, il faut imaginer un contrat stipulé non par des hommes animés par leurs passions insociables, mais par des sujets capables de parler au nom d'une raison universelle qui fait leur véritable dignité.

Ce qui sépare ainsi Kant de Beccaria n'est pas seulement leur vision philosophique et anthropologique, mais aussi leur interprétation du contrat social.[64] Si la première erreur imputée par Kant à Beccaria est le défaut de prise en considération du dédoublement constitutif du sujet, la seconde est la mauvaise interprétation du rôle joué par la raison et par la volonté dans le contrat social, qui conduit l'auteur italien à présenter la disposition législative autorisant la peine de mort comme 'une décision de [l]a *volonté*' du contractant et non comme l'expression de 'sa *raison*' (*DD*, p.158). Les sujets du pacte social ne 'veulent' pas, mais obéissent simplement à un devoir (plus encore qu'à un droit) dicté par la raison même: le devoir-droit de se placer '*sous des lois publiques de contrainte*' qui garantissent la sécurité de la propriété et empêchent 'tout empiètement d'autrui'.[65]

Pour Beccaria, la sortie de l'état de nature ne relève pas du devoir, mais de la nécessité: les hommes sont 'las' du conflit et de l'incertitude[66] et se voient donc contraints de livrer leur sort à un souverain.

63. Voir Thomas d'Aquin, *Somme théologique*, éd. Albert Raulin et Aimon-Marie Roguet, 3 vol. (Paris, 1985), t.2:2, q.64, art.2, p.426: 'Par le péché l'homme s'écarte de l'ordre prescrit par la raison; c'est pourquoi il déchoit [*decidit*] de la dignité humaine [...]; il tombe [*incidit*] ainsi dans la servitude qui est celle des bêtes.'

64. Voir Jeffrie G. Murphy, 'Hume and Kant on the social contract', *Philosophical studies* 33 (1978), p.65-79; Howard Williams, 'Kant on the social contract', dans *The Social contract from Hobbes to Rawls*, éd. David Boucher et Paul Kelly (Londres et New York, 1994), p.135-48; Kevin E. Dodson, 'Autonomy and authority in Kant's *Rechtslehre*', *Political theory* 25:1 (1997), p.93-111; *Il contratto sociale nella filosofia politica moderna*, éd. Giuseppe Duso (Milan, 1998); David Lay Williams, 'Ideas and actuality in the social contract: Kant and Rousseau', *History of political thought* 28:3 (2007), p.469-95; Kyla Ebels-Duggan, 'Kant's political philosophy', *Philosophy compass* 7:12 (2012), p.896-909.

65. I. Kant, 'Sur l'expression courante', p.29.

66. C. Beccaria, *Des délits et des peines*, chap.I, p.147.

Leur objectif est de se procurer le plus grand bonheur possible,[67] tout en sachant que la justice n'est 'rien d'autre que le lien nécessaire à l'union des intérêts particuliers'.[68] Quoique sensible à la leçon de Hume,[69] Beccaria ne relève pas son défi anticontractualiste. Il ne tente pas de situer précisément le contrat dans le temps et dans l'espace. Le modèle du pacte lui sert plutôt à faire signe vers la formation réelle et factuelle du pouvoir politique, vers la genèse effective de l'ordre à partir du chaos des passions. Son souci premier n'est guère différent de celui de Hume, à ceci près que, à la différence du philosophe écossais, il juge encore intacte la force explicative de la métaphore du contrat.

Kant propose au contraire une interprétation radicalement différente du modèle contractualiste. Il tient compte de la critique de Hume, dont il se met à l'abri en dissipant toute ambiguïté sur le statut du contrat, qui n'est pas un '*fait*', mais une hypothèse purement théorique, 'une *simple Idée* de la raison'.[70] Si le contrat est une idée, on ne doit donc pas y chercher un acte de volonté, un accord entre sujets qui se serait traduit en un acte de fondation du pouvoir. Le contrat est plutôt le moment d'expression et d'explicitation d'une idée de constitution fondée sur la raison universelle: c'est l'*homo noumenon*, véritable acteur (ignoré par Beccaria) du contrat social, qui donne voix à cette idée.

La fondation 'réelle' de la souveraineté disparaît alors complètement de la scène: 'Rechercher des documents sur l'histoire de ce mécanisme [contractuel] est *vain*' (*DD*, p.163); 'L'origine du pouvoir suprême est, pour le peuple qui s'y trouve soumis, *inexplorable*' (*DD*, p.134). La légitimité du pouvoir ne repose pas sur la genèse de son existence actuelle, car le contrat ne désigne pas un processus historique, mais une idée: une idée de constitution à laquelle le pouvoir doit se conformer. Le fait que le contrat n'ait rien à voir avec les processus effectifs de formation de l'ordre politique n'atténue cependant pas, aux yeux de Kant, sa 'réalité (pratique)',[71] qui consiste à obliger le souverain à faire des lois conformes aux préceptes de la raison. Le sens de l'hypothèse contractualiste ('l'*esprit* de ce contrat originaire') se confond donc avec l'obligation qui incombe au législateur de mettre en

67. Voir C. Beccaria, *Des délits et des peines*, 'Introduction', p.143.
68. C. Beccaria, *Des délits et des peines*, chap.II, p.149.
69. Voir Girolamo Imbruglia, 'Riformismo e illuminismo: il *Dei delitti e delle pene* fra Napoli e l'Europa', dans *Cesare Beccaria: la pratica dei lumi*, éd. Vincenzo Ferrone et Gianni Franconi (Florence, 2000), p.99-126.
70. I. Kant, 'Sur l'expression courante', p.39.
71. I. Kant, 'Sur l'expression courante', p.39.

adéquation 'le *mode de gouvernement*' (et plus généralement la structure institutionnelle dans son ensemble) avec une 'constitution conforme au droit' (*DD*, p.164-65).

Beccaria attribue lui aussi au 'publiciste' l'honneur et le devoir d'établir 'les rapports du juste et de l'injuste politique'.[72] Si toutefois, pour Beccaria, la 'justice' maintient un rapport constant avec les passions (qu'elle est appelée à 'gouverner' de la manière la plus 'utile'), celle-ci présuppose au contraire, pour Kant, l'arrachement aux passions et l'attachement à la raison universelle. Les deux auteurs sont ainsi drastiquement séparés par deux anthropologies opposées: au monisme beccarien, qui définit l'individu tout entier par le jeu de ses besoins et de ses passions, s'oppose le dualisme kantien, qui définit l'être humain comme un *doppeltes Wesen* dont la dignité se confond avec le déploiement d'une raison capable de s'arracher au monde inférieur de la sensibilité.

Si donc, pour Beccaria, c'est la nécessité vitale et brutale qui contraint les hommes à s'unir en société, et si le contrat n'est pour lui qu'une sorte de représentation schématique d'un processus 'réel', pour Kant, au contraire, la sortie de l'état de nature est un devoir rationnellement fondé et le contrat est seulement une fiction servant à déterminer les composantes essentielles et indispensables d'un ordre politique juste. Un point de convergence entre les deux auteurs est certes formé par la conviction que le droit, quoique dans sa dimension coercitive et répressive, a pour but la liberté et la sécurité des sujets, dont il est un instrument indispensable. Le fait que Beccaria aussi bien que Kant jugent les sanctions indispensables ne suffit cependant pas à tisser des liens décisifs entre leurs philosophies pénales. Il est vrai que le philosophe allemand semble conserver l'idée traditionnelle du rôle (notamment) préventif de la sanction pénale, livrée à l'évaluation utilitaire du législateur, à sa '*prudentia*'. Mais la prudence présuppose chez lui la '*justitia*': l'art de gouverner présuppose l'*homo noumenon*, le contrat comme 'simple idée de la raison' et le caractère contraignant, pour le souverain, des principes constitutifs de l'ordre politico-juridique. Or, parmi ces principes, il semble difficile de ne pas inclure le 'principe d'égalité', c'est-à-dire le *jus talionis*, l'exacte proportion du crime et de la peine, dont la transgression entraîne selon Kant la corruption de 'tout un peuple' et la disparition de la 'justice' (*DD*, p.153).

Si la peine de mort était illégitime, l'équivalence parfaite entre le crime et la peine s'écroulerait au lieu même où elle apparaît

72. C. Beccaria, *Des délits et des peines*, 'Au lecteur', p.141.

intuitivement évidente ('si tu tues, tu dois être tué'); la possibilité de trouver des correspondances objectives et incontestables entre le crime et la sanction disparaîtrait; le gouvernement 'utile' des sujets et l'exercice discrétionnaire de la '*prudentia*' finiraient alors par l'emporter dans le mouvement inexorable et automatique de 'la position qu'occupe l'aiguille de la balance de la justice' (*DD*, p.153). Le sentimentalisme que Kant reproche à Beccaria n'est donc pas ce qui irrite vraiment l'auteur de la *Métaphysique des mœurs*. Ce qu'il redoute est un déplacement du dispositif pénal: au lieu du temple solennel de la justice distributive, la grisaille administrative du gouvernement des sujets.

'Ramener le coupable à la vertu': la philanthropie pénale de Charles-Louis-Fleury Panckoucke

LUIGI DELIA

De l'exposition, de la prison et de la peine de mort est un 'essai' in-8° publié chez Agasse en 1807.[1] Son auteur, Charles-Louis-Fleury Panckoucke, est le fils du célèbre libraire et éditeur de la colossale *Encyclopédie méthodique*.[2] Né à Paris en 1780, Panckoucke se consacre de bonne heure aux études littéraires et au droit, en suivant pendant plusieurs années des cours de droit civil et politique et en se distinguant parmi les élèves les plus brillants de l'Académie de législation.[3] Très jeune, il est nommé secrétaire de la présidence du Sénat conservateur, institué durant le Consulat. Le Sénat constitue alors, avec le Tribunat et le Corps législatif, l'une des trois assemblées législatives du Consulat. Les Constitutions de l'An x et de l'An xii (18 mai 1804), instaurant l'Empire, renforcent l'importance de cette assemblée chargée de veiller à la conservation de la Constitution. En 1807, lorsqu'il fait paraître *De l'exposition, de la prison et de la peine de mort*, Panckoucke est un jeune bonapartiste de vingt-sept ans, bien introduit dans les cercles savants et politiques de la haute société. Dans une courte 'nota' ajoutée au terme de son essai, il évoque les noms de quatre personnalités de renom auxquelles il a adressé son travail et dont il a reçu en retour des conseils (*EPP*, p.40-41):

1. Charles-Louis-Fleury Panckoucke, *De l'exposition, de la prison et de la peine de mort* (Paris, 1807): cette édition sera désormais abrégéé *EPP*.
2. Voir Philippe de la Cotardière, 'Les descendants de Charles-Joseph Panckoucke et leurs alliances', dans *Panckoucke et l'Encyclopédie méthodique: ordre de matières et transversalité*, éd. Luigi Delia et Martine Groult (Paris, à paraître).
3. Fondée par Target, Portalis, Malleville et Lanjuinais, l'Académie de législation a été, entre 1801 et 1805, une école libre de droit. Institution unique en son genre, elle a assuré la formation des juristes dans une période marquée par l'absence d'écoles de droit en France. Voir Guy Thuillier, 'Aux origines de l'Ecole libre des sciences politiques: l'Académie de législation en 1801-1805', *La Revue administrative* 38:223 (1985), p.23-31.

MM. les sénateurs François de Neufchâteau, Garat[4] et Lanjuinais.[5] M. Bexon,[6] qu'il suffira de nommer pour rappeler ce qu'il y a de plus éclairé dans les matières criminelles, et qui dans ce moment même est consulté par divers souverains de l'Europe au sujet des nouveaux codes criminels qu'ils veulent publier dans leurs Etats, a daigné m'écouter aussi avec bienveillance, et même m'encourager à la publication de cet Ecrit.

La présente étude voudrait être une première tentative de sortir de l'oubli cet opuscule d'environ quarante pages qui veut humaniser le droit de punir français à l'heure de la naissance de la prison légale, à la veille de la codification napoléonienne et dans le cadre intellectuel de la société des idéologues. Pour mieux apprécier les enjeux de ce texte, je l'envisagerai d'abord dans son contexte, puis j'analyserai les principales réflexions développées par l'auteur; dans un dernier moment, une comparaison sera établie entre les pensées pénales de Panckoucke et de Beccaria.

Humaniser le code pénal sous le premier Empire

Bien que l'essai de Panckoucke ne soit pas un *best-seller* de la littérature juridique au tournant des Lumières, il a été accueilli favorablement au plus haut niveau. En témoigne l'avis élogieux de Nicolas François

4. Philosophe convaincu de la possibilité du progrès dans le domaine social, Dominique-Joseph Garat (1749-1833) fut favorable à la Révolution et compta parmi ses amis Brissot, Condorcet et Rabaud Saint-Etienne. Napoléon le considérait comme un idéologue. Voir la notice de William Murray dans le *Dictionnaire des journalistes (1600-1789)*, éd. Jean Sgard (Oxford, 1999), p.433-34.
5. Défenseur des droits du tiers état, girondin, libéral, le juriste et homme politique Jean-Denis Lanjuinais (1753-1827) fut l'un des professeurs de droit romain du jeune Panckoucke dans le cadre de l'Académie de législation qu'il avait contribué à fonder. Voir la notice de Grégoire Bigot dans le *Dictionnaire historique des juristes français (XIIe-XXe siècle)*, éd. Patrick Arabeyre, Jean-Louis Halpérin et Jacques Krynen (Paris, 2007), p.461-63.
6. Jurisconsulte, criminaliste, membre de la Société philanthropique, Scipion-Jérôme Bexon (1753-1825) est un théoricien de la législation pénale. Parmi ses ouvrages juridiques les plus marquants sur la réforme de la procédure criminelle, retenons le *Développement de la théorie des lois criminelles* (Paris, 1802) et l'*Application de la théorie de la législation pénale, ou Code de la sûreté publique et particulière, fondé sur les règles de la morale universelle, sur le droit des gens, etc.* (Paris, 1807), en deux volumes. Sur cet auteur, voir Pierrette Poncela, 'Scipion Bexon, théoricien de la législation et bâtisseur de codes', *Cahiers de philosophie politique et juridique* 12 (1987), p.137-52.

de Neufchâteau. Esprit éclairé, personnage central du Directoire, il fut l'un des premiers à se rallier à Bonaparte après le coup d'Etat du 18 brumaire. François de Neufchâteau était alors membre du Sénat et de l'Institut. Sollicité par Panckoucke, il lui répond dans une longue lettre datée du 23 mars 1807 et aussitôt livrée à l'impression. Cette lettre donne un aperçu du contexte politique et juridique de l'essai qui nous occupe:

> J'ai lu avec attention, Monsieur, vos vues philanthropiques sur le Code pénal, et je vous remercie de me les avoir confiées avant de les rendre publiques. Peu d'objets sont plus dignes des méditations des sages et des recherches des savants. On pourra bien être surpris que des pensées si graves, sur une matière d'Etat si compliquée et si profonde, soient le coup d'essai d'un jeune homme: on n'en devra sans doute que plus d'attention et d'encouragement à un pareil début. Monsieur votre père a laissé une mémoire chère à tous les gens de lettres, et ils verront avec plaisir son fils se disposer à honorer son nom par des travaux utiles. [...] Vous désirez, Monsieur, que [la justice humaine] soit modérée. Vous demandez d'abord que, dans l'instruction, il n'y ait contre l'accusé nul préjugé précipité, et qu'après la conviction, l'exposition soit sans honte, la détention sans horreur; et la peine de mort, si elle est conservée, vous voulez qu'elle ait lieu, mais sans effusion de sang. Ne fût-on pas de votre avis, on ne peut qu'estimer cette morale bienveillante qui dicte vos opinions, et le choix des autorités dont vous les appuyez. Quand on a pour soi Montesquieu, Beccaria, Servan, on peut se présenter avec une juste assurance. Après de si grands noms, mon avis est fort peu de chose; mais vous me demandiez mes observations; et en vous répondant, j'ai voulu seulement vous prouver toute mon estime.[7]

Allusion est sans doute faite ici au Code d'instruction criminelle de 1808. Envisagé dès 1801 et promulgué le 16 novembre 1808, ce recueil de textes juridiques organise la procédure pénale française. Panckoucke lui-même fait référence à ce code à la fin de son texte: 'J'ai développé quelques vues générales dont le principe m'a paru louable; j'ai donc cru pouvoir livrer cet écrit à l'impression, et la circonstance de la prochaine publication du code criminel m'a paru devoir être favorable à celle de cet Essai' (*EPP*, p.40) En effet, l'essai de Panckoucke s'attarde sur des points de procédure tout au long du premier chapitre, consacré à une critique de l'infamie judiciaire.

7. Nicolas François de Neufchâteau, *Lettre à M. C. L. F. Panckoucke au sujet de son Essai sur l'exposition, la détention et la peine de mort* (s.l. [Paris], s.d. [1807]), p.3-9.

Pourtant, bien qu'occasionné par la parution imminente du Code de 1808, l'opuscule se présente davantage comme une sorte de commentaire critique des codes précédents, celui de la Révolution, que les Constituants promulguent à l'automne 1791, ainsi que le Code des délits et des peines,[8] qui reprend le titre du chef-d'œuvre de Beccaria et est mis en place par la Convention nationale le 25 octobre 1795, peu de temps après la Constitution de l'An III qui fonde le Directoire. Influencés par la culture juridique des Lumières et soucieux d'une meilleure justice, les Constituants systématisent le recours à la privation de liberté comme peine principale de droit commun. Ce choix de recourir à l'enfermement marque un clivage avec l'ancien régime des délits et des peines, la prison n'ayant jamais été auparavant une peine en soi. S'inspirant des principes énoncés par Michel Le Peletier de Saint-Fargeau, le rapporteur de la commission de réforme du Code pénal, les peines d'emprisonnement sont graduées en fonction de la nature du délit. Selon les peines, l'emprisonnement est combiné avec le travail ou l'isolement. Si les peines perpétuelles sont supprimées, en revanche la peine de mort est maintenue pour trente-deux incriminations. Les peines prévues par les Constituants sont réputées *répressives* car elles occasionnent des privations prolongées, mais aussi *correctrices* car elles sont censées amender le condamné en le réaccoutumant au travail. Punir et corriger: c'est précisément sous ce double rapport que Panckoucke envisage le droit de punir.

Occupés à maîtriser les nombreux troubles de la vie politique, les Constituants ne vont cependant pas souscrire à toutes les préconisations généreuses de Le Peletier. Ils restent sceptiques, par exemple, sur les possibilités d'amendement des condamnés. Or, les 'vues philanthropiques sur le Code pénal' de Panckoucke se trouvent placées sous le signe des grands noms des Lumières juridiques: Montesquieu et Beccaria en tête.

8. Avec 646 articles, c'est un code qui traite à la fois de l'organisation judiciaire, de la procédure criminelle et des peines. Il distingue les missions de police administrative, qui relèvent de la prévention, des missions de police judiciaire, qui relèvent de la répression. Pour les peines, il se caractérise par la création de peines de prison. Les peines afflictives et infamantes sont traitées dans les articles 602, 603 et 604. L'article 602 énumère, comme peine infamante, la dégradation civique ou le carcan; l'article 603 énonce, comme peines afflictives ne pouvant être prononcées que par un tribunal criminel, la mort, la déportation, les fers, la réclusion dans les maisons de force, la gêne, la détention. Enfin, l'article 604 dispose que 'toute peine afflictive est en même temps infamante'.

'Point d'humiliation, point de désespoir, point de sang'

Le caractère de la philosophie se peint dans cette épigraphe mise en tête de l'essai. Ce triptyque négatif ne confère pas seulement le ton à l'ouvrage, mais lui octroie aussi sa structure en trois volets: 'Ah! la loi est barbare et cruelle. Elle *humilie* le coupable, en le montrant sur nos places; elle le *désespère* dans les cachots; elle *ensanglante* nos villes' (*EPP*, p.3; les trois verbes sont en italique dans le texte). 'Qu'en est-il donc résulté?', demande Panckoucke (*EPP*, p.3):

> Le coupable condamné à l'exposition est assis, le front levé, sur l'échafaud; il se raille de la multitude qui l'entoure; il l'outrage par fierté: dans les fers, il ne rêve que nouveaux forfaits et que vengeance; le peuple s'habitue à nos spectacles de sang: c'est une nouvelle pour lui qu'une exécution; des femmes y viennent assister; la vue du sang ne les effraye plus; de tendres enfants se jouent au pied d'un échafaud. Des peuples sauvages ont été plus humains que nous.

La triple injonction de l'épigraphe articule l'essai en autant de chapitres respectivement consacrés à l'infamie judiciaire, à la privation de liberté et à la peine de mort.

L'infamie de l'infamie judiciaire

Le principe fondamental de l'essai est posé d'emblée: 'En punissant le coupable, ayez pour but de le rendre meilleur' (*EPP*, p.4). Aussitôt s'ensuit le corollaire suivant: '*n'humiliez jamais*' (l'italique est dans le texte). Panckoucke veut prouver que l'humiliation fait obstacle au but correcteur de la peine. C'est qu'elle 'rend les hommes vils et abjects, et que par cet état d'abjection sont détruits tous les sentiments qui pourraient les rendre meilleurs' (*EPP*, p.1-2). L'humiliation porte atteinte au processus d'amélioration morale du condamné et l'échec de ce processus met en danger la société tout entière. 'Ramener le coupable à la vertu' (*EPP*, p.6): telle est donc pour lui la grande mission de l'Etat pénal. 'Quelques personnes pourront être surprises que l'on prenne autant d'intérêt à un coupable; mais il sera facile de démontrer que cet intérêt a pour but un très grand nombre d'individus' (*EPP*, p.4-5). L'action de la justice dans toutes ses phases, de l'arrestation jusqu'à l'exécution de la peine en passant par l'instruction et la sentence, n'est alors légitime que si elle répond aux trois exigences complémentaires d'éviter les traitements déshonorants, de punir le crime et de réhabiliter le coupable.

Dans le sillage de Montesquieu,[9] souvent cité dans l'essai, Panckoucke distingue l'humiliation, qui dégrade l'*homo criminalis*, de la honte salutaire de subir une peine. Celle-ci, selon Panckoucke, est un sentiment qui doit être provoqué par le processus judiciaire, en vue d'aider l'infracteur à réfléchir sur ses erreurs et à en comprendre les raisons.[10] Le sentiment de honte éprouvé par le prévenu est un pas préliminaire en vue du parcours de redressement moral. En revanche, jamais, à aucun moment de la procédure judiciaire, la justice ne doit humilier le justiciable: ni avant le jugement, ni durant, ni après. Pour éviter au maximum que le coupable ne 's'abreuve que de sentiments de haine' (*EPP*, p.5), les arrestations doivent respecter les garanties juridiques des accusés. Ainsi en va-t-il pour l'instruction, qui doit être rapide et humaine, comme pour les sentences, qui ne doivent pas être affichées publiquement mais dans une 'salle écartée et solitaire'.

Panckoucke ne s'attarde pas sur les peines infamantes,[11] comme 'l'exposition sur le tabouret, le fouet et la marque' (*EPP*, p.12), car il les considère, à la différence des peines de privation de liberté, parfaitement indignes d'une législation éclairée.[12] Ces peines 'exposaient' le condamné au regard du peuple pendant un certain temps, sur une place publique: d'où l'origine du mot 'exposition' que Panckoucke emploie dans l'intitulé de son essai. L'application de ce genre de peines infamantes, par exemple le pilori, aboli en 1789, prévoyait aussi la présence d'un écriteau informant les passants sur le nom du condamné et le crime qu'il a commis. D'après Scipion-Jérôme Bexon, le but du législateur était double: d'une part, 'imprimer aux condamnés la honte

9. L'auteur (voir *EPP*, p.7) reproduit ce passage de Montesquieu, *L'Esprit des lois*, éd. Robert Derathé, 2 vol. (Paris, 2011), VI.12, t.1, p.94: 'Suivons la nature, qui a donné aux hommes la honte comme leur fléau, et que la plus grande partie de la peine soit l'infamie de la souffrir.'

10. La fonction réintégratrice de la honte (*reintegrative shaming*) est au cœur de la théorie criminologique développée dans cet ouvrage-balise de la justice restaurative qu'est John Braithwaite, *Crime, shame and reintegration* (Cambridge, 1989).

11. C'est-à-dire ces punitions qui 'ôte[nt] l'honneur à celui qui est condamné', selon la définition d'Antoine-Gaspard Boucher d'Argis, 'Peine infamante', dans *Encyclopédie, ou Dictionnaire raisonné des sciences, des arts et des métiers*, éd. Denis Diderot et Jean D'Alembert, 17 vol. (Paris, Briasson, 1751-1765), t.12, p.251b.

12. Tocqueville formulera des considérations semblables à l'égard des peines infamantes: 'En déshonorant un homme aux yeux de ses semblables, [elles] lui ravissent à jamais le principe de presque toutes les bonnes actions, l'estime et la confiance de soi-même' (Alexis de Tocqueville, *Ecrits sur le système pénitentiaire en France et à l'étranger*, dans *Œuvres complètes*, t.4:1, éd. Michelle Perrot, Paris, 1984, p.78).

et la flétrissure des peines infamantes'; d'autre part, 'servir d'exemple au peuple et d'avertissement à ceux qui auraient quelque penchant pour le crime'.[13] Cependant, l'intérêt de l'exposition des condamnés fut l'objet de doutes, particulièrement dans les grandes villes, cas le plus fréquent où l'événement, devenu banal, retenait de moins en moins l'attention.

De façon générale, tout le discours de Panckoucke vise à faire retomber l'infamie, assimilée à un 'principe de corruption' et à un 'vice contagieux', non sur ceux qui la subissent, mais sur ceux qui l'exercent: les agents de police qui ne respectent pas la présomption d'innocence, les magistrats qui mettent trop de temps pour juger, qui font preuve d'une 'maladroite sévérité' ou qui 'ne semblent chercher que des crimes' (*EPP*, p.9), mais aussi les journalistes: 'Ne permettez pas non plus que les journaux soient des recueils continuels d'infamies, de vols et de meurtres: bien des cœurs sont devenus criminels, par cela seul qu'on leur a appris ce que c'était que le crime' (*EPP*, p.11).

L'utopie pénitentiaire

Placé au cœur de l'essai, le thème de la prison est celui sur lequel l'auteur s'attarde le plus. Panckoucke a deux convictions: il croit que tous les crimes et délits peuvent être punis par l'enfermement, et que cette modalité punitive est la plus apte à corriger le coupable (*EPP*, p.13-16, l'italique est dans le texte):

> Puisque ces hommes que vous punissez doivent être rendus à la société, ne les rendez ni vils, ni méchants. Je voudrais qu'il fût écrit au-dessus de toutes les prisons, ce mot: *Espérance* [...]. Toutes nos prisons ne sont point sans doute telles que celles décrites dans nos romans; mais aucune n'est ce qu'elle devrait être [...]. [...] elles devraient être des *lieux d'espérance*: si le détenu est coupable, il doit y entrer avec l'*espérance* de devenir meilleur, et de se rendre digne par là même et par cela seul, de revenir au sein de la société.

En ce début de siècle, le grand objectif de la peine privative de liberté est l'amendement du coupable.[14] La prison doit une partie de son succès

13. Voir Scipion-Jérôme Bexon, *Parallèle du code pénal d'Angleterre avec les lois pénales françaises* (Paris, Fauvelle et Sagnier, 1799), chap.XVI, 'De l'exposition des condamnés aux fers, à la réclusion, à la gêne et à la détention', p.78.

14. Sur cette représentation de la prison comme occasion d'une seconde existence permettant l'avènement d'un homme nouveau, voir Catherine Duprat, 'Punir et guérir: en 1819, la prison des philanthropes', dans *L'Impossible prison: recherches sur le système pénitentiaire au XIXe siècle*, éd. Michelle Perrot (Paris, 1980), p.64-122.

au fait qu'elle est supposée donner au condamné le temps de devenir meilleur.[15] Dans les mêmes années, Bentham ne disait pas autre chose:

> Que doit être la prison? Un séjour où l'on prive de leur liberté des individus qui en ont abusé, pour prévenir de nouveaux crimes de leur part, et pour en détourner les autres par la terreur de l'exemple. C'est de plus une maison de correction où l'on doit se proposer de réformer les mœurs des personnes détenues, afin que leur retour en liberté ne soit pas un malheur, ni pour la société, ni pour eux-mêmes.[16]

Cette 'recherche de l'amendement au moyen de la claustration'[17] est apparue comme le moyen le moins inapproprié pour sanctionner le coupable tout en l'encourageant à reprendre le droit chemin: le délinquant est un sujet de correction, la prison un lieu d'amendement. Porteuse d'un projet d'avenir, la peine d'emprisonnement se charge donc, dès sa naissance, d'une 'rationalité prospective'.[18] Or, le texte de Panckoucke procède de cette même logique, sans que les rapports multiples que la prison entretient avec le temps ne soient soumis à une analyse critique. En effet, la privation de liberté s'est imposée comme une modalité punitive dont seule la *durée* peut varier, pour tous les coupables: plus l'infraction est grave, plus la privation de liberté est longue. Mais quelle signification acquiert ce temps-durée dans le contexte carcéral? Peut-on mesurer le temps de l'enfermement? Si l'institution pense le temps en termes objectifs de grandeur mesurable, la perception vécue et subjective de la temporalité carcérale n'est-t-elle pas celle de la dégradation, de la mise au ban, de l'insécurité, de cette 'humiliation' même que Panckoucke voulait expulser de l'enceinte du pénal?

Cet écart entre le temps réel, qualitatif, existentiel de la peine endurée par le détenu et le temps abstrait de la privation de liberté froidement calculée par le législateur apparaît d'autant plus incommensurable dans le cas des longues peines et *a fortiori* de l'emprisonnement à perpétuité, où le temps de la peine se dilate cruellement à l'infini. Exproprié de son temps, l'homme incarcéré se néantise peu à peu. L'emprisonnement pénal déshumanise l'être humain en le dépossédant de l'une des qualités

15. Benoît Garnot, *Histoire de la justice: France, XVI*ᵉ*-XXI*ᵉ *siècle* (Paris, 2009), p.504.
16. Jeremy Bentham, *Traités de législation civile et pénale*, 3 vol. (Paris, 1802), t.3, p.211.
17. Jacques Léauté, *Criminologie et sciences pénitentiaires* (Paris, 1972), p.99.
18. Xavier Pin, 'Une politique criminelle en quête de rationalité: le cas français', dans *Rationalité pénale et démocratie*, éd. Mark Antaki, Josiane Boulad-Ayoub et Pierre Robert (Laval, 2013), p.39-69 (40).

fondamentales de sa nature. A la différence de l'animal dont tous les moments de la vie participent d'un présent sans perspective, l'homme est l'être qui possède son temps et qui, dans le présent, se projette constamment vers l'avenir. D'où la conséquence qu'en tire le constitutionnaliste italien Gustavo Zagrebelsky: 'La conciliation de la peine de prison avec la dignité humaine apparaît illusoire: une noble illusion, mais toujours une illusion. Toutes les mesures pourront être prises pour alléger les souffrances et rendre tolérable la condition carcérale, mais jamais ne pourra être éliminée l'amputation du premier droit de l'être humain: le droit à son temps.'[19] Bien que deux siècles et demi se soient écoulés, on peut se demander si nos cellules disciplinaires (le mitard) ne sont pas des tombeaux en béton remplaçant les anciens cachots. Dans ces tombeaux, 'le temps s'étire, interminable. Tous les détenus subissent l'enfermement, le manque d'intimité et la solitude affective. Pour les longues peines, l'impossibilité de se projeter dans l'avenir rend le présent encore plus dur à vivre.'[20]

Ce serait pourtant commettre un anachronisme que de tenir rigueur à Panckoucke de ne pas avoir vu les choses sous cet angle. Esprit éclairé et progressiste, il regarde la prison pénale comme une évolution positive par rapport à l'ancienne justice suppliciaire. Bien qu'il soit conscient, à l'instar de certains de ses contemporains, que l'institution fait défaut à ses missions, il œuvre pour que la prison puisse un jour remplir aussi humainement que possible sa fonction de punir pour amender le coupable. A cet égard, il attire d'abord l'attention sur un élément de langage. Ce nom de prison lui paraissant sinistre, il suggère de le remplacer par les locutions 'maison d'arrêt, de détention, de réclusion'. Ce n'est pas seulement affaire de mots. Dans la droite ligne des derniers codes criminels favorables à la construction d'un réseau carcéral diversifié pour séparer les classes de détenus, Panckoucke plaide pour que les maisons d'arrêt accueillent les individus en état d'arrestation et accusés de délits, pour que les maisons de détention soient réservées aux accusés de crimes contre les personnes et les biens (assassinats, vols...), et pour que dans les maisons de réclusion ne soient enfermés que les condamnés, pour un temps déterminé par la loi pénale.

A bonne école avec le philanthrope britannique John Howard[21]

19. Gustavo Zagrebelsky, 'Che cosa si può fare per abolire il carcere' ('Que peut-on faire pour abolir la prison'), *La Repubblica* (23 janvier 2015).
20. Jean-Claude Vimont, *La Prison: à l'ombre des hauts murs* (Paris, 2004), p.110.
21. Voir John Howard, *L'Etat des prisons, des hôpitaux et des maisons de force en Europe au XVIII*[e] *siècle*, éd. Christian Carlier et Jacques-Guy Petit (Paris, 1994): l'ouvrage,

et dans le sillage du juriste réformateur Jacques-Vincent Delacroix,[22] Panckoucke se soucie d'améliorer les conditions d'existence concrètes des prisonniers. Il dénonce l'excès de pénibilité de la détention, l'insalubrité et l'inconfort des lieux d'enfermement, tout en soulignant l'importance du choix des concierges, de la qualité de la nourriture... Ce qui importe pour lui est le quotidien des personnes incarcérées, qu'il s'agisse d'accusés en détention provisoire ou de condamnés. Les conditions de réclusion de ces derniers lui semblent devoir mériter un soin spécial, les condamnés étant particulièrement fragiles et ayant donc besoin de plus d'aide pour s'améliorer. Ne trouve-t-on pas ici une première expression du principe de discrimination positive, qui consiste à donner plus à ceux qui ont moins?

Panckoucke avait réellement à cœur le sort des gens défavorisés. En témoigne la lettre de François de Neufchâteau, qui l'encourageait à poursuivre ses réflexions sur les moyens d'extirper la mendicité:

> Je sais que vous avez des vues neuves sur ce problème. Celui qui pourrait le résoudre attaquerait en quelque sorte le crime dans sa source, et je vous exhorte à chercher ce nouveau moyen de servir à la fois l'humanité et la patrie. L'essor est difficile, mais à votre âge, c'est déjà un mérite de le tenter; et par vos sentiments et la manière de les rendre, vous méritez d'y réussir.[23]

Mais comment transformer les prisons en outils de réforme morale? Panckoucke mise sur les valeurs d'une éducation émancipatrice, qui peut faire du temps de la peine de privation de liberté le temps d'une palingénésie du détenu. En plus du silence et de l'habitude de l'ordre, les moyens principaux de cette pédagogie pénale sont le travail et la lecture. D'une part, il propose que les condamnés soient appelés 'travailleurs', que le salaire soit réglé selon l'âge et les facultés physiques, et que le temps de la détention soit abrégé en proportion de la quantité du travail réalisé. D'autre part, il préconise que les détenus

écrit entre 1777 et 1778, est un classique de la littérature philanthropique sur les prisons. Des témoignages accablants y sont rendus sur les conditions de vie désastreuses des prisonniers.

22. Auteur d'ouvrages de justice pénale et d'articles engagés pour le dictionnaire de *Jurisprudence* de l'*Encyclopédie méthodique* (1782-1789), Delacroix s'est battu pour la suppression des cachots et l'établissement d'une prison distincte pour les débiteurs: voir Luigi Delia, *Droit et philosophie à la lumière de l'Encyclopédie*, Oxford University studies in the Enlightenment (Oxford, Voltaire Foundation, 2015), p.201-18.

23. N. François de Neufchâteau, *Lettre à M. C. L. F. Panckoucke*, p.15-16.

soient incités à consacrer une partie de leur temps libre à lire. Le choix des livres n'est pas anodin, la préférence devant être accordée aux ouvrages de morale et aux livres gais, le but étant de former ou d'apaiser les détenus.

De surcroît, Panckoucke revient sur l'exigence de dissocier punition et humiliation. Le problème qui se pose à lui est désormais de savoir comment enfermer sans humilier. Il propose alors de soumettre les détenus à un traitement disciplinaire rigoureux (*EPP*, p.22, l'italique est dans le texte):

> La discipline a cela de très avantageux, qu'elle n'*humilie* pas; elle n'est point une dureté ni une barbarie; elle est une règle hors de laquelle il y a punition: c'est une loi que l'on fait exécuter, et à laquelle on sait qu'il faut obéir. Autant l'homme se résigne peu à ce qui vient du caprice et de l'arbitraire de son semblable, autant il se prête, je dirais même il aime à suivre les règles qui ont été demandées et consenties par lui et par ses semblables.

Il imagine également un régime de détention particulier (*EPP*, p.24, l'italique est dans le texte):

> Chaque condamné aura une espèce d'habillement uniforme tout le temps de sa détention, et il retrouvera ses effets au sortir de la place. [...] En entrant, [les condamnés] recevront un nom à leur gré, et ils seront punis s'ils prononcent le leur. Leur vêtement et leur bonnet sera fait de sorte que leur figure ne soit pas reconnaissable; ainsi ils ne seront pas *humiliés*, ils conserveront l'honneur attaché à leur nom et à leur figure avant leur délit, et ils le retrouveront au sortir de la place dès que leur délit sera expié.

Des doutes ont été avancés sur l'efficacité de ces mesures, qui entraîneraient une dépersonnalisation des détenus. L'idéologue Pierre-Louis Ginguené, dans un compte rendu pourtant élogieux de l'essai de Panckoucke, ne dissimule pas son scepticisme: 'Tant de précautions paraîtront peut-être excessives. La distinction entre l'humiliation et la honte salutaire est très réelle; mais des coupables punis sous un faux nom, sous un masque qui les cache, inconnus les uns aux autres, ainsi qu'aux étrangers qui seraient admis dans la place, auraient-ils même assez de cette honte pour en devenir meilleurs?'[24] Reste que la

24. Pierre-Louis Ginguené, compte rendu paru dans la *Revue philosophique, littéraire et politique* 22 (1er août 1807), p.196. Partisan modéré des idées de la Révolution, Ginguené collabore au *Moniteur universel* et à la *Décade philosophique.* Emprisonné

démarche intellectuelle qui est à l'origine de cette proposition d'emprisonnement pénal n'est pas seulement intéressante en tant que tentative d'imaginer les conditions d'un régime d'incarcération capable de corriger les prisonniers sans les humilier. Elle annonce également une pratique destinée à se généraliser dans l'administration pénitentiaire pour légaliser l'incarcération: celle d'assigner à chaque détenu, non pas un nouveau nom, mais un numéro d'écrou, qui servira à l'identifier au sein de l'établissement tout au long de sa détention. Animée par une noble intention – dépersonnaliser pour ne pas humilier –, l'intuition de Panckoucke ne risque-t-elle pas pour autant d'assimiler le détenu à un numéro entre quatre murs?

L'essai se poursuit par des réflexions sur la peine de mort, placées sous la devise: 'Point de sang.'

Une mort douce et à huis clos

L'image du sang est d'autant plus parlante que, en 1807, les délits capitaux sont punis par la guillotine. Pour mieux apprécier le discours critique de Panckoucke à l'égard du rituel 'affreux et barbare' qui accompagne la mise à mort par décapitation,[25] il convient de faire un bref rappel sur le contexte juridique.

Le Code pénal de 1791 autorise l'élimination physique comme peine, mais 'sans qu'il puisse jamais être exercé aucune torture envers les condamnés' (I, 1, 2). Après quelques hésitations sur les modalités, l'Assemblée se prononce pour la décapitation: 'Tout condamné à mort aura la tête tranchée' (I, 1, 3). Fille de l'égalitarisme juridique des Lumières,[26] issue du principe de l'humanisme médical euthanasique,[27] qui prescrit de faire mourir sans faire souffrir, la

---

sous la Terreur, il est sauvé par la chute de Robespierre le 9 thermidor (27 juillet 1794). Nommé sous le Directoire directeur de l'Instruction publique au ministère de l'Intérieur, il devient membre de l'Institut dans la classe des Sciences morales et politiques et dans la classe d'Histoire et de Littérature ancienne. Il est également membre du Tribunat, mais les articles qu'il fait paraître dans *La Décade philosophique*, opposée au régime, l'en font éliminer en 1802. Voir Edouard Guitton, *Ginguené: idéologue et médiateur* (Rennes, 1995).

25. Voir Michel Bée, 'Le spectacle de l'exécution dans la France d'Ancien Régime', *Annales: économies, sociétés, civilisations* 38:4 (1983), p.843-62.

26. Voir Luigi Delia, 'Justice des Lumières et guillotine: un problème philosophique', dans *Penser la peine à l'âge des Lumières*, éd. Luigi Delia et Gabrielle Radica, numéro thématique de la revue *Lumières* 20 (2012), p.121-34.

27. La guillotine comme machine judiciaire qui procure une 'bonne mort' s'inscrit dans le projet de médicalisation généralisée de la société dans le but d'assurer

guillotine représente, en un sens, une solution de compromis entre les partisans et les détracteurs de la peine capitale. Les uns obtiennent gain de cause avec le maintien de la mort naturelle comme peine, tandis que les autres peuvent se réjouir de la suppression de la souffrance pénale et la considérer comme un premier pas vers l'abolition du châtiment suprême. De fait, le projet de réforme de Guillotin articule la conservation de la peine de mort à l'idée que l'usage d'un appareil mécanique pour son exécution favorise le processus de démocratisation et d'humanisation du système pénal. En plus de donner une mort censée être douce (rapide et prétendument indolore), la guillotine ne fait plus de différence entre un noble et un roturier, alors qu'avant la Révolution, les nobles condamnés à mort avaient le privilège d'être exécutés par décollation, tandis que les roturiers l'étaient par pendaison.

Capable d'égaliser la situation ultime des condamnés, de restreindre au minimum la durée de l'acte fatal et de contribuer au processus de sécularisation du régime pénal par une désacralisation de la mise à mort, la guillotine entretient un rapport de filiation avec les valeurs du siècle de la raison. Celle qui porte le nom de ce 'bienfaiteur de l'humanité' que fut le professeur d'anatomie Guillotin aura très vite facilité l'exécution d'une masse innombrable de victimes. Transformée en machine gouvernementale à l'époque de la Terreur,[28] la guillotine a permis d'exécuter, entre septembre 1793 et juillet 1794, 17 000 personnes au moins, la plupart pour délits d'opinion ou présomption d'activités contre-révolutionnaires.[29] Moyen privilégié d'une répression systématique, organisée, expéditive contre les adversaires politiques de la République naissante, la guillotine a fini par renier l'esprit des principes républicains et obscurcir les effets bénéfiques de la Révolution.

Or, il n'a pas fallu attendre le vingtième siècle et les magistrales *Réflexions sur la guillotine* d'Albert Camus pour avoir une première

---

le bien-être de tous et de chacun, de la naissance à la mort. Dans cette histoire, le médecin idéologue Pierre Cabanis (1757-1808) a joué un rôle majeur. Voir Daniel Teysseire, '"La dolce morte": la prima elaborazione del concetto di eutanasia, tra Sei e Settecento, nelle opere di filosofi e scienziati', *Prometeo: rivista trimestrale di scienze e storia* 38 (1992), p.46-53.

28. Voir François Furet, 'Terreur', dans *Dictionnaire critique de la Révolution française*, éd. François Furet et Mona Ozouf (Paris, 2007), p.293-315; Patrice Gueniffey, *La Politique de la Terreur* (Paris, 2003).

29. Voir Monique Rabourdin, *Condamnés à mort par le Tribunal révolutionnaire: 1793-1795* (Paris, 1998).

contestation de cette machine judiciaire qui coupe la tête des coupables. Après la Terreur, le 19 avril 1795, paraît un article de l'idéologue Amaury Duval intitulé 'De Beccaria et de son livre'. L'auteur appelle de ses vœux la destruction de la guillotine, accusée de repaître les yeux des Français 'de spectacles sanglants'.[30] Sans ignorer que c'est précisément pour minimiser les souffrances des condamnés que la guillotine a été préférée comme méthode pénale, Amaury Duval se demande:

> Mais est-il bien sûr que toute sensibilité physique cesse, à l'instant de la séparation des vertèbres; que dans ce tronc, qui paraît inanimé, aucune douleur ne se fait ressentir, après que le couteau fatal est tombé? – Si nous jugions par des expériences faites sur plusieurs animaux... Mais il ne m'est pas possible d'arrêter plus longtemps mon esprit sur cette horrible image.

Bien que Duval ne semble pas vouloir en finir avec la peine de mort, il n'en réclame pas moins, au nom de l'humanité, que cette forme d'exécution, par l'*immensité* du *sang* qu'elle produit, soit bannie:

> Législateurs, [...] détruisez cette machine de mort, rougie du sang de tant d'innocentes victimes. Que l'on ne mène plus des hommes à la mort, comme des animaux à la tuerie, dans une sale et hideuse charrette. Faites honorer et respecter l'humanité, même dans des coupables: que l'auguste justice les frappe comme à regret, sans leur témoigner ni fureur ni mépris.[31]

Partageant ce combat, Panckoucke veut en finir avec la guillotine, pour que la mort douce du coupable soit donnée sans effusion de sang et dans le secret. Sans revenir sur les arguments pour et contre le dernier supplice, Panckoucke laisse clairement entendre qu'il partage la position abolitionniste de Beccaria: 'Je ne veux point discuter ici ce droit que l'homme a pris sur l'homme [...]. Je renvoie aux pages éloquentes de Beccaria.' Or, pour Beccaria, la peine de mort n'est justement pas un 'droit': 'injuste et inutile', elle doit être abolie. 'Mais – ajoute Panckoucke –, puisque ce châtiment est usité, je parlerai

30. Amaury Duval, 'De Beccaria et de son livre' (1795), dans '*La Décade philosophique' comme système, 1794-1807*, éd. Josiane Boulad-Ayoub, t.5 (Rennes, 2003), p.275-80 (279). En 1791, lors du débat à l'Assemblée constituante sur la législation pénale, le magistrat Adrien Duport s'était insurgé contre 'la vue de l'effusion du sang [qui] encourage le crime' (*Moniteur*, 1er juin 1791, p.632).
31. A. Duval, 'De Beccaria et de son livre', p.279.

pour que l'on en supprime l'appareil affreux et barbare, et pour que nos places publiques ne soient plus transformées en boucheries de l'humanité' (*EPP*, p.32). Autrement dit, ce qu'il réclame avant tout est la réforme du dispositif d'exécution des criminels: 'N'ensanglantons point nos villes; retirons ces hideux spectacles [...]. Que si vous voulez que la justice des hommes frappe un homme de mort; que si vous pensez que cela soit utile, du moins adoucissez l'amertume de ce triste passage' (*EPP*, p.35).

Panckoucke tient pour un poison corrupteur non seulement les 'sombres fêtes punitives'[32] qu'étaient devenues les exécutions capitales, mais aussi la multiplication délétère des récits d'atrocités et des crimes les plus odieux relayés par des gazetiers de plus en plus désireux de faire plaisir à des lecteurs devenus avides de ce genre d'informations. Rien ne semble à Panckoucke plus blessant et plus choquant pour la sensibilité que la culture de la violence et de la mort donnée en spectacle ou relayée par la presse. Il est donc urgent, d'après lui, que le législateur prenne toutes les mesures nécessaires pour que les yeux des spectateurs et les esprits des lecteurs ne se familiarisent pas avec la 'douleur', l''épouvante' et 'les dépouilles sanglantes' (*EPP*, p.37).[33] Ainsi demande-t-il que 'la victime' – tel est le nom par lequel ce philanthrope qualifie désormais le condamné à mort – soit 'respectée'; que l'exécution ait lieu 'hors de la ville; qu'on ne puisse découvrir qu'avec peine' ce triste lieu; 'qu'il soit caché dans un vallon de murs élevés loin des routes, loin de toute habitation' (*EPP*, p.36-37). Il préconise que les enfants et les femmes soient particulièrement préservés. Aux premiers, 'il ne faudrait pas même dire qu'il y a des crimes'; les deuxièmes 'doivent être étrangères à tout ce qui n'est pas douceur, calme et amour' (*EPP*, p.37).

Toujours attentive aux implications éducatives de la peine, la réflexion de Panckoucke prend donc le contrepied de la pédagogie de l'effroi que les anciens criminalistes associaient au spectacle pénal. Il s'agit de nuancer l'efficacité de la dissuasion pénale construite sur la terreur du supplice exemplaire. Issue d'un mauvais usage de l'exemple,

32. Michel Foucault, *Surveiller et punir: naissance de la prison* (Paris, 1975), p.15.

33. Œuvrant pour la disparition des exécutions dans l'espace public et pour leur relégation hors du regard et loin de la vie sociale, Panckoucke se place à l'origine du processus d'occultation progressive de la publicité des exécutions qui a conduit à 'l'arraisonnement pénitentiaire' des prisons sous le régime républicain en vigueur en France de 1870 à 1940. Voir Emmanuel Taïeb, 'Le processus de dépublicisation des exécutions dans la France de la IIIe République', *Frontières* 19:1 (2006), p.49-54.

qui n'est profitable à l'homme que 'lorsqu'il en fait sur lui-même une application' (*EPP*, p.4),[34] cette crainte inspirée par le rituel pénal lui apparaît en fin de compte moins dissuasive que criminogène. Pour que l'exécution remplisse une fonction réellement intimidante sans accoutumer les esprits à la violence, elle doit être 'extrêmement rare'. Moins il y aura d'exécutions, plus celles-ci feront une 'impression durable' sur des esprits qui 'n'y seront pas habitués' (*EPP*, p.37).

Panckoucke dans le moment Beccaria

Dans quelle mesure l'orientation pénale de Panckoucke s'inscrit-elle dans la continuité du réformisme beccarien? Si Panckoucke répète, avec Beccaria, que le droit de punir doit être limité au strict nécessaire pour défendre le bien-être public, et s'il partage l'esprit de la doctrine de Beccaria à propos de la douceur des peines, la question de la finalité correctrice ou éducative des sanctions constitue en revanche une différence majeure entre les deux auteurs. Alors que, pour Beccaria, le droit de punir n'est fondé que sur des considérations d'utilité et non d'amélioration morale,[35] pour Panckoucke, au contraire, toute peine doit moraliser celui qui la subit, car punir le mal ne suffit pas, il faut que la punition porte au bien. Pour Beccaria, la peine n'a donc pour but que l'effet exercé sur le corps du coupable et non sur son esprit, tandis qu'inversement, pour Panckoucke, la peine ne doit faire souffrir le coupable que pour redresser son âme: la prison, qu'au demeurant Beccaria n'appelle pas de ses vœux comme moyen pénal,[36] devient chez Panckoucke la peine de référence et l'instrument judiciaire privilégié pour accomplir la régénération morale des coupables.

Aussi réelles et profondes qu'elles soient, ces divergences n'empêchent pas pour autant certaines convergences, indirectes ou directes:

34. En bon empiriste, Panckoucke affirme que 'l'expérience et la réflexion sont les institutrices de tous les hommes' (*EPP*, p.4).
35. Voir Faustin Hélie, 'Introduction', dans Cesare Beccaria, *Des délits et des peines* (Paris, 1856), p.lxxi, qui a fait remarquer que Beccaria 'ne paraît point avoir entrevu les effets pénitentiaires du châtiment et ses influences correctives, quoique déjà cette idée eût été indiquée par Platon, dans ses *Lois*, et par Thomas Morus, dans son *Utopie*'. Voir Philippe Audegean, 'Correggere e punire: Beccaria e la funzione rieducativa delle pene', dans *Il caso Beccaria: a 250 anni dalla pubblicazione del 'Dei delitti e delle pene'*, éd. Vincenzo Ferrone et Giuseppe Ricuperati (Bologne, 2016), p.61-86.
36. Voir Philippe Audegean, 'Beccaria et la naissance de la prison', dans *Prison et droits: visages de la peine*, éd. Luigi Delia, *L'Irascible* 5 (2015), p.47-68.

l'amendement pénal, étranger à la doctrine de Beccaria, est tout de même censé remplir cette même fonction préventive qui est au cœur du système beccarien: 'Cherchez donc à rendre tout coupable meilleur – écrit Panckoucke –, de sorte que, revenu au sein de la société, il ne soit pas un germe d'infection et d'inquiétude' (*EPP*, p.6). Toutefois, le positionnement de Panckoucke et le langage médical qui l'exprime[37] font moins écho aux thèses de Beccaria qu'à celles de l'école moderne et romande du droit naturel,[38] voire à l'œuvre de Montesquieu, qui oppose notamment l'idée de la correction du coupable à la rétribution en tant que vengeance:

> Les peines outrées peuvent corrompre le despotisme même. Jetons les yeux sur le Japon. On y punit de mort presque tous les crimes, parce que la désobéissance à un si grand empereur que celui du Japon, est un crime énorme. Il n'est pas question de *corriger* le coupable, mais de venger le prince. Ces idées sont tirées de la servitude.[39]

Ce n'est que sur le terrain de la critique de la sévérité des peines, et en particulier de la peine de mort, que Panckoucke se rapproche véritablement de Beccaria. Encore qu'exprimé de façon prudente et nuancé, l'abolitionnisme de Panckoucke est patent: d'un côté, il renvoie explicitement le lecteur au chantre de l'abolitionnisme européen, sans formuler la moindre remarque critique à l'égard de sa doctrine; d'un autre côté, rien ne semble s'opposer davantage à l'amendement pénal que la justice d'élimination. En effet, s'il y a bien un châtiment incompatible avec l'idée de correction morale de l'individu par la peine, c'est bien le dernier supplice. De surcroît, à la fin de son essai, Panckoucke rappelle que certains Etats ont aboli la peine de mort (la Russie, la Toscane). Après avoir salué l'esprit d'humanité qui a animé la reine Elisabeth et le grand-duc Léopold, il lance courageusement un appel à Napoléon pour qu'il imite ces princes éclairés: 'Si Napoléon-le-Grand a fait

37. Voir *EPP*, p.6: 'Un médecin sage ne laissera pas revenir au milieu des hommes un malade attaqué de la peste, avant de s'être assuré d'avoir opéré sa guérison d'une manière certaine.' Cf. Montesquieu, *L'Esprit des lois*, XII.4, t.1, p.205: 'Cette peine de mort est comme le remède de la société malade.'

38. Voir par exemple Jean-Jacques Burlamaqui, *Principes du droit politique* (Amsterdam, Zacharias Chatelain, 1751), 3e partie, chap.IV, paragr.XXIV, p.262: 'Ainsi le souverain se propose quelquefois de corriger le coupable, et de lui faire perdre l'envie de retomber dans le crime, en guérissant le mal par son contraire [...]. Cette punition, si le coupable en profite, tourne par cela même à l'utilité publique.'

39. Montesquieu, *L'Esprit des lois*, VI.13, t.1, p.95-96. C'est moi qui souligne.

beaucoup de choses extraordinaires qui serviront à jamais d'exemples, ne l'a-t-on pas vu aussi s'empresser d'imiter ce que d'autres avaient fait de bien et d'illustre?' (*EPP*, p.38-39).

On ne peut pas dire que cet appel ait été entendu. Non seulement le Code pénal de l'Empire français, promulgué en 1810 par Bonaparte, prévoit trente-neuf cas d'application de la peine de mort, mais il réintroduit la prison à perpétuité et la marque au fer rouge qui avaient été abolis par le Code pénal de 1791.

Conclusion

Quelques mois après la parution de son essai, Panckoucke quitte sa carrière de haut fonctionnaire de l'administration impériale pour se livrer, comme son père, à des entreprises d'imprimerie et de librairie. Sa première opération commerciale d'envergure, entamée en 1812, fut le *Dictionnaire des sciences médicales* en soixante volumes in-8°. Couronnée de succès, cette somme mise en œuvre dans l'intérêt de l'humanité souffrante avait pu se prévaloir du travail des grands médecins Alibert, Marc, Pinel et Larrey. Désormais absorbé par d'autres intérêts professionnels et scientifiques, Panckoucke délaisse la justice pénale.[40] *De l'exposition, de la prison et de la peine de mort* demeure le seul ouvrage qu'il ait composé sur cette matière. Après les codifications de 1791 à 1795 et avant celle de 1810, l'auteur souhaite substituer un 'code d'humanité' à une législation infligeant des peines infamantes, une détention cruelle et la mort avec effusion de sang. Héritier des Lumières juridiques et des principes révolutionnaires, interprète de l'humanisme des philanthropes, inspiré par la réflexion du mouvement protéiforme des idéologues, Panckoucke prône l'adoucissement des mœurs à travers la modération des peines, la diminution du nombre d'exécutions à mort et le refus des spectacles sanguinolents dans l'espace urbain.

Certes, l'attitude volontariste du mouvement des philanthropes (rappelons aussi les noms de Villermé, de Guizot et de La Rochefoucauld-Liancourt) et le regard optimiste que ces auteurs portent sur les capacités régénératrices et socialisantes de la prison n'ont pas tardé à faire l'objet du scepticisme et même du mépris de la part des nouveaux spécialistes de la question pénitentiaire entre 1820 et 1840.

40. Bien que ses intérêts se soient concentrés essentiellement sur la médecine, l'histoire de France et la traduction des auteurs latins, il fait paraître en 1821 une foisonnante collection des chefs-d'œuvre de l'éloquence judiciaire, les *Barreaux français et anglais*, en dix-neuf volumes in-8°.

Sous la Monarchie de Juillet, le discours moral de l'amendement pénal cède le pas à une approche plus scientifique et économique de l'institution pénitentiaire, pensée avant tout comme outil de neutralisation des coupables. Le changement de ton est criant dans les propos désenchantés de Tocqueville:

> Il y a, en Amérique comme en Europe, des hommes estimables dont l'esprit se nourrit de rêveries philosophiques, et dont l'extrême sensibilité a besoin d'illusions. Ces hommes, pour lesquels la philanthropie est devenue un besoin, trouvent dans le système pénitentiaire un aliment à cette passion généreuse: prenant leur point de départ dans des abstractions qui s'éloignent plus ou moins de la réalité, ils considèrent l'homme, quelque avancé qu'il soit dans le crime, comme susceptible d'être toujours ramené à la vertu, ils pensent que l'être le plus infâme peut dans tous les cas recouvrer le sentiment de l'honneur; et, poursuivant les conséquences de cette opinion, ils entrevoient une époque où tous les criminels étant radicalement réformés, les prisons se videront entièrement, et la justice n'aura plus de crimes à punir.[41]

En dépit de ces considérations critiques, la culture de l'amendement carcéral a perduré jusqu'à nos jours. Clé de voûte de la science pénitentiaire au dix-neuvième siècle, la transformation morale du détenu est encore célébrée dans le premier des quatorze points de la réforme pénitentiaire française de 1945, signe que la peine n'a cessé d'être pensée comme un instrument positif, apte à redonner au coupable sa capacité éthique perdue: 'La peine privative de liberté a pour but essentiel l'amendement et le reclassement social du condamné.' De fait, cette logique pénale de réadaptation des condamnés continue de fonder largement la légitimation de la privation de liberté des individus dans les démocraties libérales.

Agréable à lire, l'opuscule savant et engagé de cet homme d'Etat philanthrope qu'était Panckoucke n'est donc pas seulement un témoignage intéressant des controverses sur la justice pénale au tournant des Lumières. Les pages de son essai nourrissent à plusieurs titres la généalogie des enjeux présents sur les conditions d'une justice pénale à visage humain: il en va ainsi de sa polémique contre les formes de stigmatisation judiciaire qui accablent les justiciables et

41. A. de Tocqueville, *Ecrits sur le système pénitentiaire*, p.197. Pour une étude sur la réflexion globale de Tocqueville sur la prison, à la fois morale, matérielle, politique, juridique et économique, voir Gabrielle Radica, 'Tocqueville et les prisons: la question pénitentiaire à l'épreuve d'une pensée de la complexité', dans *Prison et droits*, éd. L. Delia, p.109-31.

en dégradent l'âme; de son combat voué à transformer l'espace de l'enfermement en un espace d'espoir propice à la réhabilitation morale du prisonnier; de sa dénonciation des effets criminogènes des longues peines de prison[42] et de la publicité des exécutions sanglantes qui, bien loin de prévenir le crime par l'exemplarité dissuasive, le favorisent en choquant les sensibilités; et il en va ainsi, *last but not least*, de la conception de la valeur 'positive'[43] qu'il assigne aux sanctions et de sa nouvelle vision du criminel, qui n'est jamais pensé sous la forme du 'scélérat',[44] c'est-à-dire de l'homme pervers à jamais, mais comme un être égaré, susceptible d'être ramené dans le droit chemin.

42. Voir *EPP*, p.6-7: 'après avoir été plongé dans tous les tourments du désespoir par une longue captivité, [le détenu] ne revient de là qu'avec la rage dans l'âme, le mépris, la haine de tout l'univers; il s'associe de nouveaux coupables, marche de crimes en crimes, jusqu'à ce qu'enfin il porte sa tête sur l'échafaud.'
43. 'Sanction positive' est une locution employée par Bobbio pour qualifier des peines censées promouvoir et encourager le respect des règles sans humilier ni exclure le condamné: voir Norberto Bobbio, 'Sanzione', dans *Novissimo digesto Italiano* (Turin, 1976), p.553.
44. Denis Diderot, 'Scélérat (*Grammaire*)', dans *Encyclopédie*, t.14, p.751: 'Celui qui est né malfaisant, & qui s'est rendu coupable de quelques grands crimes.'

III

Réformer la procédure pénale

Réformer l'arbitraire judiciaire: un débat complexe à la croisée des savoirs

ANNAMARIA MONTI

Au début des années 1760, grâce au mouvement des Lumières, les dynamiques qui président aux rapports politiques, économiques et commerciaux sont désormais mieux connues. Comme le fait observer Beccaria dans les pages célèbres de son 'Introduction' à *Des délits et des peines*, on ne saurait en dire autant de la connaissance du droit pénal. L'auteur italien déplore en effet le profond retard dont souffre la réflexion sur les matières criminelles: 'très rares sont ceux qui ont examiné et combattu la cruauté des peines et l'irrégularité des procédures criminelles, cette partie de la législation si essentielle et si négligée dans presque toute l'Europe.'[1] Son projet de combattre les erreurs accumulées dans ce domaine se traduit ainsi aussitôt par sa résolution de suivre les traces de Montesquieu au nom des intérêts de toute l'humanité.[2] Son analyse de l'origine des peines et du droit de punir le conduit alors à condamner le système des peines arbitraires[3] au nom du principe de légalité,[4] puis à énoncer sa doctrine abstraite du syllogisme parfait.

Je tiens ici à remercier Philippe Audegean pour la traduction de ce chapitre, y compris la traduction des citations en italien.

1. Cesare Beccaria, *Des délits et des peines*, éd. Philippe Audegean (Lyon, 2009), 'Introduction', p.145.
2. Voir Dario Ippolito, 'La dimensione politica della questione penale: l'eredità di Montesquieu', dans *La libertà attraverso il diritto: Illuminismo giuridico e questione penale*, éd. Dario Ippolito (Naples, 2014), p.33-70.
3. Voir Bernard Schnapper, *Les Peines arbitraires du XIIIe au XVIIIe siècle: doctrines savantes et usages français* (Paris, 1974).
4. Voir les considérations synthétiques de Georges Martyn, 'Introduction: from *arbitrium* to legality? Or legality and *arbitrium*?', dans *From the judge's arbitrium to the legality principle: legislation as a source of law in criminal trials*, éd. Georges Martyn, Anthony Musson et Heikki Pihlajamäki (Berlin, 2013), p.7-31.

Selon cette théorie, le magistrat doit appliquer l'opération logique du syllogisme à tout délit porté à sa connaissance: sa sentence est la conclusion tirée d'une prémisse majeure constituée par la loi générale et d'une prémisse mineure formée par l'action conforme ou non à cette loi. D'après Beccaria, telle serait la solution pour bannir définitivement de la justice pénale 'l'axiome commun selon lequel il faut consulter l'esprit de la loi', cette 'digue rompue face au torrent des opinions'.[5] Cette doctrine du syllogisme judiciaire fut immédiatement critiquée – entre autres par Ferdinando Facchinei[6] –, parce que jugée sans rapport avec la réalité du procès et totalement inadaptée à l'activité concrète du juge.[7] Elle a pourtant joui et jouit encore d'un certain succès, comme le montre l'attention dont elle continue de bénéficier aujourd'hui.[8]

L'une des innovations les plus marquantes des *Délits et des peines* consiste bien du reste dans l'idée que le droit pénal ne concerne pas seulement les juristes et praticiens du droit.[9] La rédaction des lois pénales doit ainsi être confiée à un législateur d'un nouveau genre, éclairé par une nouvelle conception de la politique et de l'Etat et assisté par de zélés fonctionnaires formés aux sciences camérales, administratives et économiques.[10] Cette conception des institutions et de la société[11] est ainsi liée à une critique (implicite) d'un Etat de type

5. C. Beccaria, *Des délits et des peines*, chap.IV, p.153-55.
6. Voir Gian Paolo Massetto, 'Pietro e Alessandro Verri in aiuto di Cesare Beccaria: la risposta alle *Note* del Facchinei', dans *Pietro Verri e il suo tempo*, éd. Carlo Capra, 2 vol. (Bologne, 1999), t.1, p.289-351.
7. Voir, pour un point de vue récent, Marco Nicola Miletti, 'Beccaria e la fondazione della scienza penale: origine settecentesca di un equivoco', *Criminalia: annuario di scienze penalistiche* (2013), p.179-201.
8. Voir Mauro Barberis, 'Cosa resta del sillogismo giudiziale? Riflessioni a partire da Beccaria', *Materiali per una storia della cultura giuridica* 1 (2015), p.163-76.
9. Voir Vincenzo Ferrone, *Storia dei diritti dell'uomo: l'illuminismo e la costruzione del linguaggio politico dei moderni* (Rome et Bari, 2014), p.232-42; Christoph Luther, *Aufgeklärt strafen: Menschengerechtigkeit im 18. Jahrhundert* (Francfort-sur-le-Main, 2016).
10. Voir Cesare Beccaria, 'Piano per la catedra d'economia pubblica, o sia di scienze camerali' (1768), dans *Edizione nazionale delle opere di Cesare Beccaria*, éd. Luigi Firpo et Gianni Francioni, t.3: *Scritti economici*, éd. Gianmarco Gaspari (Milan, 2014), p.55-66 (57): 'On entend par sciences camérales cette partie de la législation et de la politique qui sert à augmenter l'opulence des sujets et de l'Etat, tout en enseignant la plus juste et la plus utile administration des revenus du public et du souverain' ('Per scienze camerali si intende quella parte di legislazione e di politica che serve ad aumentare l'opulenza de' sudditi e dello stato, ed insegna la più giusta e più utile amministrazione delle rendite del pubblico e del sovrano').
11. Telle est la lecture de Beccaria proposée par Philippe Audegean, et qui me paraît très convaincante: voir *La Philosophie de Beccaria: savoir punir, savoir écrire, savoir*

'juridictionnel', fondé sur l'autorité d'un prince qui gouverne grâce aux structures judiciaires, entouré par une élite de nobles jurisconsultes et de hauts magistrats.

Une telle évolution était pourtant délicate et touchait à des thèmes cruciaux et encore très actuels – au-delà de celui des pouvoirs discrétionnaires du juge –, tels que les rapports entre la magistrature et le pouvoir politique et l'indépendance des juges, autant de questions passées sous silence dans les *Délits*, mais aussitôt devenues incontournables dès l'époque des réformes et restées sans solution tout au long du dix-neuvième siècle libéral.

La place centrale du 'pénal', entre droit, économie et 'sciences sociales'

A l'époque de la parution des *Délits*, les souverains de divers pays européens, par exemple dans le royaume de Russie et dans les territoires des Habsbourg, avaient progressivement engagé une réforme des structures judiciaires et gouvernementales qui les transformait de 'rois justiciers' en souverains législateurs.[12] Une quinzaine d'années plus tôt, en juin 1751, dans le 'Discours préliminaire' paru dans le premier tome de l'*Encyclopédie*, D'Alembert disait d'ailleurs déjà à propos de son siècle – de manière presque prémonitoire – qu'il 'se croit destiné à changer les lois en tout genre, et à faire justice'.[13]

On peut dire en effet, de manière synthétique, que la rénovation des structures judiciaires et la réorganisation des procédures qui ont caractérisé les premières réformes du droit et de la justice mises en œuvre au dix-huitième siècle dans les pays de langue allemande

---

produire (Paris, 2010); '*Dei delitti e delle pene*: significato e genesi di un pamphlet giuspolitico', dans *La libertà attraverso il diritto*, p.71-92; 'Cesare Beccaria's *On crimes and punishments*: the meaning and genesis of a jurispolitical pamphlet', *History of European ideas* 43:8 (2017), p.884-97.

12. L'essor progressif de la figure du souverain 'législateur', revendiquée dans un sens réformateur autour de la moitié du dix-huitième siècle, est en réalité beaucoup plus ancien et remonte au moins au seizième siècle. Il n'est pas possible d'en retracer ici les étapes: voir Antonio Padoa Schioppa, *Storia del diritto in Europa: dal medioevo all'età contemporanea* (Bologne, 2007), p.309-28. Voir aussi Jacques Krynen, *L'Idéologie de la magistrature ancienne* (Paris, 2009).

13. Jean D'Alembert, *Discours préliminaire de l'Encyclopédie* (1751), éd. Martine Groult (Paris, 2000), p.119. Voir Luigi Delia, *Droit et philosophie à la lumière de l'Encyclopédie*, Oxford University studies in the Enlightenment (Oxford, Voltaire Foundation, 2015).

d'Europe centrale ont été précédées par une véritable 'transformation' des magistrats en fonctionnaires soumis aux lois et choisis à l'issue d'un concours méritocratique.[14] En réformant les modalités de sélection des magistrats, en réduisant les coûts de la justice, en simplifiant l'administration judiciaire pour bannir les retards de procédure inutiles, les souverains ont peu à peu mis en place un appareil bureaucratique destiné à soutenir la structure gouvernementale. Les juges, en tant que fonctionnaires publics, étaient ainsi invités à appliquer les lois en suivant des procédures rationnelles et efficaces.

Ce sont des réformes de ce type que, à partir des années 1770, Marie-Thérèse s'est efforcée d'introduire en Lombardie autrichienne,[15] avec un succès mitigé, et que Joseph II a imposées de manière autoritaire, sans s'embarrasser de la moindre forme de compromis.[16] A Milan, l'impératrice s'était heurtée à la résistance sourde et acharnée du Sénat, suprême juridiction du duché depuis l'époque de Louis XII,[17] gardien jaloux d'une justice administrée par des pouvoirs arbitraires exercés au nom de l'équité et fondés sur les mécanismes du privilège, des suppliques, des dispenses et du recours continuel au pouvoir 'gracieux' du prince (et du Sénat lui-même qui, pour tout ce qui touche à la justice, représentait le prince en personne).[18] En effet, comme le déplore ironiquement Pietro Verri dans son 'Orazione panegirica

14. Voir en particulier Giovanni Tarello, *Storia della cultura giuridica moderna: assolutismo e codificazione del diritto* (Bologne, 1976), p.223-58; Adriano Cavanna, *Storia del diritto moderno in Europa: le fonti e il pensiero giuridico*, 2 vol. (Milan, 2005), t.2, p.229-314.
15. Voir Carlo Capra, *La Lombardia austriaca nell'età delle riforme (1706-1796)*, 2e éd. (Turin, 1987). Pour l'aspect juridique, voir Adriano Cavanna, 'La codificazione del diritto nella Lombardia austriaca', dans *Scritti (1968-2002)*, 2 vol. (Naples, 2007), t.1, p.463-512; Maria Gigliola di Renzo Villata, 'Giuristi, cultura giuridica e idee di riforma nell'età di Beccaria', dans *Cesare Beccaria tra Milano e l'Europa* (Rome et Bari, 1990), p.225-78.
16. Voir Franco Venturi, *Settecento riformatore*, t.5:1: *L'Italia dei Lumi (1746-1790): La rivoluzione di Corsica; Le grandi carestie degli anni sessanta; La Lombardia delle riforme* (Turin, 1987), p.425-834; Maria Gigliola di Renzo Villata, 'Droit et justice à l'âge des Lumières dans la Lombardie autrichienne', *Etudes sur le XVIIIe siècle* 36 (2008), p.125-48.
17. Voir Ugo Petronio, *Il Senato di Milano: istituzioni giuridiche ed esercizio del potere nel Ducato di Milano da Carlo V a Giuseppe II* (Milan, 1972).
18. Voir Gian Paolo Massetto, *Un magistrato e una città nella Lombardia spagnola: Giulio Claro pretore a Cremona* (Milan, 1985); Annamaria Monti, *I formulari del Senato di Milano (secoli XVI-XVIII)* (Milan, 2001), et *Iudicare tamquam deus: i modi della giustizia senatoria nel Ducato di Milano tra Cinque e Settecento* (Milan, 2003).

sulla giurisprudenza milanese', un texte sarcastique rédigé en 1763, la Lombardie avait alors la chance de disposer d'un corps de juges – autrement dit le Sénat – qui faisaient ce qu'ils voulaient de la loi et avaient pour mission de 'juger des biens, de la vie et de la réputation des citoyens, ou selon la loi, ou contre la loi, ou en dehors de la loi, ou en suivant, ou en ne suivant pas les formalités prescrites par la législation'.[19]

Pietro allait pourtant devoir recourir à ce collège d'insignes patriciens et magistrats, dont son père Gabriele fut un membre éminent,[20] qui réunissait en lui les deux personnes du législateur et du juge et qui jugeait sans jamais justifier ses sentences, en se prenant pour Dieu.[21] Il allait même devoir le faire à plusieurs reprises, au cours de l'interminable procès portant sur des questions d'héritage liées à l'interprétation du fidéicommis familial et à la division des biens ancestraux, qui le vit s'opposer opiniâtrement aux revendications de ses frères cadets.[22] La justice sénatoriale était donc un horizon

19. Pietro Verri, 'Orazione panegirica sulla giurisprudenza milanese', dans *Edizione nazionale delle opere di Pietro Verri*, t.1: *Scritti letterari, filosofici e satirici*, éd. Gianni Francioni (Rome, 2014), p.422-50 (435): 'il giudicare delle sostanze, della vita, della fama de' cittadini o secondo la legge, o contro la legge, o fuori della legge, o seguendo o non seguendo le formalità prescritte dalla legislazione.' Verri se réfère ici au texte des Nouvelles constitutions de 1541, qui contient la législation souveraine en vigueur dans le duché jusqu'en 1786: voir *Constitutiones mediolanensis Dominii* [...] *duodecima editione*, éd. Pio Antonio Mogni Fossati (Milan, J. Marelli, 1764), liv.I, titre *De senatoribus*, p.7-9. Pour un commentaire du dix-septième siècle, voir Angelo Stefano Garoni, *Commentaria in tit. De senatoribus novarum constitutionum status mediolani* (Milan, Philippum Ghisulphium, 1643), liv.I, titre IV; Giulio Cesare Rugginelli, *Tractatus De senatoribus sive commentaria ad novas constitutiones mediolani hoc titulo* (Milan, Carlo Iosephi Quinti, 1697), paragr.I, glos. IV, chap.V, p.98-103.
20. Sur Gabriele Verri, gardien de la tradition juridique locale, voir Maria Gigliola di Renzo Villata, 'Gabriel Verri et la "passion" pour l'histoire du droit en Lombardie', dans *Histoire de l'histoire du droit*, éd. Jacques Poumarède (Toulouse, 2006), p.77-95. Voir aussi Ugo Petronio, 'Un tentativo moderato di codificazione del diritto del processo civile e penale in Lombardia: il "nuovo piano" di Gabriele Verri', dans *La formazione storica del diritto moderno in Europa*, éd. Bruno Paradisi, 3 vol. (Florence, 1977), t.2, p.975-94; Adriano Cavanna, 'Tramonto e fine degli statuti lombardi', dans *Scritti*, t.1, p.439-62.
21. Voir Ugo Petronio, 'Laboratorio per una ricerca: *iudicare tamquam deus* tra teologia e diritto', *Rivista di diritto processuale* 1 (2009), p.103-27.
22. Voir Maria Gigliola di Renzo Villata, 'Verri contro Verri: "una famiglia sbranata pel delirio di pochi anni"', dans *Edizione nazionale delle opere di Pietro Verri*, t.5, *Scritti di argomento familiare e autobiografico*, éd. Gennaro Barbarisi (Rome, 2003), p.651-813.

aussi familier que détesté pour Verri et pour Beccaria qui, parmi les premiers en Europe, concentrèrent leurs sévères condamnations sur le thème du droit et du procès criminel.

Mais lorsque, en février 1786, l'empereur Joseph II mit en œuvre une importante réforme de la jurisprudence qui abolissait le Sénat[23] et qui, l'année suivante, dans l'attente d'une réforme complète de la procédure criminelle, faisait entrer en vigueur une version amendée de la *Constitutio Criminalis Theresiana*,[24] la 'Norma interinale per i processi criminali' (Code provisoire des procès criminels), l'âge d'or de l'Académie des Coups de poing était désormais bien loin.[25] Point de départ plus que point d'arrivée, ce texte unifiait les sources normatives des procès criminels.[26] Tout en confirmant le système inquisitoire et le régime des preuves légales, il abordait le procès pénal dans une nouvelle perspective philosophique et technique. Par exemple, il imposait le principe de légalité tout en rationalisant les procédures, réduisant ainsi les pouvoirs arbitraires des magistrats, désormais soumis à la loi et transformés eux aussi en fonctionnaires publics.[27]

Pour Verri comme pour Beccaria, à la période féconde du *Caffè* avait succédé une longue expérience administrative (et politique) au sein de cette même classe dirigeante qu'ils avaient contribué à

23. Voir l'Edit du 11 février 1786 conservé à Milan, Archivio di Stato, Uffici giudiziari parte antica, cartella 198.
24. Voir Ettore Dezza, 'Il nemico della verità: divieto di difesa tecnica e giudice *factotum* nella codificazione penale asburgica', dans *Riti, tecniche e interessi: il processo penale tra Otto e Novecento*, éd. Marco Nicola Miletti (Milan, 2006), p.14-77 (26-27); Roberto Isotton, *Crimen in itinere: profili della disciplina del tentativo dal diritto comune alle codificazioni penali* (Naples, 2006), p.311-22.
25. Voir Carlo Capra, *I progressi della ragione: vita di Pietro Verri* (Bologne, 2002), p.177-231, et *Gli italiani prima dell'Italia: un lungo Settecento, dalla fine della Controriforma a Napoleone* (Rome, 2014), p.159-76.
26. Sur les normes en vigueur jusqu'alors, voir Ettore Dezza, '"Pour pourvoir au bien de notre justice": legislazioni statali, processo penale e modulo inquisitorio nell'Europa del XVI secolo', *Acta histriae* 10 (2002), p.7-38; Annamaria Monti, 'Constitutiones Dominii mediolanensis, 1541 – Constitutions pour le Milanais (extraits relatifs à la procédure criminelle)', dans *La Procédure et la construction de l'Etat en Europe (XVIe-XIXe siècle)*, éd. Joël Hautebert et Sylvain Soleil (Rennes, 2011), p.423-48.
27. Voir Gabriele Provin, *Una riforma per la Lombardia dei Lumi: tradizione e novità nella 'Norma interinale del processo criminale'* (Milan, 1990). Promulguée à titre provisoire, la 'Norma interinale' devait rester en vigueur en Lombardie pendant vingt ans, d'abord sous les Habsbourg, ensuite durant l'occupation française, républicaine puis napoléonienne, jusqu'en 1807.

renouveler et à laquelle ils étaient enfin parvenus à accéder.[28] A la fin des années 1780 et à la veille de la Révolution française, les difficultés de l'entreprise réformatrice désormais concrètement mise en œuvre, avec son cortège de contradictions et d'inévitables compromis (dont le Code provisoire portait l'empreinte), rythmaient la routine de leur activité institutionnelle.[29]

C'est ainsi que Beccaria, professeur d'économie aux Ecoles palatines de Milan, puis zélé fonctionnaire de l'empire des Habsbourg, devait être désigné par Léopold II comme membre de la commission chargée de rédiger le nouveau code pénal de la Lombardie autrichienne. Siégeant aux côtés de Paolo Risi,[30] il jouissait d'un statut d'intellectuel dont la vaste formation dans le domaine émergent des nouvelles 'sciences sociales' l'avait conduit à placer le droit pénal au cœur de ses réflexions sur les rapports entre la société et l'Etat.[31] Le texte issu des travaux de la commission a été publié et analysé par Adriano Cavanna: achevé en 1792, il est presque contemporain du Code pénal de la France révolutionnaire rédigé par Michel Le Peletier de Saint-Fargeau en 1791.[32] On reconnaît parmi ses sources la doctrine pénale italienne des Lumières, la législation pénale de Toscane (dite 'Leopoldina') de 1786, ainsi bien sûr que le Code pénal autrichien de Joseph II de 1787. La peine de mort est maintenue, bien que pour un nombre limité de cas.[33]

28. Voir Franco Venturi, *Settecento riformatore*, t.1: *Da Muratori a Beccaria* (Turin, 1969), p.645-747; Adriano Cavanna, 'Da Maria Teresa a Bonaparte: il lungo viaggio di Pietro Verri', dans *Pietro Verri e il suo tempo*, t.1, p.105-45; C. Capra, *I progressi della ragione*, p.277-338 et 455-511.
29. Sur la 'transformation de la nature des Lumières' qui fait suite à la Révolution américaine de 1776 et pour une histoire culturelle du dix-huitième siècle, voir Antonio Trampus, 'La traduzione settecentesca di testi politici: il caso della *Scienza della legislazione* di Gaetano Filangieri', *Rivista internazionale di tecnica della traduzione – International journal of translation* 6 (2001), p.19-44.
30. Voir Stefano Solimano, 'Paolo Risi e il processo penale (1766)', dans *Studi di storia del diritto III* (Milan, 2001), p.419-519.
31. Voir Mario Sbriccoli, 'Beccaria ou l'avènement de l'ordre: le philosophe, les juristes et l'émergence de la question pénale', dans *Beccaria et la culture juridique des Lumières*, éd. Michel Porret (Genève, 1997), p.177-87 (179-82). Voir aussi Renato Pasta, 'Beccaria "philosophe": alle origini del diritto penale come "scienza sociale integrata"', *Quaderni fiorentini* 44 (2015), p.897-909.
32. Voir A. Cavanna, *Storia del diritto moderno in Europa*, t.2, p.474-514.
33. Les efforts de Joseph II pour faire appliquer son code pénal en Lombardie n'avaient pas abouti. A sa mort, Léopold II ouvre le chantier d'une codification 'lombarde': voir, notamment pour l'édition de ce projet, Adriano Cavanna, *La codificazione penale in Italia: le origini lombarde* (Milan, 1975).

Du petit livre de 1764, *Des délits et des peines*, ouvrage pionnier sur les principes du droit pénal, aux *Observations sur la torture* de Pietro Verri, enquête historique de dénonciation composée quelques années plus tard,[34] les deux Milanais avaient largement contribué, au gré de leurs vicissitudes personnelles, en jouant des rôles différents et en dépit de leurs divergences, au développement d'un débat à plusieurs voix qui avait porté la question pénale sur le devant d'une scène non seulement lombarde ou italienne, mais cosmopolite et universelle.[35] Et si le renouvellement du droit et de la procédure pénale restait encore à accomplir, ils avaient néanmoins attiré sur eux l'attention générale.

La question de l'arbitraire judiciaire

A l'époque de la rédaction des *Délits*, le jeune Beccaria devait ses connaissances de la justice milanaise non tant à ses études de droit et au doctorat obtenu à l'université de Pavie qu'à l'expérience directe de son ami d'alors, Alessandro Verri, qui effectuait son apprentissage dans les magistratures lombardes en tant que 'protecteur des prisonniers'.[36] Cette amitié lui permit d'entrer au moins partiellement en contact avec la réalité des procès et des prisons de la ville.

Beccaria possédait en outre dans ses archives un exemplaire des 'registres des condamnés'. Ces documents répertoriant la liste des exécutions capitales étaient tenus par les confréries laïques des 'réconforteurs', engagés depuis plusieurs siècles dans la pieuse activité consistant à accompagner vers une bonne mort chrétienne les condamnés au dernier supplice.[37] A Milan, ce rôle était assuré par les

34. Voir Pietro Verri, *Osservazioni sulla tortura*, dans *Edizione nazionale delle opere di Pietro Verri*, t.6, *Scritti politici della maturità*, éd. Carlo Capra (Rome, 2010), p.37-139; Gennaro Barbarisi, 'Introduzione', dans P. Verri, *Osservazioni sulla tortura* (Milan, 1985), p.ix-xliv. Voir aussi Salvatore Veca, 'Cesare Beccaria, *Dei delitti e delle pene* e altre storie', dans *Da Beccaria a Manzoni: la riflessione sulla giustizia a Milano: un laboratorio europeo*, éd. Giorgio Panizza (Cinisello Balsamo, 2014), p.17-27.
35. Voir F. Venturi, *Settecento riformatore*, t.1, p.740: 'La dimension cosmopolite n'est pas accessoire mais essentielle pour comprendre Pietro et Alessandro Verri, Paolo Frisi et, surtout, Cesare Beccaria.'
36. Voir Pierre Musitelli, 'I manoscritti inediti di Alessandro Verri, Protettore dei carcerati (1763-1765)', *Line@editoriale* 2 (2010), p.1-25; *Le Flambeau et les ombres: Alessandro Verri, des Lumières à la Restauration* (Rome, 2016), p.47 et suiv.
37. Voir 'Elenco dei giustiziati 1471-1760', conservé à Milan, Biblioteca Ambrosiana, ms. Becc. B 228. Voir sur ce point Gian Paolo Massetto, 'Aspetti della prassi penalistica lombarda nell'età delle riforme: il ruolo del Senato milanese', dans *Saggi di storia del diritto penale lombardo (secoli XVI-XVIII)* (Milan, 1994), p.331-424;

nobles confrères de saint Jean décollé des Case Rotte. Dès le soir de la veille de l'exécution, ils assistaient les condamnés en les réconfortant par des prières et en les incitant à confesser leurs péchés. Le jour de l'exécution, un frère accompagnait le coupable sur la charrette du bourreau, tout au long de son parcours dans les rues de la ville. Sur l'échafaud, au milieu des cris de la foule, dans un ultime geste de profonde humanité, il tentait de le 'distraire' de ce qui allait lui arriver en le forçant à fixer un crucifix ou une image sainte et en récitant des litanies. Les réconforteurs avaient également pour mission de donner au corps du condamné une sépulture chrétienne et de faire célébrer des messes de prières pour son âme.[38]

Pour qui cherche à reconstituer la vie quotidienne de la justice criminelle 'exhibée' en public qui se profile en toile de fond dans *Des délits et des peines*, l'action des frères consolateurs, continûment exercée du Moyen Age au siècle des Lumières, ne saurait être négligée.[39] Comme l'a montré Adriano Prosperi, la tradition et les rites de ces confréries laïques reflétaient les profondes contradictions des exécutions capitales de l'Europe chrétienne: la grâce s'y mêlait au pardon, la justice divine à l'autorité temporelle.[40] Nicholas Terpstra a également fait observer qu'on pourrait s'interroger sur les effets de longue durée de cet usage enraciné dans les pays catholiques et qui voulait que, avant de commencer leur carrière dans les magistratures locales, les jeunes aristocrates accompagnent pendant deux ans les condamnés à mort sur l'échafaud (pendant que d'autres, tel Alessandro Verri, exerçaient la fonction de 'protecteurs des prisonniers'): pareille expérience, partagée et réitérée pendant des

---

Adriano Cavanna, 'La giustizia penale nella Milano del Settecento: un'occasione di riflessione sulla preistoria dei diritti dell'uomo', dans *Scritti*, t.2, p.657-87; Maria Gigliola di Renzo Villata, 'Storie d'ordinaria e straordinaria delinquenza nella Lombardia settecentesca', *Acta histriae* 15:2 (2007), p.521-64.

38. Voir Serafino Biffi, *Sulle antiche carceri di Milano e del Ducato milanese e sui sodalizj che vi assistevano i prigionieri ed i condannati a morte* (Milan, 1884); Italo Mereu, *La pena di morte a Milano nel secolo di Beccaria* (Vicence, 1988); Danilo Zardin, 'Carità e mutua assistenza nelle confraternite milanesi agli inizi dell'età moderna', dans *La carità a Milano nei secoli XII-XV*, éd. Maria Pia Alberzoni et Onorato Grassi (Milan, 1989), p.281-300.

39. Sur le recul de la conception chrétienne de la mort au dix-huitième siècle, voir Philippe Audegean, 'Introduction', dans Giuseppe Pelli, *Contre la peine de mort* (ms. 1760), éd. Philippe Audegean (Paris, 2016), p.xii.

40. Voir Adriano Prosperi, 'Il sangue e l'anima: ricerche sulle compagnie di giustizia in Italia', *Quaderni storici* 51 (1982), p.959-99; *Delitto e perdono: la pena di morte nell'orizzonte mentale dell'Europa cristiana, XIV-XVIII secolo* (Turin, 2013).

siècles, n'a-t-elle pas créé les conditions idéales du succès remporté par les *Délits*?[41]

Comme on l'a souligné, ce livre contient toutefois quelque chose de plus qu'une critique, même radicale, du système en vigueur: il tend en effet à une véritable refondation non seulement des relations entre l'Etat et l'individu, mais aussi de la conception même de l'Etat et de la société. On saisit mieux l'ampleur de ce projet lorsque Beccaria désigne les rapports d'égalité entre les hommes et l'utilité commune comme les fondements de la justice humaine et laïque qui doit prendre forme dans le syllogisme judiciaire.[42] Toute référence à la religion et au transcendant est dès lors condamnée comme superstitieuse et proscrite de son idée de justice.[43] Peut-être peut-on faire l'hypothèse que le Milanais – tout comme d'autres philosophes – ouvre ici la voie à l'aspiration jacobine et révolutionnaire selon laquelle le but du juriste est de devenir inutile. Cette aspiration devait se développer dans le contexte français où, dans la seconde moitié du dix-huitième siècle, les efforts pour réformer la justice, jusqu'à l'extrême et ultime tentative du chancelier de Maupeou,[44] s'étaient tous heurtés à l'opposition des magistrats des parlements, qui comptaient parmi les plus hauts représentants des 'corps intermédiaires'.[45]

Le projet de Beccaria consistait sans nul doute à combattre les anciens privilèges au nom de la liberté individuelle: 'Etatiste et utilitariste, le projet beccarien d'efficacité punitive visant à la certitude pénale était fondamentalement égalitaire.' Comme le fait encore remarquer Mario Sbriccoli, qui met ainsi en lumière cet aspect décisif – le plus 'politique', au sens large – du 'moment Beccaria', les *Délits* placent la 'question pénale' au centre des processus de réforme de la société: 'Beccaria réalise que le système pénal reflète l'organisation politique' comme '*terrain* du conflit entre autorité et liberté'.[46]

41. Voir Nicholas Terpstra, 'Introduction: the other side of the scaffolds', dans *The Art of executing well: rituals of execution in Renaissance Italy*, éd. Nicholas Terpstra (Kirksville, MO, 2008), p.7-9 (8-9).
42. Voir encore récemment Luigi Ferrajoli, 'L'attualità del pensiero di Cesare Beccaria', *Materiali per una storia della cultura giuridica* 1 (2015), p.137-61.
43. Voir Michel Porret, *Beccaria: le droit de punir* (Paris, 2003), p.53-56.
44. Voir Jean Pierre Royer *et al.*, *Histoire de la justice en France*, 4e éd. (Paris, 2010), p.182; Hervé Leuwers, *La Justice dans la France moderne: du roi de justice à la justice de la nation (1498-1792)* (Paris, 2010), p.193. Voir aussi Jean-Luc A. Chartier, *Justice, une réforme manquée 1771-1774: le chancelier de Maupeou* (Paris, 2009), p.32.
45. Voir F. Venturi, *Settecento riformatore*, t.1, p.742.
46. M. Sbriccoli, 'Beccaria ou l'avènement de l'ordre', p.178, 179 (c'est M. Sbriccoli

On ne saurait toutefois passer sous silence le fait que, dans le milieu judiciaire de l'époque, peuplé de juristes accusés (le plus souvent à juste titre) de conservatisme, des critiques souvent sévères et acérées étaient formulées contre le système pénal en vigueur. Ces critiques concernaient particulièrement la douceur des peines et l'usage modéré du recours aux pratiques inhumaines adoptées dans les procès, telles que la torture. Ces résistances et ces projets de réforme s'exprimaient cependant le plus souvent sous la forme d'une interprétation différente des règles traditionnelles. En l'occurrence, face aux pouvoirs discrétionnaires et interprétatifs du juge, on tentait surtout de prévenir et d'empêcher les abus du pouvoir arbitraire: c'est en effet sur l'*arbitrium* des magistrats qu'était fondé le fonctionnement quotidien de la plupart des systèmes juridiques de l'Europe continentale depuis le Moyen Age.[47] L'*arbitrium* fournissait aux juges de l'Ancien Régime un instrument hautement technique destiné à garantir une sorte de 'légalité' avant la lettre. Son emploi obéissait à des règles précises et son champ d'application était très diversifié. Il était toujours lié au principe d'équité, élaboré lui aussi à l'époque médiévale, tout comme le système déjà évoqué des preuves légales et des peines arbitraires.[48]

Il faut d'ailleurs rappeler que la justice du temps de Beccaria se présentait comme un ensemble stratifié d'ordres composites et 'pluriels'. Les juges étaient confrontés à de multiples sources du droit: ordonnances royales ou lois princières, droits locaux, coutumes, usages, arrêts des cours souveraines, pratiques judiciaires, sans oublier le droit romain et le droit canonique, qui ne figuraient certes pas au dernier rang de ces sources et qui étaient toujours interprétés par l'intermédiaire des opinions de la doctrine savante. Les pouvoirs arbitraires du magistrat étaient jugés indispensables pour trancher les cas concrets en choisissant la solution la plus adaptée dans ce dédale de normes de provenances (et de valeurs) différentes.

Beccaria envisageait au contraire un système juridique très différent, simplifié, fondé sur la loi et non sur la jurisprudence. Aussi se désintéressait-il des aspects techniques de l'*arbitrium*, qu'il se bornait à

---

qui souligne). A titre d'exemple sur les débats ultérieurs, voir Jean-Christophe Gaven, *Le Crime de lèse-nation (1789-1791): histoire d'une invention juridique et politique* (Paris, 2016).

47. Voir Giorgia Alessi Palazzolo, *Prova legale e pena: la crisi del sistema tra evo medio e moderno* (Naples, 1979).

48. Voir Massimo Meccarelli, *Arbitrium: un aspetto sistematico degli ordinamenti giuridici in età di diritto comune* (Milan, 1998). Voir aussi les textes réunis dans *From the judge's arbitrium to the legality principle*, éd. G. Martyn, A. Musson et H. Pihlajamäki.

condamner et à rejeter. Or, il semble que c'est justement sur le terrain technique de l'arbitraire judiciaire qu'on peut mesurer la divergence des attitudes et des idées entre Beccaria et les juristes professionnels de son temps. En tant qu'experts en droit pénal et procédure pénale, ces derniers condamnaient eux aussi les abus faits par les magistrats de leurs pouvoirs arbitraires et discrétionnaires. Il suffit de rappeler que, dans de nombreux tribunaux, le système des preuves légales (ainsi que la torture) tendait à disparaître sous l'effet du recours à l'évaluation 'arbitraire' des indices qui, dans certaines cours suprêmes – comme le Sénat de Milan – pouvait aller jusqu'à entraîner une condamnation à mort.[49] Juger arbitrairement de la valeur des indices *usque ad mortem* devenait ainsi le symbole d'une manière de procéder qui, bafouant les règles de procédure, était injuste. On constate en réalité que, d'un point de vue purement technique, en 'additionnant' les indices pour parvenir à un verdict de culpabilité en l'absence d'une preuve pleine, les juges d'Ancien Régime frayaient le chemin de l'intime conviction et de la libre évaluation des preuves.[50] Mais ils ne le faisaient certes pas dans le cadre d'un procès égalitaire garantissant les droits de l'innocence et de la défense et c'est pourquoi leur attitude était considérée comme un abus à réprimer.[51] Peut-être peut-on alors parler d'approches différentes qui poursuivaient toutes une même fin: apporter une solution aux maux les plus évidents qui affligeaient la justice pénale du temps[52] et dont témoignaient désormais de célèbres affaires judiciaires qui secouaient 'l'opinion publique' alors en voie de formation.[53]

Dans ce moment-clé de la réflexion sur le droit de punir et ses applications inauguré par le petit chef-d'œuvre de Beccaria, le pénal

49. Voir Adriano Cavanna, 'La conscience du juge dans le *stylus iudicandi* du Sénat de Milan', dans *La Conscience du juge dans la tradition juridique européenne*, éd. Jean-Marie Carbasse et Laurence Depambour-Tarride (Paris, 1999), p.229-62.

50. Sur ces mécanismes, voir Isabella Rosoni, *Quae singula non prosunt collecta iuvant: la teoria della prova indiziaria nell'età medievale e moderna* (Milan, 1995).

51. Voir Bernard Durand, *Arbitraire du juge et consuetudo delinquendi: la doctrine pénale en Europe du XVIe au XVIIIe siècle* (Montpellier, 1993); 'Royal power and its legal instruments in France, 1500-1800', dans *Legislation and justice*, éd. Antonio Padoa Schioppa (Oxford, 1997), p.291-312.

52. Voir Alejandro Agüero et Marta Lorente, 'Penal Enlightenment in Spain: from Beccaria's reception to the first criminal code', dans *The Spanish Enlightenment revisited*, éd. Jesús Astigarraga, Oxford University studies in the Enlightenment (Oxford, Voltaire Foundation, 2015), p.235-64 (235-40).

53. Voir Sarah Maza, *Private lives and public affairs: the causes célèbres of prerevolutionary France* (Berkeley, CA, 1993).

devenait un lieu de rencontre entre la science juridique et la science politique, entre la pratique judiciaire, l'économie, la philosophie et la morale.[54] La figure du juriste côtoyait celle du philosophe versé dans de nouveaux savoirs, au premier rang desquels trônaient les sciences économiques naissantes: l'ambition du philosophe était alors probablement de se substituer intégralement au juriste, mais ce ne fut concrètement pas possible. Dans des espaces contigus et en diverses occasions étaient traités et approfondis des thèmes d'ordre théorique et philosophique qui ne pouvaient pourtant se passer du technicisme juridique. Le terrain occupé en commun rendait les affrontements inévitables, comme il rendait également possibles les laborieux 'progrès'.

Je voudrais citer au moins un auteur qui, de ce point de vue, me paraît exemplaire: il s'agit de Daniel Jousse.[55] Certes, Jousse se range immédiatement et résolument aux côtés de Muyart de Vouglans parmi les adversaires de Beccaria; et dans son célèbre *Traité de la justice criminelle de France* publié en 1771, il ne propose ni de réformer, ni de modifier l'administration complexe de la justice française. Cependant, il a joué un rôle remarquable en contribuant à systématiser les rouages confus et dispersés de la machine judiciaire criminelle.

Conseiller au présidial d'Orléans, Jousse vécut et se forma dans un environnement provincial mais cultivé, ouvert aux idées jansénistes. Il entretint des rapports cordiaux avec le plus illustre de ses concitoyens, Robert-Joseph Pothier. Membre d'un corps privilégié de magistrats royaux qui ne le cédaient dans la hiérarchie des juridictions qu'aux parlements, dont il défendit du reste les intérêts, il se passionna pour l'astronomie, pour les belles-lettres et, comme Beccaria, pour les mathématiques. Il était surtout un profond connaisseur du procès et des règles techniques de procédure, capables selon lui de répondre au besoin social de justice. Son métier de juge lui laissait beaucoup de temps libre qu'il employait en s'adonnant à l'écriture. Il se concentra en particulier sur la rédaction d'importants ouvrages juridiques, comme son traité déjà cité sur la justice criminelle, ses commentaires sur les ordonnances de Louis XIV, sur la procédure civile et criminelle, sur le commerce. Ecrivain prolifique, il se montrait soucieux d'offrir au public une mise en forme ordonnée et systématique des lois en vigueur.

54. Voir Michel Porret, 'Introduction: le moment Beccaria', dans *Cesare Beccaria: la controverse pénale, XVIIIe-XXIe siècle*, éd. Michel Porret et Elisabeth Salvi (Rennes, 2015), p.15-38.

55. Je renvoie aux articles réunis dans *Daniel Jousse: un juriste au temps des Lumières (1704-1781)*, éd. Corinne Leveleux-Teixeira (Limoges, 2007).

Ses ouvrages de droit, très techniques, pouvaient cependant se révéler utiles à un plus vaste public de lecteurs non juristes.[56]

Jousse fit de la justice pénale son terrain d'élection. Pour lui aussi, le moment le plus délicat et le plus crucial du 'métier' de juge était celui du verdict, une fois close la phase de l'instruction, lorsque les magistrats, à la lumière des indices et des preuves rassemblées, devaient prononcer la sentence et infliger une peine, selon les lois en vigueur et les pratiques reçues. L'objet principal de la justice étant 'de conserver les particuliers dans la possession paisible de leurs biens, de réprimer les entreprises injustes et d'assurer l'honneur et la vie des innocents injustement opprimés', il estimait 'très important que ces magistrats soient éclairés, pour pouvoir prononcer une peine légitime et qui soit proportionnée au crime et à la preuve'.[57]

Sa conception du droit pénal n'était cependant pas compatible avec la théorie de Beccaria. Jousse considère en effet qu'il est aisé de porter remède aux maux de la justice française: il suffit pour cela de réprimer les abus commis par les magistrats, ignorants des règles en vigueur, sans subvertir le moins du monde l'ordre établi. En dépit de sa référence à la proportionnalité des peines, il a ainsi aussitôt et durablement été stigmatisé comme l'épigone d'une justice inhumaine et injuste, de Dupaty dans son *Mémoire justificatif pour trois hommes condamnés à la roue* de 1786[58] à Michel Foucault.[59] Ses réflexions le rapprochent néanmoins non seulement des philosophes, mais aussi de la nouvelle génération de praticiens du droit – avocats et magistrats – qui, soucieux de réformer le procès pénal, critiquaient la trop grande latitude offerte aux juges par l'arbitraire judiciaire. Il s'agit d'auteurs désormais bien connus de l'historiographie, comme les Italiens Luigi Cremani, Filippo Maria Renazzi et Tommaso Nani.[60] On pourrait

56. Voir Nicole Dyonet, 'Daniel Jousse dans son temps (1704-1781)', dans *Daniel Jousse: un juriste au temps des Lumières*, éd. C. Leveleux-Teixeira, p.17-31.
57. Daniel Jousse, *Traité de la justice criminelle de France*, 4 vol. (Paris, Debure, 1771), préface, t.1, p.vii, xiv. Voir Antoine Astaing, 'Le refus du dogmatisme et du pyrrhonisme: la preuve pénale dans le *Traité de la justice criminelle de France* (1771)', dans *Daniel Jousse: un juriste au temps des Lumières*, éd. C. Leveleux-Teixeira, p.71-83.
58. Voir Charles-Marguerite-Jean-Baptiste Mercier Dupaty, *Mémoire justificatif pour trois hommes condamnés à la roue* (Paris, Philippe-Denys Pierres, 1786).
59. Voir Michel Foucault, *Surveiller et punir: naissance de la prison* (Paris, 1975), p.39-46.
60. Voir notamment Ettore Dezza, *Accusa e inquisizione: dal diritto comune ai codici moderni* (Milan, 1989), et *Tommaso Nani e la dottrina dell'indizio nell'età dei Lumi* (Milan, 1992).

enfin mentionner les préoccupations du chancelier d'Aguesseau,[61] dont le parcours a récemment été analysé en parallèle à celui de Montesquieu.[62]

Jousse n'est donc pas un réformateur. Fin connaisseur de la tradition juridique d'Ancien Régime, il expose avec rigueur et clarté le fonctionnement de l'administration judiciaire, qui appartient d'abord et avant tout au roi. Ses écrits sont appréciés et largement diffusés parmi les praticiens du droit. Mais aux yeux de quiconque se situe dans la lignée de Beccaria et envisage la nécessité d'une subversion complète des fondements du droit de punir, le magistrat d'Orléans ne peut manquer de devenir une cible privilégiée, voire un bouc émissaire. De son côté, le juge royal Jousse critique expressément l'homme des Lumières Beccaria. Le 'moment Beccaria' fut en effet un âge de tensions et de conflits particulièrement vifs. Or, ce sont aussi ces affrontements entre visions et mentalités différentes, entre des hommes aux compétences et aux capacités différentes, qui ont porté la question pénale sur le devant de la scène.[63]

En relisant les pages de Daniel Jousse pour ce qu'elles représentent, on se rend parfaitement compte en somme de la complexité – horizontale et verticale – des systèmes judiciaires d'Ancien Régime. Les problèmes concrets liés par exemple à l'appréciation des indices et des preuves, que les tribunaux devaient chaque jour affronter à tous les niveaux de l'échelle hiérarchique, pouvaient s'avérer difficiles à surmonter: d'où l'indéniable utilité d'ouvrages comme le *Traité* du conseiller d'Orléans, dont le but était bien de mettre de l'ordre dans les lois, les usages et les pratiques.

De nombreuses études ont montré d'autre part que ces travaux, qui dressent un état des lieux du droit en vigueur, devaient se révéler très utiles pour les codificateurs du dix-neuvième siècle, et pas seulement dans le domaine pénal. La première tâche des codificateurs a en effet consisté à 'simplifier': du point de vue technique, la codification du droit a essentiellement été une grande œuvre de simplification. La '*médiation juridique*' des juristes traditionnels était à ce titre indispensable, pour

61. Voir Jeanne-Marie Tuffery-Andrieu, *La Discipline des juges: les Mercuriales de Daguesseau* (Paris, 2007).

62. Voir Isabelle Brancourt, 'D'Aguesseau et Montesquieu: influence réciproque ou parallélisme concurrent?', dans *(Re)lire L'Esprit des lois*, éd. Catherine Volpilhac-Auger et Luigi Delia (Paris, 2014), p.177-94.

63. Voir Annamaria Monti, 'Le rôle et les pouvoirs du juge dans l'œuvre de Daniel Jousse', dans *Daniel Jousse: un juriste au temps des Lumières*, éd. C. Leveleux-Teixeira, p.33-70.

citer encore une fois Mario Sbriccoli.[64] Je ne me réfère évidemment pas aux fondements idéaux et politiques des codes. Ce que je veux mettre en lumière est le rôle, politique lui aussi, des règles techniques, surtout dans le domaine de la procédure: derrière chaque terme procédural établi par le législateur – derrière chaque étape de la procédure – se cachent en effet, aujourd'hui encore, des choix qui ne sont pas neutres, bien que, dans leur dimension politique, ils ne soient le plus souvent compréhensibles qu'aux techniciens du procès, c'est-à-dire les juristes experts. L'héritage du passé se révèle ainsi toujours très instructif.

Considérations conclusives

Le 'moment Beccaria' a souvent été désigné comme un moment de rupture radicale avec l'ancien droit et de fondation d'un nouveau droit pénal. On peut toutefois aussi le considérer comme un moment de 'confluences' diverses qui ont mêlé leurs cours dans les premières codifications pénales modernes. Cette vision des choses invite alors à retracer la physionomie élargie d'un débat sur la justice criminelle auquel ont participé non seulement les intellectuels de la nouvelle génération, mais aussi les juristes de la tradition ancienne. La critique du système pénal en vigueur, qui devait devenir un leitmotiv des Lumières dans 'l'après-Beccaria', a aussi été le fait de juristes 'non éclairés' (c'est-à-dire hostiles ou étrangers au mouvement des Lumières): l'espace de la discussion est plus large et plus complexe qu'on ne le pensait peut-être. Or, s'il est un lieu où l'on perçoit clairement la complexité de ce mouvement de doctrines et de pratiques, c'est bien dans les débats théoriques et dans les choix concrets portant sur les pouvoirs interprétatifs du juge. On ne parle plus en effet d'*arbitrium*: le terme, jugé désuet, renvoie désormais à un monde 'autre' et ancien qu'on veut dépasser.

J'ai ainsi rappelé que les magistrats des cours souveraines, à l'époque de Beccaria et dans le cadre d'une procédure inquisitoire et secrète, ouvrent la voie à l'intime conviction en faisant sauter le verrou des preuves légales. Montesquieu avait lui aussi parlé d'intime conviction, mais à propos du jury anglais et dans le cadre d'un système accusatoire. Quelques années plus tard, en Italie, Filangieri élabore ses

64. M. Sbriccoli, 'Beccaria ou l'avènement de l'ordre', p.182 (c'est M. Sbriccoli qui souligne). Voir aussi Maria Gigliola di Renzo Villata, 'Quale scienza penale? Prima e dopo Beccaria', dans *Dei delitti e delle pene a 250 anni dalla pubblicazione: la lezione di Cesare Beccaria* (Milan, 2015), p.133-63.

'règles de jugement', à mi-chemin entre les preuves légales et l'intime conviction. De l'autre côté des Alpes, Robespierre, lecteur assidu de Filangieri, anime le débat des assemblées révolutionnaires en faveur de l'introduction du jury en France, en tentant lui aussi d'imposer une forme de compromis entre l'oralité et l'écriture dans le procès avec jury. Jusqu'aux dispositions du Code Merlin de l'An III sont alors introduites bien d'autres transformations portant sur le système d'évaluation des preuves et sur les pouvoirs conférés au juge.[65] C'est encore à partir du 'moment Beccaria' que, dans le monde des Habsbourg, on assiste à des choix différents qui poursuivent néanmoins des buts analogues: on préfère ici refonder le système des preuves légales en revenant à sa vocation originaire en faveur des droits de l'innocence et de la défense.[66] Qu'on pense enfin, à titre d'exemple, aux réformes introduites en Italie au début du dix-neuvième siècle[67] ainsi qu'à la pratique des tribunaux, où l'on peut observer un véritable 'laboratoire' expérimental du droit pénal et de la procédure pénale.[68]

Tout est ainsi né des discussions soulevées à l'époque cruciale des *Délits*. Or, il ne me semble pas, encore aujourd'hui, que nous soyons parvenus à des solutions complètement satisfaisantes, du moins en Italie. Le débat reste donc d'actualité: notre monde vit un moment de forte présence, sur la scène juridique et aussi politique, de la magistrature et de l'élément judiciaire au sens large. Entre le juge et le législateur, la balance paraît pencher du côté du premier et le débat à plusieurs voix sur les pouvoirs interprétatifs du juge continue, non sans difficulté, à être alimenté. Nul ne doute désormais qu'il s'agit d'une question 'interdisciplinaire' qui concerne à la fois le droit, la politique, la société et l'économie. La spéculation philosophique n'est enfin pas la dernière à faire de ce thème un terrain d'élection.

65. Voir Antonio Padoa Schioppa, *La giuria penale in Francia: dai 'philosophes' alla Costituente* (Milan, 1994); Paolo Alvazzi del Frate, 'Interpretazione giudiziale e Illuminismo da Beccaria al *Code civil*', dans *Attualità e storicità del 'Dei delitti e delle pene' a 250 anni dalla pubblicazione*, éd. Giovanni Rossi et Francesca Zanuso (Naples, 2015), p.75-93.
66. Voir Paolo Rondini, *Ex sententia animi tui: la prova legale negativa nell'età della codificazione* (Milan, 2012).
67. Je renvoie aux études d'Ettore Dezza: voir en particulier *Il Codice di procedura penale del Regno Italico (1807): storia di un decennio di elaborazione legislativa* (Padoue, 1983).
68. Voir Massimo Nobili, *Il principio del libero convincimento del giudice* (Milan, 1974); Paolo Ferrua, *Oralità del giudizio e letture di deposizioni testimoniali* (Milan, 1981).

Réforme juridique, réforme politique: le jury populaire chez Beccaria, Condorcet et Bentham

EMMANUELLE DE CHAMPS

Ce chapitre se propose d'examiner la façon dont *Des délits et des peines* a contribué à infléchir les débats européens autour d'une question très précise, celle du jury populaire.

Il est vrai que ce n'est pas sur ce point que Beccaria est le plus novateur: il ne consacre qu'un seul chapitre à la question, dans lequel il reprend essentiellement les préconisations de Montesquieu. Pourtant, entre la parution de *L'Esprit des lois* en 1748 et les années 1780, l'approche philosophique du jury et de son rôle dans les procédures pénales et civiles connaît une évolution notable, bien qu'éphémère. En effet, dans *Des délits et des peines* et au moment de sa première réception, à la fonction historique du jury, qui est d'assurer l'impartialité de l'institution judiciaire, s'ajoute l'idée que cet outil peut également permettre de résoudre les problèmes posés par le caractère incertain des décisions de justice en augmentant la probabilité de rendre un verdict conforme aux faits.

Pour comprendre cette mutation, il faut élargir la focale au niveau européen en comparant les préconisations de Beccaria avec celles de deux autres réformateurs qui font partie de ses premiers lecteurs: Condorcet en France et Bentham en Angleterre. En effet, ils partagent avec lui une réflexion probabiliste sur cette institution et la développent au cours des années 1780. Pourquoi étudier conjointement ces trois figures des Lumières? De trois nationalités différentes, le Milanais, le Français et l'Anglais vivent et écrivent dans des contextes juridiques et politiques distincts. Pourtant, leurs réflexions sur le jury pendant la décennie qui précède la Révolution française sont très proches. Elles s'inscrivent dans un débat qui dépasse les cadres nationaux et veut asseoir la légitimité d'une approche philosophique du droit dont la vocation serait universelle.

Ce moment est pourtant éphémère, car la composition et la fonction du jury populaire sont redéfinies dès 1789. Les révolutionnaires français mettent en avant non plus le rôle du jury dans la caractérisation des faits, mais plutôt son caractère démocratique, en tant qu'expression de la voix du peuple au sein même de l'institution judiciaire et comme contrepoids nécessaire à l'exercice du pouvoir des juges professionnels. En quoi le traitement du jury populaire par Beccaria, Condorcet et Bentham au cours des années 1760-1780 correspond-il à un moment particulier dans l'histoire de la réflexion sur le jury populaire en Europe?

Les philosophes et la réforme juridique

Nés entre 1738 et 1748, Jeremy Bentham, Nicolas de Condorcet et Cesare Beccaria appartiennent à la même génération des secondes Lumières qui trouve en Voltaire et D'Alembert des modèles. Tous trois reprennent à leur compte une même ambition réformatrice et croient au pouvoir émancipateur de l'écriture. Beccaria décrit sa 'conversion philosophique' comme une prise de conscience des possibilités de changement ouvertes par les idées. En 1763, il écrit à l'un de ses proches: 'Mais j'ai acheté des livres, de nouvelles idées et des vues philosophiques que je te communiquerai bientôt se sont réveillées en moi. Elles m'ont agité l'esprit et ont ôté ce calme fatal qui engourdissait toutes les facultés de mon esprit.'[1] En 1776, les premières lignes du *Fragment sur le gouvernement* de Bentham trahissent le même frémissement: 'The age we live in is a busy age; in which knowledge is rapidly advancing towards perfection. [...] Correspondent to discovery and improvement in the natural world, is reformation in the moral.'[2] Et tous deux d'ouvrir leur premier ouvrage publié par un appel à l'utilité comme principe

1. Cesare Beccaria, lettre à Giambattista Biffi, vers le 20 juin 1763, dans *Carteggio*, 1e partie: *1758-1768*, éd. Carlo Capra, Renato Pasta et Francesca Pino Pongolini, dans *Edizione nazionale delle opere di Cesare Beccaria*, éd. Luigi Firpo et Gianni Francioni, t.4 (Milan, 1994), p.77: 'Ma ho comperato dei libri, mi si sono risvegliate delle nuove idee e delle viste filosofiche che ti communicherò in breve. Queste mi hanno agitato la mente e tolta quella calma fatale che intorpidiva le facoltà della mia mente.' Pour la traduction française, voir Cesare Beccaria, *Des délits et des peines*, éd. Philippe Audegean (Lyon, 2009), p.33.
2. Jeremy Bentham, *A Fragment on government*, dans *A Comment on the Commentaries and A Fragment on government*, éd. James Henderson Burns et Herbert Lionel Adolphus Hart (Oxford, 2008), p.391-551, 'Preface', p.393.

directeur: le but de la réforme est le plus grand bonheur du plus grand nombre.[3] Il ne s'agit pas d'une coïncidence: l'ampleur de la dette de Bentham envers Beccaria est désormais bien connue, tout comme la façon dont l'Anglais entend pousser plus loin la réflexion utilitariste de celui qu'il reconnaît comme son prédécesseur.[4] Quant à Condorcet, s'il ne publie pas de texte programmatique comparable, il fait entendre des accents similaires dans son discours de réception à l'Académie française en 1782. Comme Beccaria et Bentham, il compare les progrès des sciences de la nature à ceux des sciences morales et partage le même optimisme: 'Ces sciences, presque créées de nos jours, dont l'objet est l'homme même, dont le but direct est le bonheur de l'homme, n'auront pas une marche moins sûre que celle des sciences physiques; et cette idée si douce, que nos neveux nous surpasseront en sagesse comme en lumières, n'est plus une illusion.'[5]

Cette approche, qu'ils partagent avec bien d'autres philosophes des Lumières, s'ancre pour ces trois auteurs dans une entreprise plus générale, celle de poser les fondements d'une étude scientifique des faits sociaux et moraux – en d'autres termes, d'une véritable 'science de l'homme' – dont la méthodologie est héritée de l'empirisme lockéen. Avec Helvétius, qui pose méthodologiquement l'égalité de tous les individus au sein de la société et affirme le primat de certains traits psychologiques essentiels de la nature humaine, cette ambition s'étend à la morale: 'J'ai cru qu'on devait traiter la morale comme toutes les autres sciences, et faire une morale comme une physique expérimentale', affirme-t-il dans la préface de *L'Esprit*, paru en 1758.[6] Ce projet s'accompagne de recommandations méthodologiques: une telle étude ne pourra se faire qu'à l'aide d'outils adaptés, notamment ceux du calcul mathématique. Helvétius précise: 'si presque toutes

3. Voir Cesare Beccaria, *Des délits et des peines*, 'Introduction', p.143; J. Bentham, *A Fragment on government*, 'Preface', p.393.
4. Voir Herbert Lionel Adolphus Hart, 'Bentham and Beccaria', dans *Essays on Bentham: studies in jurisprudence and political theory* (Oxford, 1982), p.40-52; Cyprian Blamires, 'Beccaria et l'Angleterre', dans *Beccaria et la culture juridique des Lumières*, éd. Michel Porret (Genève, 1997), p.69-81; Emmanuelle de Champs, 'Bentham et l'héritage de Beccaria: du *Projet d'un Corps complet de législation* aux *Traités de législation civile et pénale*', dans *Cesare Beccaria: la controverse pénale, XVIIIe-XXIe siècle*, éd. Michel Porret et Elisabeth Salvi (Rennes, 2015), p.99-110.
5. Jean-Antoine-Nicolas de Caritat, marquis de Condorcet, 'Discours de réception à l'Académie française' (21 février 1782), dans *Œuvres de Condorcet*, éd. Arthur Condorcet O'Connor et François Arago, 12 vol. (Paris, 1847-1849), t.1, p.389-415 (392).
6. Claude-Adrien Helvétius, *De l'esprit* (Paris, 1988), 'Préface', p.9.

nos vérités se réduisent à des probabilités, quelle reconnaissance ne devrait-on pas à l'homme de génie qui se chargerait de construire des tables physiques, métaphysiques, morales et politiques, où seraient marqués avec précision tous les divers degrés de probabilité, et par conséquent de croyance qu'on doit assigner à chaque opinion?'[7]

Beccaria, Condorcet et Bentham discutent plus ou moins ouvertement les thèses d'Helvétius, dans un contexte où ses textes sont encore soumis à la censure et taxés de matérialisme. Beccaria se défend ostensiblement de tout soupçon d'irréligion dans son avertissement 'au lecteur', mais reconnaît ce qu'il doit à Helvétius dans la lettre qu'il adresse à Morellet en 1766.[8] Quatre ans plus tard, face aux critiques de Turgot, Condorcet doit préciser en quoi son approche se distingue de l'utilitarisme d'Helvétius.[9] Bentham fait également un usage prudent des références à l'auteur de *L'Esprit* en dissimulant une partie des emprunts qu'il lui fait.[10] Pointer ici les références à Helvétius permet de caractériser une attitude partagée par les trois auteurs: la foi en la possibilité d'asseoir une science de l'homme sur la compréhension des mécanismes de la nature humaine et le recours au calcul comme instrument privilégié de cette science.

Beccaria, suivi en cela par Bentham et Condorcet, applique cette méthode à la sphère des institutions judiciaires. Avec *L'Esprit des lois*, Montesquieu a mis la question de la réforme juridique au centre des débats philosophiques des Lumières. En acceptant un autre postulat important d'Helvétius, selon lequel les individus sont mus par des principes psychologiques identiques et doivent à ce titre être considérés comme égaux, Beccaria donne à la réflexion sur le droit la possibilité de s'appuyer sur des principes universels et ainsi de dépasser le cadre national. Dans sa préface 'au lecteur', il oppose ainsi d'emblée le 'sillon tracé par les siècles les plus barbares', dont les coutumes guident encore

7. C.-A. Helvétius, *De l'esprit*, discours 1, chap.I, n.e, p.19. Pour le développement d'une approche probabiliste dans la science de l'homme au dix-huitième siècle, voir Keith Michael Baker, *Condorcet: raison et politique*, traduit par Michel Nobile (Paris, 1988), p.169-344.
8. Voir Gianni Francioni, 'Beccaria, philosophe utilitariste' (1990), dans *Le Bonheur du plus grand nombre: Beccaria et les Lumières*, éd. Philippe Audegean, Christian Del Vento, Pierre Musitelli et Xavier Tabet (Lyon, 2017), p.23-44.
9. Voir K. M. Baker, *Condorcet*, p.282-86.
10. Voir Frederick Rosen, 'Helvétius, the Scottish Enlightenment, and Bentham's idea of utility', dans *Classical utilitarianism from Hume to Mill* (Londres, 2003), p.82-96; Emmanuelle de Champs, *Enlightenment and utility: Bentham in France/Bentham in French* (Cambridge, 2015), p.41-45.

la procédure judiciaire, à la vérité universelle de l'analyse philosophique des lois.[11] Quinze ou vingt ans plus tard, dans un brouillon de lettre destinée au grand-duc Léopold de Toscane, Bentham reconnaît que c'est bien dans cette universalisation de la réflexion sur le droit que réside l'apport majeur de Beccaria:

> M. le M[arquis] Beccaria, mon très honoré maître, dont à 400 lieues de distance je me fais gloire d'être l'élève, seul auteur à qui on peut penser à cette occasion, [...] a écrit sans système et sans pénétrer dans les détails. Lui excepté, tout ce qu'on nomme juriste, homme de loi, etc., etc., ne font que compiler et interpréter, tout cela sans penser à ce qu'il est souhaité qu'elles puissent être, ne s'appliquant aux lois que pour enseigner ce qu'elles sont.[12]

Le *Traité des délits et des peines*, traduit en français, devient un manuel susceptible de guider la réforme dans des pays de traditions juridiques distinctes. C'est à ce titre que l'abbé Morellet justifie ses interventions sur le texte d'origine: 'Nous en avions le droit, parce qu'un livre où l'on plaide si éloquemment la cause de l'humanité appartient désormais au monde et à toutes les nations.'[13] Au-delà d'un éloge éloquent et un peu vague, Morellet affirme le caractère universel de l'ouvrage et prépare par sa traduction dans la langue véhiculaire du dix-huitième siècle les conditions d'une réception mondiale. Désormais adoubé par les philosophes, Beccaria devient citoyen du monde. En 1768, Condorcet se fait l'écho de ce compliment classique lorsqu'il s'enquiert auprès de Paolo Frisi des prochains travaux du Milanais: 'M. le marquis de Beccaria ne se prépare-t-il pas à donner quelque chose? L'accueil que son livre a reçu des gens de lettres et l'enthousiasme qu'il a excité dans toutes les belles âmes devraient bien l'encourager. Il s'occupe d'une manière trop généralement utile pour n'être point comptable à l'humanité de tous ses moments.'[14] Après la publication des *Délits et des peines* et plusieurs scandales judiciaires qui ont largement fait réagir les philosophes à la suite de Voltaire – Condorcet prend ainsi la plume pour défendre le chevalier de La Barre[15] –, la réforme du droit devient

11. C. Beccaria, *Des délits et des peines*, 'Au lecteur', p.137.
12. Fonds Bentham, University College London, carton 169, f.20. Original en français.
13. André Morellet, 'Préface du traducteur', cité dans Philippe Audegean, 'Introduction', dans C. Beccaria, *Des délits et des peines*, p.64.
14. Condorcet, lettre à Paolo Frisi, 9 février 1768, lettre inédite recensée par l'Inventaire Condorcet, collection particulière (orthographe modernisée).
15. Voir par exemple Condorcet, 'Lettre d'un gentilhomme picard à M. l'évêque

une préoccupation centrale. Ainsi, Condorcet s'attelle à la rédaction d'un texte sur les lois criminelles (qui ne sera publié qu'après sa mort) et se réclame directement de ses illustres prédécesseurs:

> Plein des principes lumineux qui brillent dans l'ouvrage de Montesquieu et de Rousseau, ayant à côté de moi le *Traité des délits et des peines*, je ne fais que me traîner sur leurs traces et appliquer aux lois françaises les principes généraux qu'ils ont pensés dans la nature de l'homme et dans la constitution des Etats. Je n'ai pas les talents de ces grands hommes, mais je me sens leur zèle et j'aurai le même courage.[16]

Tout au long des années 1780, la réforme juridique est un enjeu majeur sur la scène philosophique européenne. En 1786, le nouveau code criminel du grand-duché de Toscane, dit la 'Léopoldine', abolit la torture, la mutilation et la peine de mort, entérinant l'influence des arguments de Beccaria.[17] En 1786, Condorcet rédige une analyse critique de ce texte à l'attention du comte de Durfort.[18] A la même époque, dans son 'Projet d'un corps complet de législation' inédit, Bentham examine dans son français imparfait les nouveaux codes en vigueur dans les monarchies éclairées: en Toscane, bien sûr, mais aussi en Lombardie, en Corse et en Autriche.

En regardant conjointement la façon dont ces trois philosophes abordent la question du jury populaire entre la fin des années 1760 et les années 1780, on peut amorcer une analyse comparative de trois auteurs qui partagent à la fois une partie de leur héritage philosophique et des ambitions concrètes orientées vers une réforme du droit européen. Les limites d'une telle comparaison sont évidentes: le thème choisi, le jury populaire, est loin d'être le fil directeur de leurs pensées et tous trois n'y ont consacré que des écrits ponctuels, sans faire toujours explicitement référence aux travaux des deux autres.

---

d'Amiens' (1781), dans *Almanach anti-superstitieux et autres textes*, éd. Anne-Marie Chouillet et Henri Duranton (Paris, 1992), p.165-81.

16. Condorcet, 'Série de fragments faisant partie d'un manuscrit sur les lois criminelles', dans Mario Da Passano, 'La giustizia penale e la riforma leopoldina in alcuni inediti di Condorcet', *Materiali per una storia della cultura giuridica* 5 (1975), p.415-22 (419).
17. Voir Yves Cartuyvels, *D'où vient le code pénal? Une approche généalogique des premiers codes pénaux absolutistes au XVIIIe siècle* (Paris et Bruxelles, 1996), p.205.
18. Voir Condorcet, 'Nottes remises par Monsieur le marquis de Condorcet au comte Louis de Durfort sur le Code criminel publié à Florence le 30 novembre 1786', dans M. Da Passano, 'La giustizia penale e la riforma leopoldina in alcuni inediti di Condorcet', p.422-43.

Pourtant, cette étude croisée permet de retrouver la spécificité de leurs arguments, d'en préciser les enjeux et de faire obstacle à des lectures trop linéaires de leurs idées juridiques.

Jury populaire et calcul des probabilités

Le jury populaire est une institution fondamentale de la procédure anglaise. Mentionné par la Grande Charte de 1215, le droit d'être jugé par ses pairs est appliqué la même année aux procès civils et criminels. Dans l'histoire politique du pays, la présence du jury est vue comme un rempart nécessaire contre l'arbitraire royal et comme la garantie d'un jugement équitable. Pourtant, au dix-huitième siècle, dans la pratique, la fonction politique dont il était doté à l'origine est souvent perdue de vue, la procédure étant devenue routinière. Les jurés populaires interviennent au civil comme au pénal. Dans la procédure criminelle, un *grand jury* se prononce d'abord sur la mise en accusation, mais il s'agit généralement d'une simple formalité. Puis, lors du procès, le *petty jury*, composé de douze jurés, se prononce sur les faits en rendant un verdict de 'coupable' ou 'non coupable'. Ces douze jurés sont tirés au sort parmi une liste de quarante-huit noms d'hommes âgés de vingt-et-un à soixante-dix ans, résidant dans la circonscription judiciaire et dont le revenu annuel dépasse dix livres (ce qui correspond environ au tiers le plus riche de la population, comprenant ainsi des fermiers, des commerçants et des artisans). Dans son recrutement social, selon les termes de John Langbein, le jury n'est 'ni aristocratique ni démocratique'. Si l'accusé a effectivement le droit de récuser vingt jurés sur les quarante-huit, il n'exerce ce droit qu'exceptionnellement. Au cours d'une procédure essentiellement orale, le jury entend les témoignages et examine les preuves qui lui sont présentées. Il rend alors son verdict à l'unanimité. Selon les historiens du droit, le jury travaille à cette époque en bonne intelligence avec le juge – peu de cas de conflits sont recensés. Le jury a principalement le pouvoir de requalifier le délit afin qu'il emporte une sentence différente: dans un système où les vols de biens d'une valeur supérieure à une livre sterling sont encore passibles de la peine capitale, le jury redéfinit la valeur du vol selon une fiction largement acceptée, ce qui permet de faire appliquer une peine moins sévère.[19]

19. Voir John H. Langbein, 'The English criminal trial jury on the eve of the French Revolution', dans *The Trial jury in England, France, Germany 1700-1900*, éd. Antonio Padoa Schioppa (Berlin, 1987), p.14-39. Pour une explication des

Ainsi, dans la procédure anglaise, la mission politique du jury s'est considérablement affaiblie entre le treizième siècle et la fin du dix-huitième siècle, où il ne constitue plus qu'un rouage dans l'administration d'une justice qui mêle les professionnels et les non-professionnels du droit. C'est bien ce caractère spécifique du jury populaire anglais que remarque Montesquieu dans la section qu'il consacre à 'la constitution de l'Angleterre'. En dépersonnalisant l'expression de la loi, la présence d'un jury populaire renforce la puissance abstraite de la justice:

> La puissance de juger ne doit pas être donnée à un sénat permanent, mais exercée par des personnes tirées du corps du peuple dans certains temps de l'année, de la manière prescrite par la loi, pour former un tribunal qui ne dure qu'autant que la nécessité le requiert.
>
> De cette façon, la puissance de juger, si terrible parmi les hommes, n'étant attachée ni à un certain état, ni à une certaine profession, devient, pour ainsi dire, invisible et nulle. On n'a point continuellement les juges devant les yeux; et l'on craint la magistrature, et non pas les magistrats.[20]

Reconnaissant ainsi la valeur d'une justice qui n'est pas confisquée par les juristes, Montesquieu fait plusieurs recommandations inspirées à la fois de la pratique antique et de celle de l'Angleterre: que les jurés soient 'de même condition' que l'accusé et que ce dernier puisse en récuser certains.

Pas plus que chez Montesquieu, la question du jury populaire ne constitue le cœur de l'argument de Beccaria. En effet, ce n'est que dans la 'troisième' édition (la deuxième était une contrefaçon) qu'est ajouté le chapitre qui le concerne, l'omission ayant été remarquée par des lecteurs de la première édition.[21] Il semble sur ce sujet suivre fidèlement les recommandations de Montesquieu. Il réclame que le choix des jurés, qu'il nomme 'assesseurs du juge principal', réponde à plusieurs conditions: ils doivent être tirés au sort, pour moitié parmi les pairs de l'accusé, pour moitié parmi ceux de la victime, l'accusé conservant la possibilité de récuser certains d'entre eux. Sur la mise

---

procédures de la cour criminelle de Londres, voir www.oldbaileyonline.org/static/Trial-procedures.jsp.

20. Montesquieu, *L'Esprit des lois*, éd. Robert Derathé, 2 vol. (Paris, 2011), XI.6, t.1, p.170.
21. Voir Antonio Padoa Schioppa, *La giuria penale in Francia: dai 'philosophes' alla Costituente* (Milan, 1994), p.20.

en pratique, Beccaria reste vague: quel doit être le nombre des jurés? Doivent-ils rendre un verdict unanime?

Pourtant, ces recommandations s'inscrivent dans un raisonnement distinct de celui de Montesquieu. Là où Montesquieu justifiait cette institution en mettant en avant l'impartialité d'une justice sans visage – ou, en tout cas, qui ne soit pas exercée strictement par un corps professionnel déterminé par ses propres intérêts –, Beccaria met au centre de sa réflexion la question de la certitude concernant les faits commis. Dans *Des délits et des peines*, le jury populaire est mentionné au chapitre XIV ('Indices et formes des jugements'), qui fait suite à celui qui est consacré aux témoins et aux témoignages. De façon significative, les questions de probabilité, de certitude et d'incertitude sont au centre de ces deux chapitres et découlent de l'affirmation selon laquelle 'pour mériter une peine, [les délits] doivent être certains'.[22] Il s'agit donc de créer les conditions pour que ceux qui sont amenés à juger puissent avoir une 'certitude morale' que les faits ont ou n'ont pas été commis par le prévenu. Quel type de certitude peut-on atteindre dans une situation où les preuves peuvent être insuffisantes et les témoignages contradictoires?

> prise à la rigueur, la certitude morale n'est qu'une probabilité, mais une probabilité telle qu'elle est appelée une certitude, parce que tout homme de bon sens y consent nécessairement, par l'effet d'une coutume née de la nécessité d'agir et antérieure à toute spéculation [...]. C'est pourquoi je tiens pour excellente la loi établissant que les assesseurs du juge principal sont tirés au sort et non choisis, parce que plus sûre est dans ce cas l'ignorance qui juge par sentiment que la science qui juge par opinion.[23]

Cette affirmation se veut paradoxale. Mais l'opposition établie par Beccaria entre 'l'ignorance qui juge par sentiment' et 'la science qui juge par opinion' semble constituer un artifice rhétorique. En effet, il ne s'agit pas tant de donner une prime à l'ignorance que de créer les conditions d'une prise de décision correcte dans un cas d'incertitude. Il convient donc de comprendre la relation qui unit la 'certitude morale', la 'probabilité' et le 'sentiment'. Par 'sentiment', Beccaria fait référence à l'opinion morale tirée de l'habitude et de la nécessité de trancher. Comme il le précise, cette opinion est une probabilité qui se présente comme une certitude. On retrouve ainsi en matière

22. C. Beccaria, *Des délits et des peines*, chap.XIV, p.183.
23. C. Beccaria, *Des délits et des peines*, chap.XIV, p.183-85.

morale un dispositif que Beccaria avait déjà mis au jour dans la sphère politique lorsqu'il affirmait qu'à 'l'exactitude mathématique il faut substituer dans l'arithmétique politique le calcul des probabilités'.[24] Le Milanais n'est pas mathématicien et n'aborde pas les modalités de ce calcul; pourtant, il est clair que le jury populaire intervient dans une situation où la question de la probabilité occupe une place centrale. Ce 'bon sens' dont les jurés, en tant que non techniciens du droit, sont censés être les garants, est une réponse à l'incertitude.

La position de Beccaria se comprend mieux lorsqu'on la compare avec celle de Condorcet. Ce dernier se penche sur la question du jury en 1771 lors d'un échange épistolaire avec Turgot à propos de la justice criminelle en France.[25] Dans ses lettres, Condorcet défend l'appel au jury pour rétablir la confiance du peuple dans la justice, suivant en cela Montesquieu et Beccaria. Il faut lutter non seulement contre l'arbitraire, mais aussi contre la suspicion d'arbitraire. Dans sa dernière lettre, il aborde la question sous l'angle des probabilités, une démarche qu'il approfondit une quinzaine d'années plus tard dans l'*Essai sur l'application de l'analyse à la probabilité des décisions rendues à la pluralité des voix* (1785). Suivant un mouvement amorcé par Beccaria, Condorcet pose la question du jury en ces termes: comment maximiser la probabilité que la justice rende une décision conforme à la réalité des faits?

En mathématicien, Condorcet part du postulat que les jurés expriment leur opinion avec honnêteté et sont en mesure de formuler une 'intime conviction' à propos des faits. Lorsqu'on pose à des gens de bonne foi une question fermée, comme 'l'accusé est-il coupable ou innocent des faits qui lui sont reprochés?', la probabilité que leur réponse soit conforme aux faits est d'une sur deux. Comment augmenter ce ratio? Condorcet définit pour cela un protocole. D'abord, il faut demander aux jurés de choisir une position parmi les trois suivantes: (1) l'accusé est coupable; (2) l'accusé est innocent; (3) les faits ne permettent pas de se prononcer. Il est également nécessaire de réunir les deux conditions suivantes: (1) les jurés doivent être égaux en rang et éclairés; (2) la décision collective doit être prise à la majorité simple en matière civile et à celle des deux tiers en matière pénale. Condorcet s'oppose à la recherche de l'unanimité pour des raisons méthodologiques: il importe que ce soit l''intime conviction' qui s'exprime lors du vote; or, requérir l'unanimité contraindrait certains

24. C. Beccaria, *Des délits et des peines*, chap.VI, p.161.

25. Voir Condorcet, *Arithmétique politique: textes rares ou inédits (1767-1789)*, éd. Bernard Bru et Pierre Crépel (Paris, 1994), p.41 et suivantes.

jurés à se rallier à une opinion majoritaire contraire à la leur. L'idéal, ajoute-t-il, serait de les choisir par tirage au sort; mais, dans le texte de 1785, Condorcet fait le constat que l'état de l'instruction ne le permet pas encore, c'est-à-dire que, pour la majorité du peuple, la probabilité qu'un individu exprime une opinion conforme à la vérité est encore inférieure à une sur deux.[26]

Si, en France comme en Italie, la discussion sur le jury populaire reste entièrement théorique, en Angleterre il s'agit de prendre position sur une institution existante. Dans ses manuscrits des années 1780, Bentham se garde bien de donner en exemple la procédure de son pays. Comme Beccaria et Condorcet, il inscrit plus largement la question du jury dans la discussion sur la procédure la plus à même d'aboutir à un verdict correspondant effectivement à la réalité. Comment établir les faits avec certitude? Dans le passage qu'il consacre à cette question dans son manuscrit des années 1780, il cite le philosophe français à l'appui de son développement, ajoutant cette remarque en marge: 'Condorcet, n'est-il pas vrai? Dans la morale comme dans la physique, enfin partout où peut se prononcer la conjecture, tout se réduit à la comparaison des chances.'[27] Pourtant, contrairement au Français et au Milanais, Bentham ne pense pas qu'un jury populaire soit en mesure d'optimiser les chances de véracité. Au contraire, au lieu de multiplier les avis ou de faire intervenir des citoyens pour faire contrepoids au juge, Bentham propose un système simplifié de procédure, sur le modèle de la justice 'domestique' où un juge unique arbitre en bon père de famille, sans s'encombrer des règles de procédure et d'exclusion des preuves qui alourdissent les tribunaux anglais. Selon Bentham, l'objet principal de la procédure est de rendre un jugement rapide, simple, tout en étant en cohérence avec les faits supposés. Ce n'est pas au jury qu'il confie cette mission, mais aux règles de procédure qui président à la présentation des preuves. Plusieurs années plus tard, sa position est résumée par Etienne Dumont dans les *Principes du code pénal*:

> Un crime a-t-il été commis? Il est de l'intérêt de la société que le magistrat chargé de le punir en soit informé, et informé de manière à être autorisé à infliger la peine. Allègue-t-on qu'un crime a été commis? Il est de l'intérêt de la société que la vérité ou la fausseté

26. Voir Condorcet, *Essai sur l'application de l'analyse à la probabilité des décisions rendues à la pluralité des voix* (Paris, Imprimerie royale, 1785), 'Discours préliminaire', p.cxl-cxli.
27. Fonds Bentham, University College London, carton 51, f.320. Original en français.

> de cet allégué soit mise en évidence. Ainsi, les règles du témoignage et les formes de la procédure doivent être telles que d'un côté elles admettent toute information vraie, et que de l'autre elles excluent toute information fausse, c'est-à-dire, tout ce qui offrirait plus de chance de tromper que d'éclairer.
>
> La nature a mis devant nos yeux un modèle de procédure. Qu'on regarde ce qui se passe dans le tribunal domestique; qu'on examine la conduite d'un père de famille avec ses enfants, ses domestiques, ceux dont il est chef. On y retrouvera les traits originaux de la justice, qu'on ne reconnaît plus après qu'ils ont été défigurés par des hommes incapables de discerner la vérité ou intéressés à la déguiser.[28]

La solution envisagée par Bentham exclut l'appel à un jury populaire et repose sur une réforme totale du système juridique anglais: des lois écrites, un juge unique, une procédure rapide. Mais il répond explicitement au même problème, celui de la difficulté d'établir les faits.

Ainsi, au cours des décennies qui précèdent la Révolution, Beccaria, Condorcet et Bentham partagent une approche spécifique: il ne s'agit pas pour eux de défendre le 'modèle anglais' ni d'assurer l'exercice de la souveraineté populaire, mais plutôt de définir des règles de procédure qui augmentent la probabilité que les décisions de justice soient conformes à la réalité des faits. De façon caractéristique, cet arbitrage repose sur une réflexion probabiliste. Le jury populaire n'est donc pas vu principalement comme une institution qui exprime la voix du peuple, c'est-à-dire comme un contre-pouvoir politique dans la procédure judiciaire. A une époque où, dans les pays européens, les décisions de justice sont empreintes d'une grande technicité qui les rend inaccessibles aux non-juristes, il s'agit de revenir à un exercice de la justice en prise avec la réalité des faits passés.

La rupture révolutionnaire

Pourtant, indépendamment de cette réflexion philosophique autour du jury, plusieurs événements viennent à la fin des années 1780 remotiver la fonction politique du jury populaire. En Angleterre, depuis les années 1760, les idées des démocrates radicaux tombent régulièrement sous le coup des lois contre les libelles séditieux. Lors des procès, on ne reconnaît aux jurés que le droit de se prononcer

28. Jeremy Bentham, *Traités de législation civile et pénale*, éd. Malik Bozzo-Rey, Anne Brunon-Ernst et Emmanuelle de Champs (Paris, 2010), p.372.

sur les faits (les textes incriminés ont-ils été publiés?) et non sur le fond (ces textes constituent-ils des libelles?). En 1785, l'avocat Thomas Erskine est engagé par la Society for Constitutional Information pour défendre William Shipley, accusé d'avoir réédité un texte appelant à la réforme parlementaire. Au terme de plusieurs procès en appel, c'est enfin une loi parlementaire qui vient en 1792 reconnaître le droit des jurés à se prononcer sur la qualification des faits.[29] A la même période, la jeune Amérique inscrit le droit à être jugé par un 'jury impartial' lors des procès criminels dans le sixième amendement à la Constitution, adopté en 1789. En France, dès le début de la Révolution, la réflexion philosophique sur le droit prend une direction nouvelle: il est désormais impossible de penser la réforme juridique indépendamment de la réforme politique. C'est ainsi sur la base de l'affirmation de la souveraineté populaire que la Constituante proclame l'institution du jury dans la procédure criminelle en 1790. Dans son discours, le député Adrien Duport rappelle qu'il s'agit bien pour le peuple d'exercer directement sa souveraineté dans la branche judiciaire contre le despotisme du gouvernement et des juges. Sur le modèle anglais, deux types de jurys sont ainsi créés: un jury d'accusation (qui sera supprimé sous le Directoire) et un jury de jugement.[30]

Beccaria reste en retrait des événements politiques français et n'apportera pas son soutien à la Révolution. Il revient pourtant à la question de la réforme pénale en 1787 et en 1792, dans le cadre de ses travaux au sein de la commission chargée de réformer la législation criminelle de l'Etat de Milan, mais ne traite pas de la question du jury populaire, qui ne figure d'ailleurs pas dans la Léopoldine. A l'inverse, Condorcet et Bentham sont, de façons différentes, directement impliqués dans les débats révolutionnaires français. Bentham consacre une partie importante de son temps à rédiger des projets et des analyses à destination des révolutionnaires entre 1789 et 1791[31] et Condorcet s'illustre dans les débats politiques nationaux.[32] Les propositions de

29. Sur cet épisode judiciaire et sa portée politique, voir Anthony Page, 'The dean of St Asaph's trial: libel and politics in the 1780s', *Journal for eighteenth-century studies* 32:1 (2009), p.21-35.

30. Voir A. Padoa Schioppa, *La giuria penale in Francia*, p.163-71.

31. Voir Jeremy Bentham, *Rights, representation, and reform: nonsense upon stilts and other writings on the French Revolution*, éd. Philip Schofield, Catherine Pease-Watkin et Cyprian Blamires (Oxford, 2002); Philip Schofield, *Utility and democracy: the political thought of Jeremy Bentham* (Oxford, 2006), p.78-108; E. de Champs, *Enlightenment and utility*, p.93-127.

32. Voir K. M. Baker, *Condorcet*, p.345-445.

Bentham et de Condorcet sur le jury populaire s'infléchissent de façon significative après 1789, sous la pression des idées démocratiques et républicaines portées par la Révolution.

En 1790, au cours des débats portant sur la réforme de la justice civile, Condorcet propose que les jurés soient provisoirement élus parmi les juristes; puis, dans le 'Projet de constitution française' qu'il défend en 1793, il met en place un système qui renforce leurs pouvoirs. Les jurés sont à présent élus à l'issue d'un scrutin nominatif et non tirés au sort. La capacité d'élire les jurés est ainsi mise sur le même plan que celle d'élire les représentants. Les jurés sont désormais chargés de faire entendre la voix du peuple lors des procès.[33] On peut voir dans cette proposition l'une des marques de la transition progressive de Condorcet vers le républicanisme politique.[34]

Si, dans les années 1780, Bentham n'hésitait pas à faire entendre ses objections contre le principe d'un jury populaire, il réintroduit cette institution dans les procès criminels en appel (mais pas en première instance) lorsqu'il adresse ses projets à la France révolutionnaire, se montrant ainsi soucieux d'adapter ses projets à un champ politique profondément reconfiguré. Ses propositions portent la marque des débats antérieurs: Bentham combine tirage au sort parmi les citoyens et récusation par les deux parties pour parvenir à douze jurés. De façon plus originale, il instaure des pénalités financières importantes si l'un d'entre eux se dérobe et met en place une rotation obligatoire (un même juré ne peut pas siéger dans des affaires différentes). Le jury juge sur le fait par un vote secret. L'acquittement requiert la simple majorité et l'accusation la majorité absolue.[35] En 1790, il fait circuler ces propositions en faisant imprimer en anglais le *Draught of a code for the organization of the judicial establishment in France.* Etienne Dumont résume en français l'essentiel des propositions de Bentham et pointe les différences principales avec les propositions du Comité de législation.

33. Condorcet, 'Projet de constitution française', dans *Œuvres de Condorcet*, éd. A. Condorcet O'Connor et F. Arago, t.12, p.423-501 (423).

34. Voir Calogero Alberto Petix, 'Vers le républicanisme: l'évolution de la pensée politique de Condorcet à la lumière de sa correspondance inédite avec Brissot', dans *La Correspondance de Condorcet: documents inédits, nouveaux éclairages – engagements politiques, 1775-1792*, éd. Nicolas Rieucau, Annie Chassagne et Christian Gilain (Ferney-Voltaire, 2014), p.63-81.

35. Voir Jeremy Bentham, *Draught of a code for the organization of the judicial establishment in France*, dans *The Works of Jeremy Bentham*, éd. John Bowring, 11 vol. (Edimbourg, 1838-1843), t.4, p.285-406 (303-304).

A propos des jurys populaires, on comprend que la proposition de Bentham n'est qu'une concession:

> 12°. *L'établissement des jurés.* – Le Comité en fait un article fondamental de la Constitution: il a en sa faveur l'opinion générale et des raisons qui ne manquent pas de force. Je ne donne des jurés que dans les cas où l'on en demande, selon des règles que je prescris: cette institution, admirable dans des temps barbares, n'est pas propre à un âge éclairé; nécessaire en Angleterre dans l'état actuel des choses, c'est un remède utile contre des inconvénients particuliers, qui heureusement ne peuvent plus avoir lieu en France. Les raisons sur lesquelles je fonde cette opinion seront amplement déduites dans l'ouvrage.[36]

Bentham reste en fait très hostile à cette institution, comme il l'exprime sans relâche dans ses écrits postérieurs à 1800. En 1808, il s'oppose à une réforme qui introduirait des jurés dans la procédure civile écossaise: il rejette alors explicitement l'approche probabiliste de Condorcet.[37] A un moment où sa défiance vis-à-vis du pouvoir de verrouillage des élites politiques augmente, Bentham explique que le rapport de forces fait du jury un instrument manipulable à volonté par les juges qui détiennent les connaissances techniques sur le droit. Son opposition croissante au jury est directement liée à son travail sur les preuves: il en vient à considérer que les règles d'exclusion sont le produit de l'intérêt corrompu des juges et des avocats. Il pointe aussi le nombre de situations où il est impossible à des jurés de se faire une conviction. Il fait ainsi une critique virulente du système anglais, où les jurés sont des marionnettes entre les mains du juge. A partir de 1809, il rejette de plus en plus violemment le recours aux jurys populaires dans les procès criminels en dénonçant 'a rottenness in one of the most important organs of the body politic, *viz.* Jury trial'.[38] Cette conclusion

36. Jeremy Bentham, *Organisation du pouvoir judiciaire: vue sommaire des différences les plus remarquables entre le projet du Comité et le projet anglais, dont l'auteur, Mr. Bentham, a fait hommage à l'Assemblée nationale*, éd. Etienne Dumont (s.l. [Paris], s.d. [1790]), p.2.
37. Voir Jeremy Bentham, *Scotch reform*, dans *The Works of Jeremy Bentham*, éd. J. Bowring, t.5, p.1-53 (19): il tourne en dérision 'a sort of axiom – that if in any instance the ends of judicature failed of being fulfilled, it was for want of a sufficiently great multitude of Judges. We have a book [...], on this subject, by *Condorcet*: a quarto volume with 460 well-filled pages in it: all algebra, all demonstration; and his axiom (p.24) the basis of it.'
38. Jeremy Bentham, *The Elements of the art of packing, as applied to special juries* (1821), dans *The Works of Jeremy Bentham*, éd. J. Bowring, t.5, p.61-186 (163).

pessimiste fait état de l'influence continue des intérêts des puissants sur la formation du jugement de la majorité.

Dans la France d'après 1815, où le Code d'instruction criminel napoléonien de 1808 a confirmé la place du jury, cette question est devenue partie intégrante de la doxa libérale. Bentham bataille alors avec ses proches sur la question, notamment avec son traducteur Etienne Dumont.[39] Enfin, dans les textes des années 1820, et notamment les manuscrits consacrés à la rédaction d'un code de procédure, il adopte une position médiane. Il refuse toujours de donner au jury populaire un rôle déterminant dans la procédure, mais met en place un 'quasi-jury', ou jury 'sans pouvoir' ('unimpowered'), purement consultatif pour les procès en appel. Mais ce faisant, il fait de cette institution un organe politique, une expression de l'opinion publique, et de son pouvoir un pouvoir symbolique – tout en lui refusant tout pouvoir juridique.[40] Les travaux postérieurs de Bentham sont intéressants car ils montrent comment la réflexion autour du jury populaire doit arbitrer entre plusieurs contraintes: coût et rapidité des procédures, certitude portant sur les faits et prise en compte de la représentation populaire. La question est donc loin d'être univoque.

Ainsi, le débat sur les jurys ne se résume pas à la question de la souveraineté populaire dans la sphère juridique. Beccaria, Condorcet et Bentham les abordent à la veille de la Révolution sous un jour différent, comme un moyen de mettre en œuvre une conception moins technique du droit, et s'interrogent sur la mission première du jury: rendre un verdict sur les faits. Il y a un moment original dans la réflexion européenne sur les jurys populaires: avant 1789, ce débat n'est pas principalement un débat politique. Il faut donc se garder des lectures téléologiques de la pensée de ces trois auteurs, dont les positions, comme on l'a vu, sont radicalement reconfigurées par les événements de 1789.

39. Voir Jeremy Bentham, *De l'organisation judiciaire et de la codification*, éd. Etienne Dumont (Paris, 1828), chap.XXVII-XXXI, p.225-26: dans cette édition, Dumont critique ouvertement les positions de Bentham sur le jury.

40. Voir Jeremy Bentham, *Principles of judicial procedure* (ms. 1820-1827), dans *The Works of Jeremy Bentham*, éd. J. Bowring, t.2, p.1-188 (117-60).

Un aspect des discussions beccariennes en Allemagne: la psychologie criminelle de Johann Christian Gottlieb Schaumann

WOLFGANG ROTHER

En 1792, les *Ideen zu einer Kriminalpsychologie* ('Idées d'une psychologie criminelle') de Johann Christian Gottlieb Schaumann paraissent à Halle. Ce livre s'inscrit explicitement dans la lignée de Beccaria. Schaumann clôt ainsi son 'Avis aux lecteurs' par la dernière phrase de l''Introduction' des *Délits*, qu'il cite sans en mentionner l'auteur ni le titre: 'Heureux, si je puis obtenir, comme lui, les secrets remerciements des disciples obscurs et pacifiques de la raison, et si je puis inspirer ce doux frémissement qui est la réponse des âmes sensibles à ceux qui soutiennent les intérêts de l'humanité!'[1] Le concept-clé de cette citation beccarienne – les 'âmes sensibles' – constitue également celui de la psychologie criminelle de Schaumann. Le prévenu, voire le criminel, ont une âme sensible – tout comme le juge d'instruction, que Schaumann qualifie de 'frère'[2] de l'accusé, en faisant appel à sa capacité d'identification.

D'un point de vue systématique, la psychologie criminelle de Schaumann porte sur un point précis du procès pénal: l'information judiciaire, dont l'objectif est de porter au jour la vérité. La psychologie criminelle y est conçue comme une alternative à la torture. Tandis que les défenseurs de cette dernière font valoir qu'un accusé peut être amené à révéler la vérité à coups de menaces et de violence physique, Beccaria a pour sa part prouvé dans le chapitre XVI des *Délits* que la torture n'est pas un moyen approprié pour établir la vérité. En effet, la douleur et le recours à la violence rendent méconnaissable la mimique

1. Cesare Beccaria, *Des délits et des peines*, éd. Philippe Audegean (Lyon, 2009), 'Introduction', p.145, cité en italien dans Johann Christian Gottlieb Schaumann, *Ideen zu einer Kriminalpsychologie* (Halle, Johann Jacob Gebauer, 1792), p.12. Dans sa citation, Schaumann omet 'comme lui' ('com'esso'), qui se réfère à Montesquieu.
2. Voir J. C. G. Schaumann, *Ideen*, p.11: 'Männer, die Ihr zu Richtern Eurer Brüder bestellt seyd.' Les traductions de l'allemand dans ce chapitre sont les miennes. Sauf indication contraire, je reproduis l'italique des textes cités.

du visage, par laquelle la vérité se révèle parfois involontairement.[3] Cette argumentation, que Schaumann reprendra et développera une trentaine d'années plus tard, contient implicitement l'idée d'une psychologie criminelle. Il s'agit d'une science empirique qui vise à une connaissance intime du genre humain et qui réclame de la part du juge qu'il agisse en tant qu'instance morale. Au lieu d'appliquer la violence et la torture, le juge d'instruction, empathique et rompu à la psychologie, cherche à gagner la confiance de l'accusé afin de l'amener à dire la vérité.

C'est la coopération entre jurisprudence et philosophie[4] qui constitue le contexte épistémologique de la psychologie criminelle. Cette coopération a essentiellement été initiée par Beccaria et Karl Ferdinand Hommel:[5] Beccaria a conçu les *Délits* comme une œuvre philosophique et Hommel a considéré le droit pénal comme une discipline qui est à la fois philosophique et juridique.[6] Avec la psychologie criminelle, une discipline supplémentaire s'engage dans la discussion et ouvre de nouvelles perspectives au droit pénal. Cette nouvelle science s'inscrit dans un contexte plus large, les Lumières faisant du droit pénal l'un de leurs principaux champs de bataille: là où l'homme, sa liberté et son bonheur, là où les droits de l'homme et l'humanité sont au centre des préoccupations, là où il s'agit d'étudier et de comprendre ce que c'est que l'homme, c'est forcément son âme qui retiendra toute l'attention.

Etant donné que, jusqu'à présent, les 'Idées d'une psychologie criminelle' n'ont guère attiré l'attention,[7] les pensées et les arguments de Schaumann seront tout d'abord exposés et discutés. On étudiera

3. Voir C. Beccaria, *Des délits et des peines*, chap.xvi, p.195-97.
4. Voir J. C. G. Schaumann, *Ideen*, p.85-86.
5. Sur Hommel, voir Wolfgang Rother, 'Strafrechtsreformdiskussionen in Leipzig: Karl Ferdinand Hommel - "Germanorum Beccaria"', dans *Die Universität Leipzig und ihr gelehrtes Umfeld, 1680-1780*, éd. Hanspeter Marti et Detlef Döring (Bâle, 2004), p.459-86.
6. Voir Wolfgang Rother, *La maggiore felicità possibile: Untersuchungen zur Philosophie der Aufklärung in Nord- und Mittelitalien* (Bâle, 2005), p.228-29.
7. Sur Schaumann, voir Josef Kürzinger, 'Johann Christian Gottlieb Schaumann (1768-1821) und die Anfänge der Kriminalpsychologie in Deutschland', dans *Festschrift für Otto Triffterer zum 65. Geburtstag*, éd. Kurt Schmoller (Vienne et New York, 1996), p.617-28; Wolfgang Rother, 'Johann Christian Gottlieb Schaumann', dans *Grundriss der Geschichte der Philosophie: die Philosophie des 18. Jahrhunderts*, t.5: *Heiliges Römisches Reich Deutscher Nation, Schweiz, Nord- und Osteuropa*, éd. Helmut Holzhey et Vilem Mudroch (Bâle, 2014), p.1286-91; Wolfgang Rother, 'Ein Beitrag zur Humanisierung des Strafprozesses: Johann Christian Gottlieb Schaumanns Ideen zu einer Kriminalpsychologie (1792)', dans *Verbrechen und Strafe*, éd. Josette Baer et Wolfgang Rother (Bâle, 2017), p.179-92.

ensuite quelques aspects de sa théorie, basée sur une vision psychologique de l'information judiciaire et du droit pénal en général, ce qui le conduit, à propos de certains points importants – notamment pour ce qui est de l'appréciation juridique des crimes et du but des peines –, à des conceptions fondamentalement différentes de celles de Beccaria.

La méthode de la psychologie criminelle

Schaumann définit la psychologie criminelle comme 'un système de connaissances psychologiques [...] qui se réfèrent à la nature du crime'. Elle a pour but de 'promouvoir une compréhension approfondie et juste de la nature des crimes', ce but émanant de l'obligation morale et politique de l'Etat à conduire les citoyens à 'la pure moralité et la suprême félicité' et à faire reculer ainsi le nombre des crimes.[8] Elle contient une '*théorie psychologique de la capacité d'agir humaine*' et une '*théorie psychologique des crimes*', sur la base de laquelle Schaumann entend développer 'une *doctrine de la sagesse pratique* et *une morale* à destination du juge'.[9]

La théorie psychologique de la capacité d'agir doit prendre en compte les idées, les penchants et les sentiments, mais aussi les traits de caractère des êtres humains, ainsi que leur sexe. Schaumann consacre une longue note de bas de page à ce dernier point. Le juge doit tenir compte de la différence sexuelle, du fait que les constitutions psychiques des femmes et des hommes ne sont pas les mêmes. C'est pourquoi Schaumann exige un procès pénal qui tienne compte de ces différences. Comme il dénie aux hommes la capacité de 'pouvoir entrer dans l'âme d'une femme', il plaide pour des juges féminins, ou au moins pour la présence de femmes, dans les procès pénaux contre des femmes.[10]

L'objectif de l'information judiciaire est d'élucider les circonstances des délits et de découvrir la vérité. Pour comprendre le délit et l'infracteur, le juge doit se faire une idée de ce dernier – ce pour quoi il doit prendre en considération sa biographie et ses conditions de vie.

8. J. C. G. Schaumann, *Ideen*, p.91-93: 'ein System von psychologischen Kenntnissen [...], die sich auf die Natur der Verbrechen beziehen' (p.91), 'eine gründliche und richtige Einsicht in die Natur der Verbrechen' (p.93), 'der reinen Sittlichkeit und höchsten Glückseligkeit' (p.91).
9. J. C. G. Schaumann, *Ideen*, p.95-99: '*Psychologische Theorie des menschlichen Handlungsvermögens*' (p.95), '*psychologische Theorie der Verbrechen*' (p.98), eine *Klugheitslehre* und *Moral* für den Richter (p.99).
10. J. C. G. Schaumann, *Ideen*, p.97-98: 'sich in die Seele des Weibes hineindenken können' (p.97).

La voie royale menant à la vérité passe par l'aveu, plutôt que par la preuve fondée sur des indices. Un aveu libre ne saurait être extorqué et présuppose que le juge d'instruction gagne la confiance de l'accusé, ce à quoi il ne peut parvenir s'il se définit comme son adversaire ou son ennemi. Schaumann lui demande plutôt de faire preuve d'empathie et de bienveillance. Il doit vouloir que le prévenu soit innocent.[11] Et s'il s'avère qu'il ne l'est pas, la psychologie criminelle permet au juge de mieux comprendre le criminel, qui n'est pas simplement un 'scélérat' doté d'une 'abominable moralité', mais un être humain qu'accable un 'défaut digne de pitié'.[12]

De l'objectif de l'information judiciaire découlent les vertus du juge, à savoir: (1) le '*respect de l'être humain*', qui permet de voir dans l'accusé – indépendamment de sa culpabilité réelle – avant tout un être humain et de 'ne pas méconnaître sa dignité'; (2) la '*philanthropie*', qui permet de conduire le procès avec 'compassion' et de trouver des circonstances atténuantes ou, s'il s'avère que le 'pauvre' est coupable, de procéder à un 'adoucissement des peines'[13] – ce qui va certes dans le sens de Beccaria, qui préconise un tel adoucissement des lois pénales,[14] même si, contrairement à Schaumann, l'auteur italien était très opposé à l'idée que le juge puisse modérer la sanction prévue par les lois;[15] enfin, (3) la '*bienveillance empreinte d'humanité*', qui permet de donner du courage à l'accusé et de gagner sa confiance.[16] Mais en premier lieu, au-delà de ces vertus pratiques, le juge doit faire preuve d'une intime '*connaissance du genre humain*', c'est-à-dire disposer d'un solide savoir psychologique.[17] Dans ce contexte, Schaumann préconise la lecture de l'*Empirische Psychologie* de Carl Christian Erhard Schmid, parue un an avant sa propre *Kriminalpsychologie* de 1792.[18] Cet ouvrage volumineux, qui s'inscrit dans la tradition de la *Psychologia empirica*

11. Voir J. C. G. Schaumann, *Ideen*, p.18-27.
12. J. C. G. Schaumann, *Ideen*, p.103: 'Bösewicht', 'verabscheuungswürdigen Gesinnung', 'mitleidswürdige Schwäche'.
13. J. C. G. Schaumann, *Ideen*, p.28: '*Menschenachtung*, um auch in dem - vermeynten oder wirklichen - Verbrecher den *Menschen* und seine Würde nicht zu verkennen', '*Menschenliebe*, um mit Theilnehmung [...] dem Armen [...] Milderung der Strafe zu verschaffen'.
14. Cf. C. Beccaria, *Des délits et des peines*, chap.XXVII, 'Douceur des peines'.
15. Voir C. Beccaria, *Des délits et des peines*, chap.XLVI, 'De la grâce', p.295-97.
16. J. C. G. Schaumann, *Ideen*, p.29: '*Menschenfreundlichkeit*'.
17. Voir J. C. G. Schaumann, *Ideen*, p.31-32: '*Menschenkenntnis*'; voir aussi p.77-79.
18. Voir Carl Christian Erhard Schmid, *Empirische Psychologie* (Iéna, Cröker, 1791), p.17-19.

(1732) de Christian Wolff, constitue la source la plus importante des théories psychologiques et anthropologiques des 'Idées d'une psychologie criminelle'.

Parmi les devoirs du juge figure premièrement l'impartialité: il doit recueillir des 'informations' et considérer l'objet 'des deux côtés'. Deuxièmement, il doit aborder avec empathie le '*caractère individuel*' de l'accusé: plutôt que de conduire l'interrogatoire suivant un '*système*' ou un '*schème*' préétabli, il doit essayer de suivre le cours des idées de l'accusé.[19] Dans ce contexte, Schaumann cite un passage du chapitre XIV des *Délits* ('Indices, et formes des jugements') où Beccaria fait valoir qu''un simple et ordinaire bon sens' est 'moins fallacieux que le savoir d'un juge habitué à vouloir trouver des coupables, et qui ramène tout à un système factice emprunté à ses études'[20] – ainsi que le commentaire correspondant de Hommel, selon lequel le 'juge de sang' perdra sa 'sensibilité naturelle et innée'.[21] Troisièmement, le juge doit faire attention 'aux prétendues *bagatelles*, aux *remarques accessoires de l'interrogé*', donc 'non seulement au contenu de ses mots', mais aussi 'au son de sa parole, aux diverses modifications du son, à toutes ses mimiques et gesticulations', car cela lui permet de deviner sa vie intérieure.[22] Voilà qui correspond à l'exigence beccarienne de ne pas user de violence dans l'interrogatoire, du fait que celle-ci rend méconnaissables ces subtilités révélatrices.

L'information judiciaire effectuée d'après les méthodes de la psychologie criminelle a pour principe de base la présomption d'innocence, énoncée par Beccaria dans le chapitre des *Délits* sur la torture – principe que Schaumann érige à son tour en maxime heuristique en exigeant que le juge cherche à déterminer non pas la culpabilité, mais l'innocence de l'accusé.[23] Enfin, le juge doit respecter

19. J. C. G. Schaumann, *Ideen*, p.42: 'Data', 'von beiden Seiten', '*nach dem individuellen Character*', 'nach irgend *einem System oder einer positiven Richtschnur*'.
20. C. Beccaria, *Des délits et des peines*, chap.XIV, p.185, cité en italien dans J. C. G. Schaumann, *Ideen*, p.44.
21. Karl Ferdinand Hommel, *Des Herrn Marquis von Beccaria unsterbliches Werk von Verbrechen und Strafen* (Breslau, Johann Friedrich Korn, 1778), p.69, cité dans J. C. G. Schaumann, *Ideen*, p.45 ('Blutrichter', 'natürliche und angebohrne Empfindsamkeit').
22. J. C. G. Schaumann, *Ideen*, p.46: 'auf sogenannte *Kleinigkeiten*, auf *Nebenäusserungen des Inquisiten*', 'nicht blos auf den Inhalt seiner Worte', 'den Ton seiner Sprache, die verschiedenen Modificationen desselben, sein ganzes Minen- und Geberdenspiel'.
23. Voir C. Beccaria, *Des délits et des peines*, chap.XVI, p.191; J. C. G. Schaumann, *Ideen*, p.47 et 55.

les droits de l'homme.[24] Cela implique non seulement l'interdiction de la torture, encore considérée comme nécessaire par Johann Christian Quistorp, un auteur pourtant estimé par Schaumann,[25] mais aussi qu'on n'a plus le droit de soutirer un aveu en recourant à des '*ruses*' – idée qu'on trouve déjà chez Beccaria, qui refusait les questions insinuantes pour les mêmes raisons qu'il refusait la torture.[26]

Un humanisme anti-utilitariste

Schaumann inscrit sa conception de la psychologie criminelle dans le projet global des Lumières, selon lequel il s'agit d'atteindre un stade de '*félicité universelle*'. Pour lui, ce stade de félicité ne saurait être atteint sans la '*connaissance de la nature humaine*', celle-ci constituant le fondement du projet des Lumières dans son ensemble. Elle est dès lors indispensable, notamment pour un juge qui applique dans ses interrogatoires les principes de la psychologie criminelle.[27] Schaumann défend cet eudémonisme des Lumières avec le même pathos humanitariste que Beccaria, ce qui a valu à ce dernier, on le sait, le reproche formulé par Kant de verser dans un 'sentimentalisme compatissant propre à une humanité maniérée'.[28] Cela n'empêche pas le kantien Schaumann de citer l'une des phrases les plus pathétiques des *Délits*. L'idée 'd'adoucir la misère d'un malheureux [...] touche mon cœur trop vivement pour y pouvoir résister: je surmonte tout scrupule', écrit-il avant de citer, sans référence, la phrase: 'les bénédictions, les larmes et les transports de joie d'un seul innocent me consoleraient du mépris des hommes.'[29]

24. Voir J. C. G. Schaumann, *Ideen*, p.51: 'Les droits de l'humanité sont sacrés pour lui: il ne se sent destiné qu'à leur protection et à leur défense.' ('Die Rechte der Menschheit sind ihm heilig: nur zu ihrem Schutz und zu ihrer Vertheidigung hält er sich berufen.')
25. Voir J. C. G. Schaumann, *Ideen*, p.59; Johann Christian Quistorp, *Grundsätze des deutschen Peinlichen Rechts*, t.2 (Rostock et Leipzig, Johann Christian Koppe, 1789), paragr.723, p.1509.
26. J. C. G. Schaumann, *Ideen*, p.54: '*Ablockung*'; voir C. Beccaria, *Des délits et des peines*, chap.XXXVIII, p.277.
27. J. C. G. Schaumann, *Ideen*, p.83: 'der *allgemeinen Glückseligkeit*', '*Erkenntniss der menschlichen Natur*'.
28. Immanuel Kant, *Métaphysique des mœurs*, éd. Alain Renaut, t.2, 1re partie, 'Principes métaphysiques de la doctrine du droit' (Paris, 1994), p.157 (traduction modifiée: 'aus theilnehmender Empfindelei einer affectirten Humanität'). Voir dans le présent volume le chapitre de Pietro Costa, p.65-89.
29. J. C. G. Schaumann, *Ideen*, p.85: 'einem Unglücklichen sein Elend zu mildern [...], spricht zu stark an mein Herz, als dass ich widerstehen könnte: ich erhebe

S'il est vrai que Schaumann développe ses idées de psychologie criminelle dans le sillage de Beccaria, l'approche psychologique de sa pensée pénale, inspirée par les connaissances de la psychologie empirique de Schmid, le conduit à des théories qui diffèrent en des points essentiels de celles de Beccaria. Ainsi, l'humanisme de Schaumann, qui contraste ostensiblement avec l'utilitarisme beccarien, s'explique par son parti pris psychologique. La théorie de Beccaria tout comme celle de Schaumann reposent sur la distinction entre le criminel et le crime. Mais tandis que cette distinction aboutit, chez Beccaria, à une focalisation sur le délit, au point que, pour lui, le dommage infligé à la société constitue l'unique critère permettant d'évaluer juridiquement un crime, Schaumann place l'infracteur, avant tout considéré en sa qualité d'être humain, au centre de ses réflexions criminologiques, par exemple quand il se plaint que la pratique pénale s'intéresse plus aux crimes qu'aux criminels.[30]

L'humanisme anti-utilitariste de Schaumann implique qu'il refuse de réduire la prévention à un effet de dissuasion, comme c'est le cas chez Beccaria; pour lui, au contraire, les peines ont pour but de moraliser le délinquant.[31] Dans sa digression sur le but des peines, il réfute l'idée que ce but consiste dans '*la dissuasion du criminel et la dissuasion des autres de commettre des actions similaires*'.[32] Il critique notamment (et dans cet ordre)[33] Quistorp, qui défend pourtant comme lui le concept de moralisation (ce à quoi Schaumann ne prête pas attention),[34] Beccaria, Hufeland et Dufriche de Valazé.[35]

---

mich über alle Bedenklichkeit'; ensuite il cite en italien C. Beccaria, *Des délits et des peines*, chap.XI, p.179.

30. Voir J. C. G. Schaumann, *Ideen*, p.60; cf. C. Beccaria, *Des délits et des peines*, chap. VII, p.165, chap.VIII, p.167.
31. Voir J. C. G. Schaumann, *Ideen*, p.66.
32. J. C. G. Schaumann, *Ideen*, p.70: '*Abschreckung des Verbrechers und Anderer von ähnlichen Handlungen*'.
33. Voir J. C. G. Schaumann, *Ideen*, p.71-72.
34. Voir J. C. Quistorp, *Grundsätze des deutschen Peinlichen Rechts*, paragr.71, p.118-19: 'Le but final des peines, qui ne font pas perdre la vie à un criminel, est en outre également sa moralisation. C'est pourquoi il faut avec raison rejeter les peines qui empêchent cette moralisation du criminel et qui pourraient même l'inciter à commettre de nouveaux méfaits' ('Bey Strafen, durch welche ein Verbrecher das Leben nicht verlieret, gehet auch der Endzweck noch weiter auf die Besserung desselben. Aus diesem Grunde sind diejenigen Strafen billig zu verwerfen, welche die Besserung des Verbrechers hindern, und wodurch derselbe vielleicht gar zu neuen Uebelthaten angereizet wird').
35. Voir J. C. Quistorp, *Grundsätze des deutschen Peinlichen Rechts*, paragr.71, p.118,

A ce propos, Schaumann cite en italien la célèbre phrase des *Délits* d'après laquelle la punition d'un criminel vise à dissuader les autres de tomber à leur tour dans la délinquance.[36] Il objecte à Beccaria qu'il est impossible de dissuader un délinquant potentiel au moyen de peines, et fait valoir qu'on ne peut prévenir les délits que par de 'sages instructions' et une 'police vigilante'. Il affirme aussi 'qu'on n'a pas le droit de calculer les peines infligées aux *êtres humains* en vue d'un but qu'elles ne sont *pas en mesure* d'atteindre'. Pour lui, c'est un 'droit incessible et inaliénable de l'homme' qu'on ne peut punir quelqu'un que pour les crimes qu'il a lui-même commis et qu'on peut lui imputer. L'argumentation de Schaumann repose sur la conviction qu'on n'a pas le droit d'instrumentaliser autrui, c'est-à-dire qu'il est inadmissible 'de faire usage d'un être humain, qui en tant qu'être raisonnable est une fin en soi, comme un moyen pour une fin extérieure à lui'. Autrement dit, on n'a pas le droit de punir un délinquant afin de dissuader des tiers de commettre des délits.[37] Le refus de l'instrumentalisation, sur lequel repose cet argument opposé à Beccaria, se trouve cependant également chez Beccaria lui-même, pour qui il est contraire au droit de torturer un accusé reconnu coupable afin de l'obliger à trahir ses complices.[38]

Dans ce contexte, Schaumann invoque une précision conceptuelle importante: ce ne sont pas les *peines* mais les *lois pénales* qui doivent dissuader les délinquants potentiels. Ces lois ne doivent d'ailleurs pas vraiment 'dissuader' – 'parce que le mot a un côté effrayant' –, mais plutôt 'empêcher' de commettre un délit.[39]

Une autre conséquence de l'approche psychologique de la pensée pénale consiste à prendre en compte le mobile dans l'appréciation juridique du crime. Pour Beccaria, seul compte le dommage causé par le délit, et non l'intention du criminel.[40] Pour Schaumann, en

---

paragr.74, p.127; C. Beccaria, *Des délits et des peines*, chap.xii, p.179; Gottlieb Hufeland, *Lehrsätze des Naturrechts* (Iéna, s.n., 1790), paragr.243, p.114, paragr.579, p.267; Charles-Eléonore Dufriche de Valazé, *Lois pénales* (Alençon, Malassis le jeune, 1784), dont Schaumann cite la version allemande: *Ueber die Strafgesetze oder Entwurf zu einem allgemeinen Strafkodex*, éd. Karl Adolf Cäsar (Leipzig, Johann Samuel Heinsius, 1786).

36. Voir C. Beccaria, *Des délits et des peines*, chap.xii, p.179.

37. J. C. G. Schaumann, *Ideen*, p.72-74: 'weise Belehrung' (p.72), 'wachsame Polizey' (p.72), 'dass man kein Recht habe, Strafen, welche *Menschen* zugefügt werden, auf einen Zweck zu berechnen, dessen Erreichung durch sie *unmöglich* ist' (p.72), 'unverlierbares und unveräusserliches Recht des Menschen' (p.73), 'einen Menschen, der als vernünftiges Wesen Zweck an sich selbst ist, bloss als Mittel zu einem ausser ihm liegenden Zweck zu gebrauchen' (p.73-74).

38. Voir C. Beccaria, *Des délits et des peines*, chap.xvi, p.199.

39. J. C. G. Schaumann, *Ideen*, p.74-75: 'abzuschrecken' (p.74), 'weil das Wort so etwas schreckliches [...] hat' (p.74-75), 'abzuhalten' (p.75).

40. Voir C. Beccaria, *Des délits et des peines*, chap.vii, p.165.

revanche, le juge doit avant tout chercher à comprendre le délinquant et les mobiles de son délit, c'est-à-dire apprécier le crime 'non d'après sa forme extérieure, mais d'après son *esprit*'.[41]

La psychologie criminelle de Schaumann opère un changement de perspective dans la théorie pénale des Lumières si fortement marquée par Beccaria. Tandis que les principes de justice et d'utilité se tenaient au centre des réflexions de Beccaria, cette place est occupée, chez Schaumann, par les acteurs mêmes de la scène judiciaire: l'accusé et le juge; de ce fait, les aspects humains du procès pénal occupent chez lui le devant de la scène. A côté des compétences juridiques, le juge doit avant tout faire preuve d'une intime connaissance du genre humain et d'empathie; l'infracteur est avant tout un être humain, un être humain fondamentalement bon qui présente certes parfois des défauts mais vis-à-vis desquels il faut se montrer indulgent et compatissant. Pour Schaumann, une justice sans humanité n'est tout bonnement pas pensable. Le plaidoyer beccarien en faveur des droits inaliénables de l'homme constitue, conjointement à ses réflexions utilitaristes, le fondement de sa critique de la torture et de la peine capitale, tandis que Schaumann défend avant tout la dignité humaine. De même que Beccaria peut être considéré comme le fondateur d'un procès pénal mené suivant des principes conformes à un Etat de droit, Schaumann et sa psychologie criminelle inaugurent les efforts visant à humaniser le système pénal. Les théories de Beccaria et de Schaumann ne sont pas pour autant contraires, mais plutôt complémentaires: ainsi, la psychologie criminelle de Schaumann ne présente pas une alternative à la théorie pénale beccarienne, mais la développe en y intégrant les connaissances de la psychologie empirique.

41. J. C. G. Schaumann, *Ideen*, p.48: 'nicht nach ihrer äussern Form, sondern nach ihrem *Geiste*'.

IV

Comment punir?

'Pour qu'une peine ne soit pas une violence...': formes et modalités des sanctions pénales dans la philosophie des Lumières

DARIO IPPOLITO

Commentant la récente multiplication des études sur Beccaria, Gianni Francioni a fait observer que le 'moment Beccaria', nous le vivons aujourd'hui.[1] Dans une perspective différente, nous pourrions dire également que ce 'moment' est de retour. Au cours des dernières décennies, la réflexion sur le pouvoir de punir a en effet retrouvé la radicalité, la vigueur critique et l'élan réformateur qu'elle avait au dix-huitième siècle. Comme à cette époque, elle alimente nos doutes, nos inquiétudes. Le problème pénal s'impose de nouveau à la culture philosophique, à la science juridique, à la conscience civile, avec l'urgence de ses questionnements politiques. Comment concilier la liberté et la sécurité? Comment prévenir les crimes sans porter atteinte aux droits individuels? Où tracer la frontière entre les *potestates* des agents du système pénal et les *facultates* des sujets de droits? Quels sont les principes et les règles capables d'inspirer une procédure qui parviendrait, dans la mesure du possible, à ôter à l'innocent la crainte de la condamnation et au coupable l'espoir de l'impunité? Et enfin, quelles sanctions infliger aux auteurs d'infractions?

Ainsi, non moins qu'à l'époque de Beccaria, le droit pénal est aujourd'hui un domaine instable. Son équilibre vacille. Sa physionomie est animée par des pulsions, des exigences et des finalités contradictoires. Il suscite un débat public où s'affrontent des visions inconciliables de la société: idéologies sécuritaires contre valeurs libérales, modèles

Je tiens à remercier, pour leur lecture critique de ce texte, Philippe Audegean, Pietro Costa, Luigi Delia, Valeria Fiorillo et Gianni Francioni. Les traductions des citations en italien et en latin dans ce chapitre ont été effectuées par Philippe Audegean. Sauf indication contraire, je reproduis l'italique des textes cités.

1. Communication de Gianni Francioni au colloque 'Illuminismi: attualità e limiti dell'età dei Lumi', Milan, Casa della Cultura, 16 février 2016.

de justice restauratrice contre incitations à la vengeance, politiques de tolérance zéro contre conseils de *cautela in poenam*, projets de droit pénal minimal contre programmes populistes.

Dans ce cadre conflictuel, le problème fondamental concerne la modalité punitive caractéristique de notre temps, c'est-à-dire la privation de liberté au moyen de la détention carcérale: alors que ses partisans vantent sa nécessité, affirment que rien ne saurait la remplacer et prônent une extension de son usage, ses détracteurs soulignent son inefficacité, dénoncent son injustice et annoncent la fin de son règne exclusif. La prison est ainsi au centre d'une controverse décisive sur la civilisation du droit, exactement comme l'étaient les supplices au dix-huitième siècle, lorsque les menées réformatrices du mouvement des Lumières provoquaient une levée de boucliers des *custodes juris* et des *sacerdotes justitiae*, qui se mobilisaient pour défendre l'ordre pénal traditionnel.

En raison de ce parallélisme historique, il semble particulièrement intéressant de se demander comment le thème de la sanction pénale a été traité dans le discours juridique et politique des Lumières. Comment les penseurs de cette époque ont-ils apporté leur contribution à l'extinction progressive de 'l'éclat des supplices'? Comment ont-ils battu en brèche les dogmes suppliciaires de la culture dominante?

Pour répondre à ces questions, il faut en premier lieu analyser la déontologie inédite de la peine qui s'élabore dans le 'moment Beccaria': composite, disparate, irréductible à un paradigme unique, cette déontologie se donne pour tâche polémique, dans toutes ses déclinaisons normatives, de délégitimer le système punitif en vigueur. On a affaire non à *une* déontologie, mais à plusieurs doctrines de la peine juste, elles-mêmes liées à une pluralité de principes métalégislatifs destinés à limiter et à contraindre le pouvoir de décider comment punir.

Quels sont ces principes? Quels sont leurs fondements doctrinaux? Quelle est leur fonction pragmatique? En dépit de leur importance décisive, ces questions n'ont pas encore attiré l'attention qu'elles méritent dans les études sur la philosophie pénale des Lumières. Nous savons à peu près ce que les philosophes des Lumières ont répondu à la question: 'que punir?' L'importance de leur lutte pour la laïcisation du droit pénal, leur défense des libertés individuelles contre les prohibitions despotiques, ce sont là des choses connues au-delà même du cercle étroit des spécialistes. Nous avons également une connaissance plutôt claire de leurs réponses à la question: 'comment juger?' Pour eux, la juridiction pénale doit être orientée vers la protection de l'innocence et la recherche de la vérité grâce à une procédure fondée, par opposition au modèle inquisitoire, sur les principes de publicité, d'oralité, de parité, du contradictoire, d'extériorité et d'impartialité du juge. Mais que savons-nous de leurs doctrines de la sanction pénale? Quels sont les types de punition qu'ils reconnaissent comme légitimes? Quelles sont les frontières qui, à leurs yeux, délimitent le pouvoir étatique d'infliger un mal à l'auteur d'une infraction? Que répondent-ils en somme à la question: 'comment punir'?

Comment punir?

La réponse des Lumières selon Michel Foucault

On pourrait ici objecter que leur réponse à cette question ne nous est pas inconnue, puisque Foucault l'a abondamment étudiée il y a plus de quarante ans: des dizaines de pages de *Surveiller et punir* sont en effet consacrées à la nouvelle philosophie de la peine élaborée dans la seconde moitié du dix-huitième siècle.[2] Cette objection paraît fondée: aussi convient-il de repartir des analyses passionnantes et influentes de Foucault, en rappelant sommairement leur cadre interprétatif et en évaluant leur apport pour le thème qui nous intéresse.

Selon Foucault, le réformisme pénal du dix-huitième siècle naît du besoin de la classe bourgeoise de discipliner la société. Il accompagne le développement d'une nouvelle politique de lutte contre la délinquance fondée sur des critères d'efficacité préventive et d'économie répressive. Sous le gant de velours du masque humanitaire, Foucault nous invite à découvrir la main de fer du discours des réformateurs, dont le but 'n'est pas tellement de fonder un nouveau droit de punir à partir de principes plus équitables' (p.83), mais d'étendre et de renforcer la mainmise du pouvoir punitif sur le corps social en rendant son exercice plus efficace, plus ordonné, plus précis, plus omniprésent et moins coûteux. '[F]aire de la punition [...] des illégalismes une fonction régulière, coextensive à la société; non pas moins punir, mais punir mieux; punir avec une sévérité atténuée peut-être, mais pour punir avec plus d'universalité': tels sont les 'objectifs premiers' (p.84) des théoriciens de la modernisation pénale, que Foucault dépeint

2. Voir Michel Foucault, *Surveiller et punir: naissance de la prison* (Paris, 1975). Dans les pages qui suivent, les numéros de pages entre parenthèses renvoient à cette édition. Sur les débats qui ont suivi la publication de cet ouvrage, voir *Surveiller et punir de Michel Foucault: regards critiques (1975-1979)*, éd. Philippe Artières *et al.* (Caen, 2010).

comme autant de stratèges et architectes de la 'punition généralisée' (selon le titre suggestif du premier chapitre de la deuxième partie de *Surveiller et punir*).

Dans le cadre de cette interprétation originale de l'idéologie des réformateurs, le problème de la sanction pénale acquiert une importance décisive. La 'technologie du pouvoir de punir' (p.92) repose en effet sur une 'sémio-technique' (p.96) raffinée du *modus puniendi*. En examinant sa portée normative, Foucault est conduit à en exposer les 'règles majeures' (p.96). La première est la *règle de la quantité minimale*: le mal de la peine ne doit pas excéder ce qui est tout juste nécessaire pour dissuader du crime. La deuxième est la *règle de l'idéalité suffisante*: le législateur doit faire respecter la loi en se fondant davantage sur 'la "peine" de l'idée de la "peine"' que sur sa 'réalité corporelle' (p.97). La troisième est la *règle des effets latéraux*: la sanction associée à l'infraction doit viser la prévention générale. La quatrième est la *règle de la certitude parfaite*, qui prescrit que la loi fasse encourir un châtiment spécifique pour chaque type différent d'infraction et que les coupables soient toujours punis conformément à la loi. La cinquième est la *règle de la vérité commune*, mais elle déborde le cadre de cette étude puisqu'elle concerne les règles d'établissement des preuves dans le procès pénal. Enfin, la sixième est la *règle de la spécification optimale* qui exige, en plus de la codification des délits et des crimes, une 'individualisation des peines' sur la base des 'caractères singuliers de chaque criminel' (p.101).

Cette nomenclature fort inhabituelle a de quoi déconcerter. Une fois cette impression surmontée, on peut cependant tenter d'ordonner ses éléments pour mieux définir la nouvelle 'économie du pouvoir de punir' (p.101) dont parle Foucault. Cette économie prescrit que (1) la peine soit (1a) déterminée par la loi et (1b) dotée d'un pouvoir d'intimidation; elle exige que (2) le législateur fasse respecter les lois non au moyen de sanctions afflictives, mais grâce (2a) à la maximisation de leur capacité de représentation du mal, (2b) au plus petit excédent marginal du bien auquel porte atteinte la réaction pénale par rapport au profit escompté par l'action criminelle et (2c) à la minimisation de la sphère de l'impunité; elle requiert enfin que (3) la peine soit adaptée à la personnalité du condamné.

Avant d'examiner d'autres caractéristiques de la 'cité punitive' (p.115) projetée par les réformateurs, arrêtons-nous sur les grands axes de ce plan général. Certaines idées typiques des déontologies de la peine inspirées de Beccaria y figurent en bonne place. A la faveur de la circulation internationale des *Délits et des peines*, les principes de légalité pénale et d'économie pénale sont en effet devenus des *topoi* du débat sur le droit de punir. Il en va de même de la thèse selon laquelle la fonction pénale de prévention générale, c'est-à-dire la finalité dissuasive des peines, ne s'obtient pas en accroissant la sévérité des sanctions, mais en augmentant l'effectivité des normes pénales, c'est-à-dire l'efficacité de la justice pénale.

La présence du principe d'individualisation des peines dans cet horizon culturel apparaît en revanche tout à fait incongrue. A y regarder de plus près, le procédé heuristique adopté par Foucault pour énoncer la 'règle de la spécification optimale' se révèle d'ailleurs plutôt tortueux. Cette règle est associée à deux positions doctrinales: (1) l'idée selon laquelle la loi doit fixer des peines différenciées en fonction du rang social des sujets, dans la mesure où la menace d'un même mal ne produit pas le même effet dissuasif sur des individus de condition différente (une peine infamante, par exemple, effraie un noble, mais ne fait pas reculer un roturier); (2) l'idée que le juge, lorsqu'il sanctionne le même type d'infraction, doit infliger des peines plus ou moins sévères en fonction du degré de culpabilité du condamné (celui qui commet un vol par nécessité vitale, par exemple, ne mérite pas la même peine que celui qui commet ce même délit par avidité). Or, Foucault commet une confusion en invoquant ces deux thèses pour affirmer que la 'codification du système délits-châtiments' (p.101) fait naître un principe de 'modulation de la peine [...] qui se réfère à l'infracteur lui-même, à sa nature, à son mode de vie et de penser, à son passé' (p.101-102). En effet, la première thèse associe tel ou tel type de peine non à l'identité individuelle du coupable, mais à son appartenance sociale. Cette thèse développe une justification utilitariste de l'inégalité pénale dans le contexte d'une société d'ordres: elle ne saurait être interprétée comme une expression pionnière de la doctrine de l'individualisation des peines. Quant à la seconde thèse, elle ne relève pas de l'idéal d'un 'code exactement adapté' où la taxinomie des délits et des peines serait complétée par la 'modulation du couple criminel-punition' (p.101). Comme le montre clairement le texte de Marat sur lequel Foucault fonde son argumentation, elle énonce un principe d'équité relatif à la qualification judiciaire des infractions: 'la justice doit toujours avoir égard aux circonstances où le coupable est placé, circonstances qui ne peuvent qu'aggraver ou exténuer son crime.'[3]

3. Jean-Paul Marat, *Plan de la législation criminelle* (1780; Paris, Rochette, 1790), p.34. Sur cet ouvrage de Marat, voir Javier Llobet Rodríguez, 'Jean-Paul Marat y la Ilustración penal', *Revista CENIPEC* 25 (2006), p.275-306, et le beau livre de Luis Prieto Sanchís, *La filosofía penal de la Ilustración* (Lima, 2007), p.163-74.

Il faut également faire remarquer que ni la première ni la seconde de ces thèses ne peuvent être considérées comme pleinement représentatives des idées réformatrices des Lumières. La première, de toute évidence, est une thèse conservatrice qui cautionne un trait typique du droit d'Ancien Régime: l'importance des distinctions de rang dans la régulation juridique des rapports sociaux et des comportements individuels. Cela ne signifie pas qu'elle n'ait pas trouvé de partisans jusque parmi les représentants du mouvement des Lumières. C'est toutefois justement au dix-huitième siècle que le principe contraire de l'égalité de tous devant la loi est pleinement affirmé: les peines 'doivent être les mêmes pour le premier comme pour le dernier des citoyens'.[4] Et à la suite de Beccaria, Pierre-Louis de Lacretelle – dont, étrangement, le *Discours sur le préjugé des peines infamantes* est justement cité par Foucault pour montrer l'importance du lien entre différences de condition et lois pénales – se range résolument du même côté: 'S'il est un point dans lequel les lois doivent rendre égaux tous les citoyens, c'est celui-ci: sans cela il ne peut y avoir ni sûreté, ni bonheur.'[5]

Quant à la seconde thèse, qui énonce un principe métajuridictionnel, bien qu'elle soit l'expression d'une sensibilité diffuse dans la littérature des Lumières, elle entre en contradiction avec d'autres tendances réformatrices de la même époque qu'on ne saurait négliger. Je pense ici à la doctrine de Beccaria, qui fait dépendre la sévérité de la peine de la gravité du dommage social provoqué par l'infraction et exclut toute pondération de l'élément subjectif de la culpabilité,[6] ou au principe de l'obéissance inflexible du juge à la loi qui, renforcé par la prédilection des réformateurs pour l'institution du jury, s'impose dans le premier Code pénal de la France révolutionnaire: 'pour chaque délit une peine fixe et déterminée', 'toute nuance du fait est étrangère au juge', '[i]l faut qu'il ouvre la loi, et qu'il y trouve une peine précise applicable au fait déterminé'.[7]

4. Cesare Beccaria, *Des délits et des peines*, éd. Philippe Audegean (Lyon, 2009), chap. XXI, p.211. Sur la philosophie pénale de Beccaria, voir les études fondamentales de Gianni Francioni, 'Beccaria, philosophe utilitariste' (1990), dans *Le Bonheur du plus grand nombre: Beccaria et les Lumières*, éd. Philippe Audegean, Christian Del Vento, Pierre Musitelli et Xavier Tabet (Lyon, 2017), p.23-44; Michel Porret, *Beccaria: le droit de punir* (Paris, 2003); Philippe Audegean, *La Philosophie de Beccaria: savoir punir, savoir écrire, savoir produire* (Paris, 2010).
5. Pierre-Louis de Lacretelle, *Discours sur le préjugé des peines infamantes* (Paris, Cuchet, 1784), p.143-44.
6. Voir C. Beccaria, *Des délits et des peines*, chap.VII, p.165.
7. Michel Le Peletier de Saint-Fargeau, 'Rapport sur le projet de code pénal

Ces dernières considérations permettent de faire apparaître ce qui, à mes yeux, constitue la limite principale de l'analyse de Foucault. En négligeant la polyphonie dialectique du mouvement des Lumières, cette analyse façonne une image homogène, compacte et monochrome du réformisme du dix-huitième siècle. La proposition herméneutique selon laquelle la 'réforme du droit criminel doit être lue comme une stratégie pour le réaménagement du pouvoir de punir' (p.83) se traduit par la construction d'un modèle idéologique obtenu par sélection et assimilation de principes considérés comme ayant servi à 'régulariser, affiner, universaliser l'art de châtier' (p.92). Or, l'assimilation opérée entre les principes sélectionnés ne fonctionne pas toujours; et quand elle fonctionne, elle produit de l'unité, mais au prix d'une déformation de la réalité. On donnera ici un exemple de chacune de ces deux apories.

(1) *Ingrédients non assimilables.* Dans le modèle de la pensée réformatrice, Foucault introduit deux thèses antinomiques. La première est énoncée à partir d'une citation de Filangieri (p.95; c'est moi qui souligne):

> 'La proportion entre la peine et la qualité du délit est déterminée par l'influence qu'a sur l'ordre social le pacte qu'on viole.' Or cette influence d'un crime n'est pas forcément en proportion directe de son atrocité; un crime qui épouvante la conscience est d'un moindre effet souvent qu'un méfait que tout le monde tolère et se sent prêt à imiter pour son compte. Rareté des grands crimes; danger en revanche des petits forfaits familiers qui se multiplient. *Ne pas chercher par conséquent une relation qualitative entre le crime et sa punition* [...]. *Calculer une peine en fonction non du crime, mais de sa répétition possible.*

On n'épiloguera pas ici sur l'écart surprenant entre la thèse de Filangieri ('Le délit qui transgresse un pacte dont l'influence est plus grande sur l'ordre social doit donc avoir une peine plus grande que celui qui transgresse un pacte dont l'influence est moins grande'[8])

---

présenté à l'Assemblée nationale au nom des comités de constitution et de législation criminelle' (séance du lundi 23 mai 1791), dans *Archives parlementaires de 1787 à 1860*, éd. Jérôme Mavidal et Emile Laurent, 1re série, t.26 (Paris, 1887) p.319-45 (322).

8. Gaetano Filangieri, *La scienza della legislazione* (1780-1791), éd. Vincenzo Ferrone, 7 vol. (Venise, 2003-2004), t.4, éd. Gerardo Tocchini et Antonio Trampus (liv. III, 'Delle leggi criminali', 2e partie, 'De' delitti e delle pene'), chap.XXXIX, p.141: 'Il delitto col quale si vìola un patto, che ha maggiore influenza sull'ordine sociale, dee dunque avere una pena maggiore di quello col quale si vìola un patto che ha un'influenza minore.' Sur la doctrine pénale de Filangieri sont indispensables les études de Francesco Berti, *La ragione prudente: Gaetano*

et l'interprétation qu'en donne Foucault (la sévérité de la peine doit être proportionnelle à l'influence du crime, c'est-à-dire à l'effet mimétique qu'il produit). Ce qu'il importe plutôt de souligner est la conclusion du raisonnement ('par conséquent'): selon cette conclusion, les promoteurs du nouvel *ars puniendi* auraient nié le principe de correspondance qualitative entre le crime et le châtiment.

Si j'attire l'attention sur cette conclusion, c'est parce que, dans la suite de son analyse, Foucault range au contraire ce principe parmi les maximes de la nouvelle technologie de la punition: 'Tirer le délit du châtiment, c'est le meilleur moyen de proportionner la punition au crime', écrit Marat en faisant écho à Montesquieu; il faut 'des rapports exacts entre la nature du délit et la nature de la punition', affirme Le Peletier devant l'Assemblée nationale (p.107); 'que le châtiment découle du crime', résume Foucault (p.108). Or, si l'idée qu'on doive 'calculer une peine en fonction non du crime, mais de sa répétition possible' n'a aucun droit de cité dans la République des Lumières (ce qui n'est guère surprenant si l'on tient compte de ses conséquences aberrantes), l'affirmation et la négation du principe de correspondance typologique entre les délits et les peines sont toutes deux présentes dans le débat sur le droit de punir. Si la seconde est très rare, la première est en revanche tout à fait courante: justifiée au nom d'arguments théoriques ou pragmatiques, elle trouve sa place aussi bien dans des doctrines jusnaturalistes que dans des doctrines utilitaristes. J'y vois pour ma part une confirmation du caractère inadéquat de toute déclinaison au singulier des théories pénales des Lumières.

(2) *La déformation, prix de l'unité.* Dans la 'techno-politique de la punition' (p.94) à laquelle Foucault réduit la science de la législation pénale cultivée par les réformateurs, il n'y a place que pour les valeurs d'efficacité gouvernementale: légalité, discipline, obéissance... Une fois postulé que l'objectif des réformes est d''insérer le pouvoir de punir plus profondément dans le corps social' (p.84), tout critère axiologique apparemment étranger à la logique de ce projet gouvernemental doit être dépouillé de ses oripeaux rhétoriques et réduit à sa valeur instrumentale. Ainsi, le combat des réformateurs contre les peines inhumaines est interprété par Foucault de manière purement

---

Filangieri e la religione delle riforme (Florence, 2003), p.473-502; 'Diritto penale e diritti dell'uomo: il garantismo di Gaetano Filangieri', dans *La libertà attraverso il diritto: Illuminismo giuridico e questione penale*, éd. Dario Ippolito (Naples, 2014), p.115-47.

utilitariste. Pour comprendre sa signification, il faut y découvrir les intérêts de ceux qui exercent la domination sociale (p.94; c'est moi qui souligne):

> Les souffrances que doit exclure l'adoucissement des peines sont celles des juges ou des spectateurs avec tout ce qu'elles peuvent entraîner d'endurcissement, de férocité induite par l'accoutumance, ou au contraire de pitié indue, d'indulgence peu fondée [...]. *Ce qu'il faut ménager et calculer, ce sont les effets en retour du châtiment sur l'instance qui punit et le pouvoir qu'elle prétend exercer.*

Les peines cruelles sont contre-productives en raison des effets qu'elles produisent. Or, elles le sont pour les administrateurs de l'ordre public: 'C'est cette rationalité "économique" qui doit mesurer la peine et en prescrire les techniques ajustées.' C'est donc là, dans la nécessité même de réguler l'exercice du pouvoir pour assurer sa capacité de maîtrise, que s'enracine le principe d'humanisation des peines: '"Humanité" est le nom respectueux donné à cette économie et à ses calculs minutieux' (p.94).

Démystifiée, la référence axiologique à l'humanité est ainsi absorbée dans l'idéologie de l'optimisation punitive. La cruauté pénale est nuisible: elle accoutume à la violence et suscite la connivence. Punir cruellement est préjudiciable et criminogène. Les théoriciens de la réforme n'ont de cesse de le dire et de le répéter. Mais le font-ils dans le but d'accroître les performances de l'institution pénale, pour 'punir mieux' (p.84), ou dans un souci de justice, pour défendre et encourager l'adoucissement des peines?

Voir en qui parle d'*humanité* un hypocrite, un calculateur avisé des recettes encaissées par le 'théâtre des châtiments' (p.108), lire la philosophie des réformes comme une sorte de miroir des princes adressé à un pouvoir impersonnel, c'est à mon avis oblitérer tout le discours politique *ex parte civium* qui va de Beccaria, selon lequel 'on ne peut appeler légitime une société qui ne tiendrait pas pour un principe infaillible que les hommes ont voulu s'assujettir aux moindres maux possibles',[9] au rigorisme rétributiviste de Kant qui, au moment même où il justifie la peine capitale, exige que son exécution soit 'débarrassée cependant de tout mauvais traitement qui pourrait faire de l'humanité un objet d'horreur dans la personne du supplicié':[10] l'humanité de celui

9. C. Beccaria, *Des délits et des peines*, chap.XIX, p.207.
10. Immanuel Kant, *Métaphysique des mœurs*, éd. Alain Renaut, t.2, 1re partie, 'Principes métaphysiques de la doctrine du droit' (Paris, 1994), p.155. Sur la

qui a été jugé coupable, non de celui qui l'a jugé; l'humanité de celui qui subit la peine, non de son spectateur.

On ne trouve aucune trace de ces principes de déontologie de la peine dans le modèle idéologique construit par Foucault. On y trouve en revanche, à titre d'expression typique de la nouvelle 'technique des signes punitifs' (p.96), tout l'arsenal pénal préconisé en 1781 par François-Michel Vermeil, qui va de l'humiliation pour les délits d'orgueil au bûcher pour les pyromanes, et jusqu'à ce supplice envisagé pour les parricides:

> Ce serait de crever les yeux au parricide; de l'enfermer dans une cage de fer, élevée de terre à une assez haute distance; dans laquelle le coupable nu, à l'exception d'une ceinture formée de fer maillé, serait nourri au pain et à l'eau jusqu'à la fin des ses jours; et se montrerait ainsi, exposé à toutes les rigueurs des saisons, tantôt le front couvert de neige, tantôt calciné par un soleil brûlant.[11]

L'opération est très discutable, qui consiste à réunir dans un même cadre idéologique l'inventeur de ce 'supplice énergique, présentant plutôt la prolongation d'une mort douloureuse que celle d'une vie pénible',[12] et des auteurs comme Filangieri et Marat. Les propositions de réforme ne poursuivent pas toutes les mêmes objectifs. Pour comprendre, il faut distinguer. C'est pourquoi, si nous voulons mieux comprendre la réponse des Lumières à la question 'comment punir?', nous ne pouvons nous contenter du paradigme herméneutique développé par Foucault.[13]

La réponse des Lumières selon Giovanni Tarello

Dans le panorama des études sur les doctrines juridiques et politiques des Lumières, l'ouvrage magistral de Giovanni Tarello sur l'histoire de la culture juridique moderne occupe encore aujourd'hui, plus de quarante ans après sa parution, une place de premier plan. Joignant une connaissance extraordinaire des sources à la rigueur interprétative

philosophie pénale de Kant, voir dans le présent volume le chapitre de Pietro Costa, p.65-89.

11. François-Michel Vermeil, *Essai sur les réformes à faire dans notre législation criminelle* (Paris, Savoye et Delalain, 1781), p.148-49.
12. F.-M. Vermeil, *Essai sur les réformes à faire*, p.149.
13. Pour une critique pénétrante du paradigme foucaldien, voir Antonio Punzi, 'Sorvegliare per non punire? Note su sicurezza e garanzie', *Rivista internazionale di filosofia del diritto* 4 (2014), p.621-36.

et à la limpidité conceptuelle de la philosophie analytique du droit, le fondateur de 'l'école de Gênes' s'est interrogé, comme personne ne l'avait fait avant lui, sur le surgissement du '"problème pénal" au dix-huitième siècle'.[14] Son analyse a mis au jour la diversité plurielle de ses aspects: animé par la conviction que les Lumières juridiques composent une réalité aux multiples facettes, Tarello évite en effet la tentation fatale de la *reductio ad unum*. Il distingue ainsi différentes réponses aux questions qui, à partir du 'moment Beccaria', agitent le débat philosophique sur le pouvoir de punir:

> Existe-t-il un droit de punir? Autrement dit, un sujet a-t-il le droit d'infliger un mal à un autre sujet sur la base d'une action ou d'un comportement de ce dernier? A supposer qu'un tel droit existe, à qui appartient-il? Et si on sait à qui il appartient, à l'égard de qui s'exerce-t-il? Quelles sont les peines légitimes? Autrement dit, quels genres de maux peuvent être infligés à un sujet en relation à l'une de ses actions ou l'un de ses comportements? Quelles actions ou quels comportements peuvent-ils être considérés comme les présupposés d'un droit de punir? Existe-t-il un rapport naturel entre le genre de la punition et le genre de l'action ou du comportement qui sont punis? Si oui, quel type de rapport?[15]

Comme on peut l'observer, à côté du problème de la qualification des infractions, celui de la détermination des sanctions occupe une place de premier plan dans cette série (non exhaustive) d'interrogations radicales. Dans la perspective de Tarello, les thèses normatives qui répondent à ces interrogations découlent des trois principales doctrines de la peine: l'utilitarisme, l'idéologie humanitaire et l'idéologie proportionnaliste. Si la première se concentre essentiellement sur les prohibitions, la deuxième et la troisième portent directement sur les sanctions.

14. Giovanni Tarello, *Storia della cultura giuridica moderna: assolutismo e codificazione del diritto* (Bologne, 1976), p.383: '"problema penale" nel secolo XVIII'.
15. G. Tarello, *Storia della cultura giuridica moderna*, p.383: 'Esiste, in capo a qualche soggetto, un diritto di punire, cioè di infliggere un male a un altro soggetto, sulla base di un'azione o modo di essere del secondo soggetto? Ammesso che tale diritto esista, a chi pertiene? Accertato a chi pertiene, nei confronti di chi si esercita? Quali punizioni sono lecite, cioè che tipi di mali possono essere inflitti a un soggetto in relazione a un'azione o a un modo d'essere di quest'ultimo? Quali azioni o quali modi di essere possono essere assunti come presupposti di un diritto di punire? Esiste una rapporto naturale tra il tipo della punizione e il tipo dell'azione o del modo di essere puniti? Se sì, quale tipo di rapporto?'

L'adjectif 'humanitaire' sert à qualifier l'idéologie de la 'douceur des peines' qui trouve sa source dans l'œuvre de Beccaria, elle-même inspirée par Montesquieu. Soutenue par tous ceux qui, loin des fantasmes mortifères de Vermeil, combattent la cruauté des supplices, elle 'semble être en partie une dérivation' de l'idéologie utilitariste. En effet, non seulement cette dernière affirme qu'il ne faut 'punir que les actions qu'il est utile' de réprimer en vue de la conservation de l'ordre civil, mais elle prescrit également au souverain de ne pas 'infliger de peines plus graves que ce qu'exige l'utilité' et de bannir les punitions inutiles.[16]

L'idéologie selon laquelle 'la peine doit être à la mesure ou en raison (*ratio* = mesure) de l'infraction' est désignée comme 'proportionnaliste'. Tarello situe ses origines dans deux traditions de pensée distinctes: l'une, philosophique, réunit les 'doctrines pythagoriciennes de la rétribution', l'autre, religieuse, remonte à l'Ancien Testament. Cette idéologie développe ainsi la 'conception rétributiviste de la peine', dont la résurgence à l'époque des Lumières est mise en relation avec le 'rationalisme juridique du dix-huitième siècle' et l'appel antijurisprudentiel en faveur de la 'certitude du droit': 'si la peine est (exacte) rétribution', sa mesure doit être (exactement) établie par le législateur pour chaque infraction.[17] Sur ce plan normatif, Tarello souligne alors la divergence entre l'idéologie proportionnaliste et les deux autres courants du discours des Lumières: 'alors que l'utilité et la douceur peuvent suggérer qu'on permette au juge d'atténuer ou de durcir la peine en fonction des circonstances, la proportionnalité l'interdit, puisqu'elle doit être préalablement constituée.'[18]

Toutefois, l'analyse de Tarello ne se focalise pas sur les antinomies entre ces différentes idéologies, mais sur les implications pragmatiques qui les rapprochent et sur les objectifs réformateurs qu'ils

16. G. Tarello, *Storia della cultura giuridica moderna*, p.388: 'umanitaria', '"mitezza" o "dolcezza" della pena', 'sembra essere, in parte, una derivazione', 'devono essere punite solo quelle azioni che è utile', 'comminare pene più gravi di quanto non richieda l'utilità'.

17. G. Tarello, *Storia della cultura giuridica moderna*, p.388: 'la pena dev'essere a misura o in ragione ("*ratio*" = misura) del reato', 'proporzionalistica', 'dottrine pitagoriche della retribuzione', 'concezione retributivistica della pena', 'razionalismo giuridico settecentesco', 'certezza del diritto', 'se la pena è (esatta) retribuzione'.

18. G. Tarello, *Storia della cultura giuridica moderna*, p.388: 'mentre l'utilità e la mitezza possono suggerire di consentire al giudice di attenuare o inasprire la pena secondo le circostanze, la proporzionalità lo vieta, dovendo essere precostituita.'

partagent. Ainsi, en ce qui concerne la légitimité des prohibitions, l'utilitarisme et le rétributivisme s'accordent en faveur de l'exclusion 'des matières de for interne, de conscience et de religion du nombre des matières qui sont dignes de sanction pénale de la part du souverain séculier':[19] si la thèse utilitariste de la laïcisation du droit pénal plaide en faveur de l'indifférence des comportements religieux à l'égard du but mondain de la sauvegarde de l'ordre civil, la doctrine rétributiviste va dans le même sens en soutenant que les sanctions réprimant les offenses contre Dieu sont du ressort de Dieu et non de l'Etat.

Sur le thème de la déontologie de la peine, Tarello souligne également la convergence des trois idéologies qui, toutes, combattent la cruauté pénale. Face aux 'peines terrifiantes' du droit d'Ancien Régime, 'les partisans des idéologies proportionnalistes du dix-huitième siècle ont élaboré des échelles de gravité des infractions et des peines largement conformes aux revendications des défenseurs des idéologies humanitaires et de ceux qui, parmi les tenants des idéologies utilitaristes, prônaient l'opportunité de peines "douces"'.[20] Dans la bataille pour la modération des institutions répressives, les diverses composantes des Lumières juridiques marchent ainsi à l'unisson sous le même étendard.

Pluralisme doctrinal et unité politique (en matière de droit pénal): tels sont les traits essentiels du réformisme des Lumières d'après l'image qu'en a tracée Tarello. Dans son effort de compréhension historique, grâce à un exercice fécond de distinctions et de corrélations, il se libère (et nous libère) des schématismes dogmatiques de la *scientia juris* contemporaine, parvenant ainsi à un résultat solide:

> Les trois écoles s'opposent par leurs principes, non par leurs expressions historiques au cours du dix-huitième siècle. Ce n'est qu'à la fin du siècle et au début du dix-neuvième siècle que les principes, dans leur pureté cristalline, feront l'objet de discussions et soulèveront des conflits théoriques; mais les compositions auront

19. G. Tarello, *Storia della cultura giuridica moderna*, p.389: 'delle materie di foro interno, di coscienza e di religione, dall'ambito delle materie degne di sanzione penale da parte del sovrano secolare.'
20. G. Tarello, *Storia della cultura giuridica moderna*, p.389: 'terribili "deterrenti"', 'i portatori di ideologie proporzionalistiche nel Settecento elaborarono scale di gravità di reati e pene largamente coincidenti con le richieste dei portatori di ideologie umanitarie, e di quei portatori di ideologie utilitaristiche che predicavano più opportune pene "miti"'.

alors déjà pénétré les réalités institutionnelles et les conflits seront donc essentiellement académiques.[21]

Ce résultat ne saurait toutefois, lui non plus, satisfaire pleinement l'intérêt qui a motivé notre recherche. Il convient en effet d'observer que, de même que les questions de principes et les conflits théoriques apparus dans la doctrine pénale du dix-neuvième siècle sont étrangers à la culture des Lumières, de même l'image des 'trois écoles' ou 'idéologies [...] qui caractérisent le dix-huitième siècle'[22] est une transfiguration anachronique de la réalité. S'il n'existe pas d'oppositions doctrinales entre les conceptions utilitaristes et proportionnalistes de la peine dans la philosophie des Lumières, c'est parce que ces conceptions ne se présentent pas comme des idéologies et encore moins comme des écoles. Dans la plupart des cas, ces conceptions coexistent au sein d'un même discours normatif,[23] au point de rendre vaine toute tentative pour prêter un visage distinct aux 'tenants des idéologies proportionnalistes' et aux 'tenants des idéologies utilitaristes'.

Appliquée au débat des Lumières sur le droit de punir, la catégorie 'd'école' n'a en outre aucune portée empirique ni aucune capacité explicative. L'éclectisme programmatique et méthodique des intellectuels des Lumières, qui passent au crible critique de la raison 'toutes les philosophies'[24] pour développer en toute autonomie leur propre réflexion, s'oppose à l'idée même de distinguer ou de reconnaître des écoles. Le refus du principe d'autorité, qui ôte à quiconque le titre de 'maître' et dispose les philosophes à ne 'soumettre [leurs] lumières à personne',[25] extirpe le germe des proliférations scolastiques, à savoir

21. G. Tarello, *Storia della cultura giuridica moderna*, p.390: 'L'opposizione tra le tre scuole è nei principi, non nelle espressioni storiche lungo il Settecento; solo alla fine del secolo, ed all'inizio dell'Ottocento, i principi verranno discussi nella loro cristallina purezza, ed emergeranno i conflitti a livello teorico; ma, a quell'epoca, le composizioni si saranno già calate nelle realtà istituzionali ed i conflitti saranno prevalentemente accademici.'

22. G. Tarello, *Storia della cultura giuridica moderna*, p.387: 'tre scuole', 'ideologie [...] che caratterizzano il secolo XVIII'.

23. Un exemple paradigmatique est fourni par le cas de Montesquieu: voir David W. Carrithers, 'La philosophie pénale de Montesquieu', *Revue Montesquieu* 1 (1997), p.39-63, en particulier p.44.

24. Denis Diderot, 'Eclectisme', dans *Encyclopédie, ou Dictionnaire raisonné des sciences, des arts et des métiers*, éd. Denis Diderot et Jean D'Alembert, 17 vol. (Paris, Briasson, 1751-1765), t.5, p.270.

25. D. Diderot, 'Eclectisme', p.270.

la reconnaissance d'un chef de file. 'Nullius addictus iurare in verba magistri', écrit Diderot après Horace,[26] avant que le *sapere aude* de ce dernier, 'Aie le courage de te servir de ton *propre* entendement!', ne soit élevé par Kant au rang de 'devise des Lumières'.[27]

Pour désigner les conceptions de la peine distinguées par Tarello, la notion 'd'idéologie' ne semble d'ailleurs pas non plus un instrument adéquat. C'est sans doute une question de définition. Mais si on entend par *idéologie* un ensemble de thèses axiologiques et normatives qui expriment un certain système de valeurs et qui caractérisent la position de ceux qui les soutiennent face à la réalité sur laquelle portent ces thèses, alors ni l'utilitarisme pénal ni la conception proportionnaliste de la peine ne peuvent être qualifiés d'idéologies. Utilitariste est le réquisitoire de Beccaria contre la peine de mort, utilitariste est également l'apologie de la peine de mort développée par Facchinei: mais peut-on dire que Beccaria et Facchinei partagent la même idéologie? Que les peines doivent être proportionnelles aux infractions est une certitude exprimée aussi bien par Montesquieu que par Muyart de Vouglans: mais peut-on parler d'une proximité idéologique entre ces deux juristes? A bien y regarder, l'utilitarisme et le rétributivisme traversent les oppositions idéologiques de la doctrine pénale du dix-huitième siècle, parce que ces conceptions du droit pénal sont axiologiquement flexibles: elles peuvent être reliées à différents systèmes de valeurs et soutenir les thèses normatives les plus disparates.[28]

La doctrine humanitaire de la douceur des peines possède en revanche une identité idéologique plus précise: il est ainsi révélateur que cette doctrine constitue l'une des principales lignes de démarcation entre les partisans et les adversaires de Beccaria. Or, cette banale observation permet de faire apparaître une autre aporie dans l'analyse de Tarello. Dans la mesure où l'utilitarisme n'implique par lui-même aucune prescription au sujet du *modus puniendi* (ni quant au genre, ni quant à la mesure des peines), considérer l'appel à la douceur des peines comme l'un des éléments qui en découlent est une erreur de

26. 'Aucune astreinte ne m'a contraint de jurer sur les paroles d'un maître' (Horace, *Epîtres*, I.14).
27. Immanuel Kant, 'Réponse à la question: qu'est-ce que les Lumières?' (1784), dans *Vers la paix perpétuelle: que signifie s'orienter dans la pensée? Qu'est-ce que les Lumières?*, éd. Jean-François Poirier et Françoise Proust (Paris, 1991), p.41-51 (43).
28. Voir Dario Ippolito, 'La philosophie pénale des Lumières entre utilitarisme et rétributivisme', dans *Penser la peine à l'âge des Lumières*, éd. Luigi Delia et Gabrielle Radica, numéro thématique de la revue *Lumières* 20 (2012), p.21-34.

perspective. Ceux qui recourent à des arguments utilitaristes pour combattre la cruauté des peines le font au nom d'un choix éthique et politique de fond, d'une attitude morale caractérisée par l'ensemble des valeurs que le lexique des Lumières associe au terme d'*humanité*. C'est justement l'humanitarisme qui oriente le discours utilitariste en faveur de la douceur des peines. Le 'schéma de dérivation'[29] proposé par Tarello doit donc être inversé: le renouvellement de l'utilitarisme pénal opéré par les Lumières – qui brisent le lien idéologique invétéré entre sévérité et efficacité dissuasive des peines – découle de la diffusion d'une sensibilité humanitaire inédite et de la mise en valeur de la personne comme fin.

Pour comprendre les doctrines juridiques et politiques des Lumières, il nous faut donc de nouveaux instruments d'observation et d'analyse: nous devons en effet nous soustraire non seulement à la fascination exercée par le monolithe somptueusement sculpté par Foucault, mais aussi aux illusions d'optique que nos lunettes culturelles font naître dans notre perception du passé.

Dans cette perspective, je propose une approche de la question des modalités de la peine dans la philosophie des Lumières articulée en trois étapes. (1) Quels sont les principes métalégislatifs relatifs aux peines qui circulent dans le débat réformateur sur le droit de punir? (2) Quels sont le fondement théorique et la portée normative de ces principes? (3) Comment se présente le rapport entre ces principes et les typologies pénales adoptées ou rejetées? Certes, même le plus bienveillant et le plus curieux des lecteurs pourrait ici s'alarmer. Mais qu'il se tranquillise: je tenterai seulement de tester la fécondité de cette approche heuristique, sans la développer de manière systématique.

Crimes et châtiments

Modèles de justice pénale

Deux documents capitaux de l'histoire de la culture juridique moderne permettent de tracer une première cartographie, même approximative, des principes normatifs qui nourrissent les déontologies de la peine élaborées à l'âge des Lumières. Lisons, en suivant l'ordre chronologique, les mots de conclusion du 'miraculeux petit livre'[30] de

29. G. Tarello, *Storia della cultura giuridica moderna*, p.389: 'schema di derivazione'.
30. Piero Calamandrei, 'L'inchiesta sulle carceri e sulla tortura', *Il Ponte* 3 (1949), p.228-36 (229): 'miracoloso libretto'.

Beccaria: '*pour qu'une peine ne soit pas une violence d'un seul ou de beaucoup contre un citoyen privé, elle doit être essentiellement publique, prompte, nécessaire, la moindre possible étant donné les circonstances, proportionnée aux délits, édictée par les lois.*'[31] Avec cette définition de la peine s'achève *Des délits et des peines* et s'ouvre un débat philosophique inédit sur les délits et sur les peines: un débat qui a exercé une profonde influence sur l'ordre juridique au moment de sa transition entre l'Etat d'Ancien Régime et l'Etat de droit. Pour en apprécier les effets révolutionnaires, déplaçons-nous de Milan à Paris, de l'Académie des Coups de poing à l'Assemblée nationale où, le 23 mai 1791, Le Peletier présente le projet de code pénal élaboré par les Comités de constitution et de législation criminelle. Exposant synthétiquement les principes de la 'théorie des peines'[32] qui sous-tendent le texte normatif, il déclare (p.323):

> Il faut que les peines soient humaines, justement graduées, dans un rapport exact avec la nature du délit, égales pour tous les citoyens, exemptes de tout arbitraire judiciaire; qu'elles ne puissent être dénaturées après le jugement dans le mode de leur exécution; qu'elles soient répressives, principalement par des gênes et des privations, prolongées, par leur publicité, par leur proximité du lieu où le crime a été commis; qu'elles corrigent les affections morales du condamné, par l'habitude du travail; qu'elles décroissent en approchant du terme fixé à leur durée, et enfin qu'elles soient temporaires.

Le rapprochement de ces deux passages offre un témoignage éloquent sur la lame déferlante de la réflexion des Lumières en matière de droit de punir. Il nous porte cependant immédiatement à constater que le programme de recherche exposé plus haut ne saurait être réalisé dans le cadre étroit d'un article. Je me bornerai donc ici à montrer en quel sens sa mise en œuvre pourrait permettre d'accroître nos connaissances, en analysant le problème du rapport entre le crime et le châtiment.

31. C. Beccaria, *Des délits et des peines*, chap.XLII, p.297.
32. M. Le Peletier de Saint-Fargeau, 'Rapport sur le projet de code pénal', p.321. Dans les lignes qui suivent, les numéros de pages entre parenthèses renvoient à cette édition. Sur Le Peletier, voir Stanislas Plawski, 'Lepeletier de Saint-Fargeau, auteur du projet de code pénal de 1791', *Revue de science criminelle et de droit pénal comparé* 12:3 (1957), p.619-26; Jacques-Guy Petit, 'Utopies révolutionnaires: Lepeletier de Saint-Fargeau, la prison et l'école', dans *Regards sur les sociétés modernes (XVIe-XVIIIe siècles): mélanges offerts à Claude Petitfrère*, éd. Denise Turrel (Tours, 1997), p.289-301.

Dans l'abrégé des règles de légitimité des peines qui clôt le pamphlet de Beccaria, on ne trouve qu'un seul principe régissant la corrélation entre infractions et punitions: le principe de proportionnalité. Le résumé de la 'théorie des principes' du code pénal présenté par Le Peletier en contient deux: les peines doivent être (a) 'justement graduées' et (b) 'dans un rapport exact avec la nature du délit'. Le premier se confond avec le principe affirmé par Beccaria: la juste gradation consiste à 'proportionne[r] la gravité des peines à l'atrocité des crimes' (p.322). Le second est différent, puisqu'il exige que le genre de peine corresponde au genre de délit: 'les douleurs physiques puniront les attentats dont la férocité a été le principe; un travail pénible sera imposé au coupable dont le crime a trouvé sa source dans la fainéantise; l'infamie punira les actions qui n'ont été inspirées que par une âme abjecte et dégradée' (p.322).

On relève donc une première différence importante entre les deux principes: alors que le premier exige une relation de type quantitatif entre les crimes et les châtiments, le second exige une relation de type qualitatif. En apparence, tous deux satisfont à une exigence de justice rétributive. On ne saurait cependant les confondre et on se méprendrait si on les rangeait tout uniment sous l'étiquette du rétributivisme. Telle est pourtant l'erreur commise par Tarello, dont la référence à 'l'idéologie proportionnaliste' occulte la différence entre ces deux principes et empêche leur juste compréhension. Le juriste italien s'exprime en effet ainsi à propos de la sécularisation du système pénal: 'le principe selon lequel un péché contre Dieu mérite une punition (exclusivement) divine, un péché contre l'Eglise mérite (exclusivement) une punition religieuse et un péché contre l'ordre de l'Etat ou contre le souverain mérite une punition de la part du souverain, ce principe a pu être désigné comme une application fondamentale du critère de proportionnalité.'[33] Aussitôt après, à propos de l'adoucissement des sanctions pénales, Tarello écrit: 'Proposer une proportionnalité entre les infractions et les peines [...] revenait à élaborer une échelle de gravité aussi bien pour les infractions que pour les peines.'[34] Or, si on analyse distinctement

33. G. Tarello, *Storia della cultura giuridica moderna*, p.389: 'poté indicarsi come fondamentale applicazione di un criterio di proporzionalità quello secondo cui peccare contro Dio merita punizione (solo) divina, peccare contro la Chiesa merita (solo) punizione religiosa, e peccare contro l'ordine dello Stato o contro il sovrano merita (appunto) punizione da parte del sovrano.'

34. G. Tarello, *Storia della cultura giuridica moderna*, p.389: 'Proporre proporzionalità tra i reati e le pene [...] significava elaborare scale di gravità sia dei reati, sia delle pene.'

les deux principes qui sont à la base de ces positions doctrinales au lieu de les assimiler idéologiquement, on se rend aisément compte que leur contenu philosophique et leurs implications normatives sont fort différents. Pour éviter toute ambiguïté, commençons par les nommer et par les définir: je propose d'appeler 'principe d'homogénéité' la règle législative voulant que la peine soit typologiquement adéquate au crime,[35] et de restreindre le sens de l'expression 'principe de proportionnalité' à la thèse prescrivant que la sévérité du châtiment doit être mesurée à la gravité du crime.

Utilitarisme et principe de proportionnalité

Dans le discours des Lumières, l'affirmation du principe de proportionnalité repose rarement sur les postulats moraux du rétributivisme. La plupart du temps, elle s'inscrit dans la logique utilitariste de la prévention générale produite par la menace pénale. A l'appui de cette observation, il serait facile de citer les pages bien connues du chapitre VI des *Délits et des peines* ou les nombreuses reprises de l'exemple de la Moscovie allégué par Montesquieu pour dénoncer les conséquences néfastes du défaut de proportion entre les crimes et les châtiments.[36] Mais citons plutôt de nouveau Le Peletier, dont le rapport présenté à l'Assemblée constituante est là encore exemplaire: 'Ce qui rend une peine répressive, c'est moins d'être sévère que de se trouver, dans l'échelle des peines, placée au degré le plus convenable. Il importe qu'un délit soit puni précisément dans la proportion où il doit l'être avec un autre délit; qu'il y ait un juste rapport entre les divers degrés de l'échelle.'[37] Ainsi justifié, le principe de proportionnalité apparaît comme le produit d'une conception prospective et non rétrospective de la peine: on punit 'pour qu'on ne commette plus de fautes' (*ne peccetur*), comme le voulait Sénèque après Platon, et non 'parce qu'on a commis

35. Cette locution, devenue fréquente dans les études sur les Lumières pénales, figure déjà dans Catherine Larrère, 'Droit de punir et qualification des crimes de Montesquieu à Beccaria', dans *Beccaria et la culture juridique des Lumières*, éd. Michel Porret (Genève, 1997), p.89-108. Sur cette 'règle' de 'l'homogénéité qualitative entre la nature du crime et la nature du châtiment', voir notamment Céline Spector, *Montesquieu: liberté, droit et histoire* (Paris, 2010), p.197.
36. Voir Montesquieu, *L'Esprit des lois*, éd. Robert Derathé, 2 vol. (Paris, 2011), VI.16, t.1, p.101: 'En Moscovie, où la peine des voleurs et celle des assassins sont les mêmes, on assassine toujours. Les morts, y dit-on, ne racontent rien.'
37. M. Le Peletier de Saint-Fargeau, 'Rapport sur le projet de code pénal', p.321. Dans les lignes qui suivent, les numéros de pages entre parenthèses renvoient à cette édition.

une faute' (*quia peccatum est*); mais on doit alors punir, au nom même de cette finalité préventive, de manière proportionnelle à la faute commise. L'inscription législative de ce principe apparaît donc comme un facteur essentiel de dissuasion: 'Si une grande distance sépare la peine de tel crime d'avec la peine de tel autre crime, le méchant qui de sang-froid médite une mauvaise action s'arrêtera là où commence pour lui un grand danger' (p.322). Au contraire, l'absence de gradation des réactions punitives en fonction de la gravité de l'acte commis incitait le délinquant à perpétrer des crimes plus graves (p.322):

> C'était une grande absurdité de nos lois de punir le voleur sur le grand chemin, le serviteur qui dérobait quelques effets à son maître, l'homme qui, en brisant des clôtures, s'introduisait dans les maisons, de la même peine que l'assassin. La loi elle-même les invitait au meurtre, puisque le meurtre n'aggravait pas la punition de leur crime et pouvait en étouffer la preuve.

Au sein du réformisme des Lumières prend donc forme une doctrine utilitariste de la relation normative entre les peines et les délits fondée sur le critère de la proportion quantitative. C'est dans la philosophie pénale de Jeremy Bentham qu'on trouve la meilleure confirmation de cette distance entre l'exigence de proportionnalité et le modèle rétributiviste. Après avoir fait remarquer que, chez Montesquieu et Beccaria, la thèse de la 'nécessité d'une proportion entre les délits et les peines' est dépourvue de justification théorique adéquate, Bentham remédie à la faiblesse analytique de ses prédécesseurs en énonçant les 'principales règles de cette arithmétique morale'. Or, les cinq règles de législation pénale qu'il tire du principe de proportionnalité se conforment toutes à la perspective utilitariste de la prévention des infractions:

> Première règle. *Faites que le mal de la peine surpasse l'avantage du délit.* [...] 2e règle. *Plus il manque à la peine du côté de la certitude, plus il faut y ajouter du côté de la grandeur.* [...] 3e règle. *Si deux délits viennent en concurrence, le plus nuisible doit être soumis à une peine plus forte, afin que le délinquant ait un motif pour s'arrêter au moindre.* [...] 4e règle. *Plus un délit est grand, plus on peut hasarder une peine sévère pour la chance de le prévenir.* [...] 5e règle. *La même peine ne doit pas être infligée pour le même délit à tous les délinquants sans exception. Il faut avoir égard aux circonstances qui influent sur la sensibilité.*[38]

38. Jeremy Bentham, *Traités de législation civile et pénale*, éd. Malik Bozzo-Rey, Anne Brunon-Ernst et Emmanuelle de Champs (Paris, 2010), 3e partie, chap. II, p.311-12. La dernière règle, qui obéit apparemment à un critère de justice

Dans sa déclinaison utilitariste, le principe de proportionnalité se présente comme une norme régissant la production des normes. C'est une norme extra-juridique adressée au producteur de normes juridiques. Elle s'applique aux normes pénales, puisqu'elle touche au lien entre sanctions et prohibitions. C'est donc une métanorme relative au contenu même de la production normative. Il importe cependant de préciser que cette configuration déontique ne concerne que la version utilitariste du principe de proportionnalité. Situé dans un cadre rétributiviste, ce principe peut en effet se charger d'une signification prescriptive fort différente. Si l'on juge qu'il faut punir en se tournant vers le passé – parce qu'il est juste que le malfaiteur subisse un mal conforme au mal qu'il a commis –, alors on est porté à concevoir la règle de proportion entre les peines et les infractions comme un principe d'équité, c'est-à-dire comme un principe de justice du cas concret, et donc comme un principe métajuridictionnel. Selon cette conception, il appartiendra au juge de proportionner le châtiment au crime en évaluant, comme le répète Muyart de Vouglans contre Beccaria, 'le *motif* ou la *cause* qui a porté à le commettre, la *personne* de celui qui l'a commis, le *lieu* où il est arrivé, le *temps* ou l'heure, la *qualité* ou la manière circonstanciée du crime, la *quantité* ou la mesure qui s'est trouvée, enfin l'*événement* ou la suite qu'il a eu'.[39]

Rien ne permet donc d'accréditer l'idée que, selon la 'conception rétributiviste', la peine 'doit être fixée précisément pour chaque infraction [...] et [qu']il n'est pas au pouvoir du juge de la modifier'.[40] En effet, l'exigence d'une 'proportionnalité' qui soit 'préconstituée'[41] par rapport au jugement se fait jour dans le contexte d'une réflexion utilitariste et non rétributiviste sur l'efficacité préventive des normes pénales. C'est dans le cadre des nouvelles doctrines de la dissuasion

rétributive, est pourtant elle aussi justifiée par la fonction préventive des peines, comme le montre l'exemple donné par Bentham: 'La même peine ignominieuse qui flétrirait un homme d'un certain rang ne sera pas même une tache dans une classe inférieure.' A la différence des quatre précédentes, elle prescrit toutefois de mesurer la sévérité de la peine non à la gravité du crime, mais à la condition du criminel.

39. Pierre-François Muyart de Vouglans, *Réfutation des principes hasardés dans le Traité des délits et des peines* (Lausanne et Paris, Desaint, 1767), p.52-53.

40. G. Tarello, *Storia della cultura giuridica moderna*, p.388: 'concezione retributivistica', 'deve essere stabilita precisamente per ogni reato [...] e non è nel potere del giudice di modificarla'.

41. G. Tarello, *Storia della cultura giuridica moderna*, p.388: 'proporzionalità', 'precostituita'.

pénale que, au dix-huitième siècle, le principe de proportionnalité acquiert les traits d'une prescription adressée au législateur, auquel il impose de définir une échelle des peines correspondant à la hiérarchie des biens protégés par la répression pénale – et auquel il fait aussi obligation d'ordonner la légalité pénale dans un *corpus* normatif unifié et systématique: en ce sens, le principe de proportionnalité devient l'un des principaux motifs de la lutte pour la codification.

Dans l'horizon de cette lutte, ce même principe renforce alors l'exigence d'adoucissement des peines. Face à un système répressif qui fait encourir des peines d'une extrême sévérité aux auteurs de petits délits, face à des lois qui punissent indistinctement de mort des comportements déviants de gravité variable, proclamer l'utilité d'une gradation de la force afflictive des peines en fonction de la nuisance causée par les infractions permet à l'humanitarisme pénal de s'arracher à l'impuissance de la philanthropie et de se défendre de l'accusation d'utopie. En montrant que le terrorisme pénal ne produit pas d'effets dissuasifs mais augmente la violence, la topique utilitariste du principe de proportionnalité corrobore la nécessité de la modération des peines. 'Punir avec rigueur une légère infraction des lois [...], c'est multiplier les crimes, c'est pousser les malfaiteurs aux derniers excès', écrit Marat pour expliquer pourquoi 'il est de l'intérêt de la société qu[e] [les peines] soient toujours proportionnées aux délits'.[42] 'Une loi est d'autant moins efficace qu'elle est plus inhumaine', déclare Le Peletier avant de rappeler, comme nous l'avons vu, que 'ce qui rend une peine répressive, c'est moins d'être sévère que de se trouver [...] placée au degré le plus convenable' de 'l'échelle' pénale.[43] Utilitarisme (*punitur ne peccetur*), proportionnalisme (*punitur iuxta gravitatem criminis*) et humanitarisme (*punitur temperate*) forment ainsi, à la fin du dix-huitième siècle, les maillons d'une seule et même chaîne argumentative.

Jusnaturalisme et principe d'homogénéité

'C'est le triomphe de la liberté civile lorsque les lois criminelles tirent chaque peine de la nature particulière de chaque crime': citant cette maxime du *Nakaz* de Catherine II, Foucault croit pouvoir observer que la tsarine reprend ici 'presque mot à mot' la 'leçon de Beccaria sur la spécificité et la variété des peines'.[44] Cette observation est cependant

42. J.-P. Marat, *Plan de la législation criminelle*, p.27-28.
43. M. Le Peletier de Saint-Fargeau, 'Rapport sur le projet de code pénal', p.321.
44. M. Foucault, *Surveiller et punir*, p.119.

philologiquement et conceptuellement inexacte. Non seulement cette maxime provient en effet du grand œuvre de Montesquieu,[45] mais elle exprime en outre un principe étranger à la philosophie pénale de Beccaria: le principe d'homogénéité.

Selon Luigi Ferrajoli, 'l'idée d'une correspondance naturelle entre la peine et le délit', 'étroitement liée à une conception "rétributiviste"' et 'jusnaturaliste' du droit pénal, forme la 'réponse la plus ancienne' à la question '*comment punir?*'[46] Sa reformulation à l'époque des Lumières confirme pleinement ce lien. Le postulat moral selon lequel 'un être intelligent qui a fait du mal à un être intelligent mérite de recevoir le même mal' est élevé par Montesquieu au rang des 'rapports d'équité antérieurs à la loi positive'.[47] Le pouvoir de punir est ainsi justifié par sa fonction rétributive: son exercice n'est légitime que s'il obéit au principe d'homogénéité, qui impose une conformité qualitative entre la peine et le délit.

Le fondement jusnaturaliste de ce principe apparaît clairement dans les variations sur les thèmes de *L'Esprit des lois* opérées par cet infatigable collaborateur de Diderot qu'est le chevalier de Jaucourt.[48] On lit ainsi dans l'article 'Crime' qu'il rédige pour l'*Encyclopédie*: 'On peut ranger tous les *crimes* sous quatre classes: ceux de la première choquent la religion; ceux de la seconde, les mœurs; ceux de la troisième, la tranquillité; ceux de la quatrième, la sûreté des citoyens. [...] En conséquence, les peines que l'on inflige doivent dériver de la nature de chacune de ces espèces de *crime*.'[49] Cette exigence doit être satisfaite par la loi positive, car c'est 'le droit de nature'[50] qui exige tel type de sanction pour telle catégorie de crime. Une telle conviction, très répandue dans la culture juridique des Lumières (et bien au-delà

45. Voir Montesquieu, *L'Esprit des lois*, XII.4, p.203: 'C'est le triomphe de la liberté lorsque les lois criminelles tirent chaque peine de la nature particulière du crime.'
46. Luigi Ferrajoli, *Diritto e ragione: teoria del garantismo penale*, 10ᵉ éd. (Rome et Bari, 2011), p.384: 'l'idea di una corrispondenza naturale tra pena e delitto', 'strettamente legata a una concezione retributivistica della pena', 'giusnaturalistica', 'più antica risposta', '*come punire?*'
47. Montesquieu, *L'Esprit des lois*, I.1, p.8.
48. Le livre de référence sur la pensée de Jaucourt (et pas seulement sur cet auteur) est le très riche ouvrage de Luigi Delia, *Droit et philosophie à la lumière de l'Encyclopédie*, Oxford University studies in the Enlightenment (Oxford, Voltaire Foundation, 2015).
49. Louis de Jaucourt, 'Crime', dans *Encyclopédie*, éd. D. Diderot et J. D'Alembert, t.4, p.466.
50. Louis de Jaucourt, 'Crime', p.467.

de cette culture) trouve une importante élaboration doctrinale dans la réflexion pénale d'un autre admirateur de Montesquieu, Antonio Genovesi, 'auteur du premier grand traité jusnaturaliste moderne en Italie',[51] paru peu après *Des délits et des peines* et intitulé *Della diceosina.*[52]

Se demandant '*Comment on se libère des obligations naissant des délits et des méfaits*' (tel est le titre du chapitre 20 du livre premier),[53] le philosophe napolitain cherche 'dans la nature' – fondement de la '*justice punitive*' – la 'règle [...] qui rend une peine juste'.[54] Ayant établi que, 'selon l'ordre du monde', 'quiconque viole un droit perd un droit égal et du même genre',[55] il parvient à la formulation d'une déontologie complexe de la peine fondée sur le principe du talion: 'toute peine égale à l'ensemble des droits lésés est toujours *talion.* Si elle n'est pas *talion,* elle n'est pas égale et donc elle n'est pas juste: elle est alors un délit qui doit être puni par une autre loi du talion.'[56]

La défense du talion n'est pas exceptionnelle dans la philosophie des Lumières. Le principe d'homogénéité y trouve sa déclinaison la plus rigoureuse.[57] Montesquieu justifie ainsi la peine de mort infligée à l'assassin en la présentant comme 'une espèce de talion'.[58] Du

51. Italo Birocchi, 'Genovesi, Antonio', dans *Dizionario biografico dei giuristi italiani (XII-XX secolo)*, éd. Italo Birocchi, Ennio Cortese, Antonello Mattone et Marco Nicola Miletti, 2 vol. (Bologne, 2013), t.1, p.963-66 (964): 'autore del primo compiuto trattato giusnaturalistico moderno in Italia'.
52. Sur la philosophie pénale de Genovesi, voir Dario Ippolito, *Diritti e potere: indagini sull'Illuminismo penale* (Rome, 2012), p.105-27.
53. Antonio Genovesi, *Della diceosina o sia della filosofia del giusto e dell'onesto* (première édition en 1766, deuxième édition en 1771 et troisième édition en 1777), éd. Niccolò Guasti (Venise, 2008), p.267: '*Come si vengono a disciorre le obbligazioni nascenti da' delitti, e da' malefici.*'
54. A. Genovesi, *Della diceosina*, liv.I, chap.20, paragr.IV, p.270: 'nella natura', '*giustizia punitrice*', 'una regola [...] che rende giusta la pena'.
55. A. Genovesi, *Della diceosina*, liv.I, chap.20, paragr.IX, p.273-74: 'Dunque chiunque viola un diritto, viene a perderne un eguale, e dell'istesso genere.'
56. A. Genovesi, *Della diceosina*, liv.I, chap.20, paragr.X, p.274-75: 'ogni pena, che sia eguale a tutt'i diritti offesi, è sempre *taglione.* Se non è *taglione*, non è eguale, né perciò giusta; ed allora è un delitto punibile per un'altra legge di taglione.'
57. Voir L. Ferrajoli, *Diritto e ragione*, p.384: 'l'exigence jusnaturaliste d'une égalité entre le crime et la peine, celle-ci devant donc consister en un mal de même nature et intensité que celui-là, [...] forme la base de la première doctrine de la qualité de la peine: le principe du talion' ('l'idea giusnaturalistica che la pena debba uguagliare il delitto e consistere quindi in un male della medesima natura e intensità [...] forma la base della prima dottrina della qualità della pena: il principio del taglione').
58. Montesquieu, *L'Esprit des lois*, XII.4, p.205.

haut de sa chaire de droit pénal de l'université de Naples, le juriste philosophe Francesco Mario Pagano[59] soutient plus généralement que, 'pour que la peine soit juste, elle doit correspondre au délit': une telle proportion est 'le *droit du talion*, ainsi dénommé parce que le mal subi est tel que celui qui a été procuré à autrui'.[60] Se demandant quelle est la règle des sanctions pénales, Kant trouve à son tour la réponse dans la '*loi du talion*' et considère que 'toutes les autres équivalences sont chancelantes', inadéquates à la 'pure et stricte justice'.[61]

Mais il est inutile de multiplier les citations: le fait est bien connu. Foucault lui accorde une grande importance dans son cours au Collège de France sur la 'société punitive'. Il constate en effet une 'résurgence' du 'modèle du talion', qui compte parmi les 'trois modèles de punition effective' des réformateurs du dix-huitième siècle. Ce modèle est désormais justifié comme 'pure et simple contre-attaque sociale': 'la société arrive à retourner contre le criminel l'attaque portée contre elle' au moyen d'une peine 'exactement corrélative en sa nature et en sa force de l'offense même', dans le but d'éliminer tout 'abus de pouvoir'.[62] Dans le cours de Foucault, le champion du *jus talionis* devient alors Beccaria.

Cette conclusion paradoxale (partiellement corrigée dans *Surveiller et punir*) est à mes yeux la conséquence d'une confusion indue entre l'idée régulatrice du talion – version paradigmatique du principe d'homogénéité – et le principe d'analogie, qui développe un modèle différent de normativité pénale. Sous cette dénomination, je me réfère à la thèse selon laquelle le législateur doit établir des peines capables de refléter le genre de crime auquel elles sont associées. A l'instar du principe d'homogénéité, ce principe a donc un caractère prescriptif

59. Pagano a enseigné à l'université de Naples de 1785 à 1796. La trace de son enseignement est conservée dans deux ouvrages posthumes: les *Principj del codice penale* (publiés à Milan en 1803, puis, sur la base d'un autre manuscrit, à Naples en 1806) et la *Logica de' probabili applicata a' giudizj criminali* (publiée à Milan en 1806, ainsi que la même année à Naples, mais sur la base d'un autre manuscrit et sous le titre *Logica de' probabili per servire di teoria alle pruove nei giudizi criminali*). Sur la philosophie pénale de Pagano, voir Dario Ippolito, *Mario Pagano: il pensiero giuspolitico di un illuminista* (Turin, 2008), p.157-222.

60. Francesco Mario Pagano, *Principj del codice penale*, dans *Giustizia criminale e libertà civile*, éd. Roberto Racinaro (Rome, 2000), chap.xv, p.92-93: 'la pena, perché sia giusta, corrisponder debba al delitto', 'il *dritto del taglione*, così chiamato, perché tal mal si soffre, quale altrui si recò'.

61. I. Kant, *Métaphysique des mœurs*, p.153.

62. Michel Foucault, *La Société punitive: cours au Collège de France, 1972-1973*, éd. Bernard E. Harcourt (Paris, 2013), p.69-70.

qui s'applique au rapport entre le type de transgression et le type de punition. Mais à la différence du principe jusnaturaliste et rétributiviste d'homogénéité, le critère analogique obéit à une logique utilitariste. C'est pour accroître l'efficacité dissuasive des normes pénales que les châtiments doivent être analogues à la nature des délits: 'Cette analogie – écrit Beccaria – favorise admirablement le contraste qu'il doit y avoir entre le penchant au délit et la répercussion de la peine: il faut que celle-ci éloigne et conduise l'âme vers un but opposé à celui par où cherche à la mener la séduisante idée de l'infraction à la loi.'[63] En renforçant l'association entre les idées d'*infraction* et de *punition*, cette 'mimétique pénale'[64] contribue à dissuader le délinquant potentiel. En agissant sur la dynamique des mobiles psychologiques, elle transforme les impulsions en inhibitions; elle retourne contre elles-mêmes les passions qui incitent à transgresser les lois; à l'idée des avantages procurés par le crime, elle oppose immédiatement l'image spéculaire des souffrances qui en découlent.[65]

On pourrait ici m'objecter que je contreviens à la règle prescrivant que 'les entités (et les noms) ne doivent pas être multipliés sans nécessité'. Le contenu normatif des thèses examinées n'est-il pas en effet identique? N'a-t-on pas affaire au même principe métalégislatif, justifié par des arguments doctrinaux différents? Tel est ce que j'ai moi-même pensé jusqu'à une époque récente.[66] Mais mon avis est désormais différent: il me paraît nécessaire de souligner la différence entre un principe absolu de justice, fondé dans l'ordre naturel, tel que le principe d'homogénéité, et un principe de politique du droit pénal tel que le principe d'analogie, dont la valeur est relative à sa

63. C. Beccaria, *Des délits et des peines*, chap.XIX, p.207-209. Voir l'article d'une grande profondeur herméneutique de Philippe Audegean, 'Beccaria et la naissance de la prison', dans *Prison et droits: visages de la peine*, éd. Luigi Delia, *L'Irascible* 5 (2015), p.47-68 (59-60): 'Le principe de l'analogie [...] figure bien dans la théorie pénale de Beccaria. Le talion ne saurait y trouver place en tant que tel, dans la mesure où il tire sa légitimité d'une légalité inscrite dans la nature. Or, Beccaria n'est pas jusnaturaliste: il ne croit pas que le droit positif doive avoir pour norme le droit naturel, mais seulement les intérêts humains.'

64. Ph. Audegean, 'Beccaria et la naissance de la prison', p.59.

65. Voir les pages éclairantes de Philippe Audegean, '*Dei delitti e delle pene*: significato e genesi di un pamphlet giuspolitico', dans *La libertà attraverso il diritto: Illuminismo giuridico e questione penale*, éd. Dario Ippolito (Naples, 2014), p.71-92; 'Cesare Beccaria's *On crimes and punishments*: the meaning and genesis of a jurispolitical pamphlet', *History of European ideas* 43:8 (2017), p.884-97.

66. Voir Dario Ippolito, *Lo spirito del garantismo: Montesquieu e il potere di punire* (Rome, 2016), p.37-42.

fonction instrumentale. On ne saurait tenir pour négligeable une telle différence. On doit même la considérer comme cruciale: la condamnation beccarienne de la peine de mort est là pour nous le rappeler.

Les doctrines prescrivant une relation d'isomorphie, de parenté typologique ou de correspondance naturelle entre la peine et le crime – voire une identité entre le mal de la peine et le mal du crime (*talio esto*) – peuvent aujourd'hui nous apparaître comme archaïques et répugnantes. Le garantisme pénal contemporain les balaie d'un revers de main comme le 'fruit d'une illusion substantialiste'; il montre que leurs 'effets délétères' viennent de l'obstacle qu'elles opposent au 'processus de formalisation et de catégorisation' des sanctions et du soutien qu'elles apportent aux 'peines corporelles et capitales'.[67] On ne peut pourtant comprendre les implications normatives du principe d'homogénéité dans la philosophie pénale des Lumières qu'en faisant abstraction de ces jugements théoriques et moraux (quoique par ailleurs parfaitement convaincants).

En premier lieu, ce principe contient une exigence de limitation juridique du pouvoir politique au nom de la liberté individuelle: quand 'le genre des peines' dérive de la 'nature des délits', écrit Marat en faisant écho à Montesquieu, la liberté triomphe en même temps que la justice, 'parce qu'alors, les peines ne venant plus de la volonté du législateur mais de la nature des choses, on ne voit point l'homme faire violence à l'homme'.[68] Cette forme de jusnaturalisme pénal permet ainsi d'exclure l'arbitraire punitif. Elle soustrait les normes pénales à la disponibilité du souverain. La naturalisation des peines libère les hommes du gouvernement des hommes en les protégeant de l'usage déréglé de la force et du risque de l'oppression despotique.

Une autre dimension de première importance est le rôle joué par le principe d'homogénéité dans le combat politique pour la laïcisation du droit pénal. Cet aspect a déjà été évoqué plus haut à propos de l'interprétation de Tarello. Il est d'ailleurs étranger au thème de la présente contribution, puisqu'il concerne la nature des prohibitions (que doit-on interdire?), non celle des sanctions (comment doit-on punir?). Sur ces dernières, on doit cependant souligner une autre implication normative de l'idéal rétributif de la peine comme homogène au délit. Dans la justice pénale d'Ancien Régime, édifiée

67. L. Ferrajoli, *Diritto e ragione*, p.384-85: 'il frutto di un'illusione sostanzialistica', 'effetti deleteri', 'ostacola il processo di formalizzazione e di tipizzazione', 'pene corporali e capitali'.

68. J.-P. Marat, *Plan de la législation criminelle*, p.31-32.

sur la loi d'airain de la relation proportionnelle directe entre sévérité et force dissuasive des châtiments, la mort était encourue pour une gamme très vaste et hétérogène d'infractions: délits contre la religion, crimes de lèse-majesté, atteinte à la propriété, etc. Elevé au rang de règle fondamentale de la justice naturelle, le principe d'homogénéité a alors pu servir à dénoncer l'illégitimité du système pénal en vigueur. Il brisait en effet les contreforts idéologiques de la doctrine de la cruauté dissuasive et réduisait drastiquement le champ d'application de la peine capitale. Tarello a donc raison d'observer que, dans sa réélaboration au dix-huitième siècle, 'l'antique idée de la peine comme rétribution [...] apparaît profondément novatrice et humaine'.[69]

Principes du droit pénal et genres de peines

En me limitant aux principes de proportionnalité et d'homogénéité, j'ai tenté d'atteindre, dans les pages qui précèdent, les deux premiers objectifs du programme de travail exposé plus haut. Je vais maintenant conclure cette analyse en me concentrant sur le troisième objectif, qui concerne le problème du rapport entre les principes théoriques et les modalités punitives admises ou contestées.

Je commence par une observation préliminaire de caractère général: les règles de légitimité des peines qui caractérisent les doctrines des Lumières ne comportent pas toutes des indications sur la composition de l'arsenal pénal. Par exemple, le principe de légalité (*nulla poena sine lege*) est compatible avec n'importe quel type de sanction. Il en va de même des principes d'égalité, de promptitude dans le temps et de proximité dans l'espace. Même le principe de nécessité – ou d'économie punitive – ne fournit pas de réponse à la question 'quelle peine?' En prescrivant que le mal de la peine encourue pour chaque infraction doit être le minimum nécessaire pour prévenir tout délit futur de même type, il se révèle aussi exigeant en théorie qu'il est peu contraignant dans la pratique.

Il convient d'ajouter que, dans les déontologies pénales des Lumières, les sanctions préconisées ne sont pas toujours en parfaite cohérence avec les principes professés. Prenons par exemple l'un des plus intéressants caractères de la peine juste telle que la définit Le Peletier: 'Il faut qu'une peine soit et demeure ce que l'équité des lois l'a

69. G. Tarello, *Storia della cultura giuridica moderna*, p.389: 'l'idea antichissima della pena come retribuzione [...] appare profondamente innovatrice ed umana.'

faite, et non ce que la rend la sévérité ou l'indulgence de l'exécuteur d'un jugement.'[70] Cette prescription ne concerne pas le rapport entre la peine édictée par le législateur et la peine prononcée par le juge, mais le rapport entre la norme pénale et l'application des peines. La loi, selon cette perspective, doit déterminer des sanctions qui 'ne puissent être dénaturées après le jugement dans le mode de leur exécution'.[71] Or, force est de constater qu'aucune des peines afflictives établies par le nouveau code (le cachot, la gêne, la prison) n'obéit au critère posé par ce principe (qui est un principe de précision descriptive et connotative de la norme pénale): elles échouent donc toutes au test de validité des peines. Les murs des lieux institutionnels qui servent à infliger la peine privative de liberté dissimulent en effet toujours de nouvelles afflictions non prédéterminées par la loi.[72]

Quant au principe d'homogénéité, ce que nous avons déjà observé à propos de son rôle dans la défense de la vie contre l'abus étatique du pouvoir de tuer doit être complété en regardant maintenant le revers de la médaille. Fondée sur les structures ontologiques du droit, la règle rétributiviste du mal que quiconque doit subir en raison du mal qu'il a infligé (*malum passionis propter malum actionis*) confirme et prescrit en effet la peine capitale, comme on le constate chez Kant: 'Mais s'il a tué, il lui faut *mourir*. Il n'y a ici aucun substitut possible qui puisse satisfaire la justice.'[73] Selon Mably, 'dès qu'il y a des hommes capables de commettre un meurtre [...], le législateur doit les condamner à perdre la vie'.[74] 'La vie est le seul des biens de ce monde qui n'ait point d'équivalent – déclare également Marat –, ainsi la justice veut que la peine du meurtre volontaire soit capitale.'[75]

70. M. Le Peletier de Saint-Fargeau, 'Rapport sur le projet de code pénal', p.322; voir aussi, toujours p.322: 'Toute peine qui par sa nature peut être ou aggravée ou atténuée suivant la disposition de celui qui la fait subir au condamné est essentiellement mauvaise.'
71. M. Le Peletier de Saint-Fargeau, 'Rapport sur le projet de code pénal', p.323.
72. Voir Luigi Ferrajoli, 'Il carcere: una contraddizione istituzionale' (2014), dans *Il paradigma garantista: filosofia e critica del diritto penale*, éd. Dario Ippolito et Simone Spina (Naples, 2016), p.179-87.
73. I. Kant, *Métaphysique des mœurs*, p.154.
74. Gabriel de Mably, *De la législation, ou Principes des lois* (1776), dans *Collection complète des œuvres*, éd. Guillaume Arnoux, t.9 (Paris, C. Desbrière, 1794-1795; réimpression Aalen, 1977), liv.III, chap.IV, p.335. Sur la doctrine pénale de Mably, voir Paolo Comanducci, 'La criminalistica di un illuminista moderato', dans *Idee e atteggiamenti sulla repressione penale: materiali per una storia della cultura giuridica*, éd. Giovanni Tarello (Bologne, 1975), p.455-69.
75. J.-P. Marat, *Plan de la législation criminelle*, p.63.

Outre la peine de mort, le principe d'homogénéité justifie toute sanction équivalente à l'infraction qu'elle réprime. Si la peine est la 'perte d'un droit' résultant d'un droit transgressé, alors, argumente Filangieri, les 'différentes espèces de droits nous indiqueront donc [...] les différentes espèces de peines': 'La vie, l'honneur, la propriété réelle, la propriété personnelle et les prérogatives dépendant de la citoyenneté sont les objets généraux de tous les droits sociaux. Nous aurons donc [...] *des peines capitales, des peines infamantes, des peines pécuniaires, des peines privatives ou suspensives de liberté, des peines privatives ou suspensives de prérogatives civiques*.'[76] Il ne devient possible de penser le système punitif comme un artifice politique, une institution juridique, le produit de décisions dont les hommes portent la pleine et entière responsabilité, qu'à la condition d'abandonner cette conception étroitement rétributiviste de la peine. On mesure bien de ce point de vue la distance entre le principe jusnaturaliste d'homogénéité et le principe utilitariste de proportionnalité. C'est en effet à la lumière de ce dernier principe qu'émerge la conscience du caractère conventionnel du droit pénal et de l'inexistence de rapports naturels entre les crimes et les châtiments: 'Comme il n'y a aucun rapport entre la douleur du *châtiment* et de la peine et la malice de l'action, il est évident que la distribution des peines et des *châtiments*, relative à l'énormité plus ou moins grande des fautes, a quelque chose d'arbitraire', écrit Diderot dans l'*Encyclopédie*.[77] La modulation de la sévérité des peines le long de l'échelle des délits et des crimes relève d'un choix du législateur: 'Il y a une première peine qui est arbitraire; cette peine fixée, elle détermine toutes les autres.'[78]

A rebours du caractère étroitement contraignant du principe d'homogénéité, le critère de la proportion élargit considérablement le pouvoir de décider comment punir. Et non seulement comment

76. G. Filangieri, *La scienza della legislazione*, liv.III, 2e partie, chap.XXVIII, p.17-18: 'la perdita di un dritto', 'Le diverse specie di dritti c'indicheranno dunque le diverse specie di pene. [...] La vita, l'onore, la proprietà reale, la proprietà personale e le prerogative dalla cittadinanza dipendenti sono gli oggetti generali di tutt'i sociali dritti. Noi avremo dunque [...] *pene capitali, pene infamanti, pene pecuniarie, pene privative o sospensive della libertà personale, pene privative o sospensive delle civiche prerogative*.'

77. Denis Diderot, 'Châtiment', dans *Encyclopédie*, t.3, p.250. Sur Diderot et le droit pénal, voir Florent Guénard, 'La liberté et l'ordre public: Diderot et la bonté des lois', *Revue de métaphysique et de morale* 45:1 (2005), p.109-25.

78. Denis Diderot, *Observations sur l'Instruction de sa Majesté impériale aux députés pour la confection des lois* (ms. 1774), dans *Œuvres complètes*, t.11 (Paris, 1971), p.199-323, art.198, p.256. Cet ouvrage, resté inédit du vivant de l'auteur, a été publié pour la première fois en 1920.

punir, mais aussi comment *ne pas* punir. Si les peines ne découlent pas des crimes par droit de nature, alors il est en effet possible de les critiquer, de les réformer, de les abolir. C'est ainsi que Diderot, dans ses *Observations* sur le *Nakaz* de Catherine II, peut contester le rétributivisme de Montesquieu en affirmant qu'il ne faut pas réprimer 'les actions contraires à la continence et aux bonnes mœurs' en les punissant par l'infamie, car ce 'serait d'une atrocité folle'.[79] Et c'est également ainsi que, affranchi des idoles de la justice naturelle, Beccaria donne le signal de la lutte contre la peine capitale.[80]

79. D. Diderot, *Observations sur l'Instruction de sa Majesté impériale*, art.77, p.236.
80. Voir Ph. Audegean, *La Philosophie de Beccaria*, p.152-70; Pietro Costa, 'Beccaria e la filosofia della pena', dans *Un fortunato libriccino: l'attualità di Cesare Beccaria*, éd. Richard Davies et Persio Tincani (Milan, 2014), p.33-50; Dario Ippolito, 'Contrat social et peine capitale: Beccaria contre Rousseau' (2014), dans *Rousseau et l'Italie: littérature, morale et politique*, éd. Philippe Audegean, Magda Campanini et Barbara Carnevali (Paris, 2017), p.147-76; Gianni Francioni, '*Ius* e *potestas*: Beccaria e la pena di morte', *Beccaria: revue d'histoire du droit de punir* 2 (2016), p.13-49.

Sonnenfels, Beccaria et la peine de mort

NORBERT CAMPAGNA

L'Etat a-t-il le droit de menacer de mort l'un de ses membres? Et à supposer qu'il ait ce droit, a-t-il celui de prononcer une telle peine et de l'appliquer?

Beccaria répond par la négative à ces deux questions: aucun individu n'a pu confier au souverain le droit sur sa propre vie et l'Etat n'a donc pas le droit de décider si l'un de ses membres doit mourir ou continuer à vivre.

Sonnenfels rejette cette conclusion. Il affirme certes, avec Beccaria, que l'on ne peut céder le droit sur sa propre vie; mais il maintient aussi, contre ce que Beccaria semble suggérer, qu'on peut néanmoins céder à l'Etat le droit de décider de la vie d'autrui. Il soutient donc que l'Etat a le droit de menacer de mort et d'appliquer cette peine, mais il atténue la portée de cette thèse en reconnaissant qu'il n'est jamais – ou du moins presque jamais – nécessaire ni même opportun d'utiliser ce droit de menace. L'Etat dispose donc d'un droit qui ne lui sert à rien et que, de ce fait, il n'a pas le droit d'utiliser. Autrement dit, si Sonnenfels conteste la menace de mort et le recours à la peine capitale, ce n'est pas parce que l'Etat ne possède ni le droit de menacer d'une telle peine, ni celui de l'appliquer, mais c'est parce que les circonstances de l'époque sont telles que l'Etat n'a pas le droit d'utiliser son droit.

La première partie de cette contribution reconstituera l'argumentation de Beccaria. La critique qu'en fait Sonnenfels fera l'objet de la deuxième partie. La troisième partie discutera les arguments présentés par Sonnenfels pour montrer que la peine de mort, quoique abstraitement légitime, n'est pas nécessaire dans le monde réel de la fin du dix-huitième siècle. Si l'Etat a bien le droit d'appliquer la peine de mort, il n'a pas – ou il n'a plus – besoin de l'appliquer dans la société qui est celle de Beccaria et de Sonnenfels.

La critique beccarienne de la peine de mort

L'histoire du droit pénal a surtout retenu deux grands passages des *Délits et des peines*. Le premier a trait à la procédure pénale: Beccaria rejette la question, c'est-à-dire la torture, parce que, comme d'autres auteurs de son époque, il estime que, si la torture est capable de faire découvrir une vérité, cette vérité ne concerne pas les faits reprochés à l'accusé, mais uniquement ses capacités de résistance à la douleur. Or, cette vérité n'a guère de liens avec la vérité judiciaire qu'il s'agit d'établir.[1]

Le deuxième grand passage du livre qui a marqué les esprits est le chapitre sur la peine de mort: c'est de cette argumentation qu'il sera question dans les pages qui suivent. De même qu'il condamne la torture, Beccaria condamne la peine de mort. Or, il ne la critique pas seulement au nom des conséquences désastreuses que son application pourrait avoir, telles que l'exécution d'un innocent suite à une erreur judiciaire.[2] En effet, il s'attaque au droit même qu'a l'Etat de menacer de mort ses citoyens. A ses yeux, la peine de mort est non seulement inutile et non nécessaire, mais elle est aussi illégitime.

L'argumentation de Beccaria part du postulat qu'aucun individu n'est maître de sa propre vie, au sens où il aurait le droit d'y mettre fin dès qu'il le veut.[3] Sans exiger, comme le faisaient les normes pénales de son temps, que le candidat malheureux au suicide subisse la peine de mort ou que le désespéré qui s'est donné la mort soit encore puni *post mortem*, Beccaria semble à première vue condamner le suicide, du moins sur le plan moral. Une telle condamnation recueille un héritage qui provient ou bien de la tradition judéo-chrétienne, selon laquelle il appartient à Dieu seul de décider de la vie et de la mort des êtres humains, ou bien de la pensée de Hobbes, qui affirme que la loi de nature oblige quiconque à tout faire pour se conserver en vie.

1. Sur le débat entre Sonnenfels et Beccaria relatif à la torture, voir Norbert Campagna, 'Autriche: Sonnenfels critique de Beccaria', dans *La Torture, de quels droits? Une pratique du pouvoir (XVIe-XXIe siècles)*, éd. Norbert Campagna, Luigi Delia et Benoît Garnot (Paris, 2014), p.51-68.
2. Cet argument est absent des *Délits*: Beccaria n'y recourt qu'en 1792, en tant que membre d'une commission chargée de réformer la législation pénale de l'Etat de Milan. Voir Cesare Beccaria, 'Avis au sujet de la peine de mort', dans *Des délits et des peines*, éd. Philippe Audegean (Paris, 2014), p.205-208.
3. L'idée fut déjà formulée explicitement quelques années avant la parution de l'ouvrage de Beccaria: voir Giuseppe Pelli, *Contre la peine de mort*, éd. Philippe Audegean (Paris, 2016), p.26.

Dans le chapitre de son livre intitulé 'Suicide', mais qui traite surtout de l'émigration volontaire,[4] Beccaria estime que cette dernière est bien plus préjudiciable à la société que le suicide, car l'émigré retire à la société non seulement son corps et sa force de travail, mais aussi sa fortune. Dans le bref passage qui traite effectivement du suicide, Beccaria dénonce l'inanité des lois pénales réprimant le suicide.

Bien qu'il ne fasse pas sienne la condamnation *légale* du suicide, on est cependant en droit de se demander si Beccaria fait vraiment sienne sa condamnation *morale*. Il se pourrait en effet que, sans partager cette condamnation, le jeune marquis ait voulu exhiber les contradictions de ses adversaires: s'ils refusent à l'individu le droit de *se* tuer, comment peuvent-ils accorder à l'Etat le droit de *le* tuer?

En effet, une fois établi que l'individu n'est pas maître de sa vie, il semble clair que l'individu ne saurait céder à l'Etat un droit qu'il ne possède pas. Un individu qui n'est pas maître de sa vie ne peut céder une telle maîtrise à l'Etat, car on ne peut donner que ce que l'on possède. Reste la possibilité que le droit de vie et de mort de l'Etat provienne d'une autre origine que la volonté des individus. Si Dieu possède une maîtrise absolue sur la vie de ses créatures, on pourrait imaginer qu'il ait délégué ce pouvoir à l'Etat. Or, les prémisses contractualistes de la pensée pénale de Beccaria invalident par avance cette théorie d'un droit divin de punir de mort. Le souverain n'a de droits que dans la mesure où les sujets les lui ont conférés ou délégués. Puisque les sujets n'ont pu conférer ou déléguer au souverain le droit de leur ôter la vie, le souverain ne saurait posséder ce droit.[5]

4. Voir C. Beccaria, *Des délits et des peines*, chap.XXXII, p.154-60. Le suicide et l'émigration ont ceci de commun qu'ils soustraient l'individu à la communauté dont il fait partie.

5. Kant essaie de résoudre le problème en affirmant que ce que veut le criminel, ce n'est pas la peine de mort, mais l'acte criminel qu'il accomplit. Il distingue en effet l'*homo noumenon* et l'*homo phaenomenon*. Le premier incarne la raison pure pratique et se confond avec tous les autres, tandis que le second est l'homme empirique, soumis aux passions et aux désirs. Or, ce dernier ne saurait être considéré comme l'auteur des lois, car celles-ci porteraient alors des traces d'empiricité. La loi portant condamnation à mort pour certains crimes ne saurait dès lors émaner de la volonté de celui qui subit la peine de mort. On ne peut donc pas dire que les individus veulent leur propre mort: voir Immanuel Kant, *Métaphysique des mœurs*, éd. Alain Renaut, t.2, 1e partie, 'Principes métaphysiques de la doctrine du droit' (Paris, 1994), p.157-88. Pour Kant, par ailleurs, la peine de mort est indissolublement liée à certains crimes en vertu du principe du talion, seul critère susceptible d'être accepté par la raison pure pratique dans la détermination des peines. Voir dans le présent volume le chapitre de Pietro Costa, p.65-89.

Mais même si nous admettons que les individus possèdent le droit de se suicider, pouvons-nous imaginer qu'ils aient cédé à l'Etat le pouvoir de mettre fin à leurs jours? Ils ont certes cédé une portion de leur liberté à l'Etat afin que celui-ci protège la liberté qu'il leur reste. Mais ce qui vaut pour la liberté ne saurait valoir pour la vie, dont on ne saurait céder une partie. Il serait absurde d'affirmer que quelqu'un a cédé à l'Etat le droit de le tuer à moitié en échange d'une meilleure protection de l'autre moitié de sa vie. Soit on cède à l'Etat la maîtrise sur toute sa vie, soit on ne lui cède aucune maîtrise sur sa vie. Or, nul ne saurait être fou au point de céder à l'Etat une maîtrise totale sur sa vie.[6]

Beccaria en arrive à la conclusion que la peine de mort ne saurait faire l'objet d'un droit, mais que sa menace, et plus encore son application, sont des actes de guerre qui opèrent un retour à l'état de nature.[7] Dès lors que l'Etat brandit la menace de mort pour certains crimes, il laisse entendre que ceux qui se rendront coupables de tels crimes seront considérés non plus comme des citoyens, mais comme des ennemis.[8] Nous serions alors proches de ce que des juristes et

6. Dans un chapitre consacré à la peine de mort dans les encyclopédies du siècle des Lumières, Luigi Delia montre comment Philippe-Antoine Merlin prône l'idée d'un abandon absolu de tous les droits en se fondant sur des prémisses contractualistes: voir Luigi Delia, *Droit et philosophie à la lumière de l'Encyclopédie*, Oxford University studies in the Enlightenment (Oxford, Voltaire Foundation, 2015), p.186-90.

7. Voir C. Beccaria, *Des délits et des peines*, chap.XXVIII, p.129. Sur les traces hobbesiennes chez Beccaria, mais aussi sur l'utilisation de certaines prémisses hobbesiennes pour s'opposer à des conclusions hobbesiennes, voir par exemple Maria Laura Lanzillo, '*Des délits et des peines*: Beccaria et Voltaire', dans *La Peine de mort*, éd. Luigi Delia et Fabrice Hoarau, numéro thématique de la revue *Corpus: revue de philosophie* 62 (2012), p.177-96.

8. Arrêtons-nous un instant sur la question de la mise au ban, et plus particulièrement du bannissement définitif qui constitue, selon Beccaria, une mort civile, de sorte que celui qui était homme *et* citoyen n'est désormais plus qu'homme: voir C. Beccaria, *Des délits et des peines*, chap.XXV, p.119-20. Une telle mise au ban ne devrait être prononcée que pour des crimes particulièrement graves. Si Beccaria ne parle que des conséquences du ban définitif sur le sort des richesses du banni, il importe aussi de soulever la question de ses conséquences pour son éventuelle exécution. Dans la mesure où la personne n'appartient plus à la société, elle n'est plus protégée par le contrat social. Mais dans ce cas, son exécution ne devient-elle pas possible – non plus peut-être comme peine au sens strict, mais comme mesure de précaution? Selon Fichte, la mort civile du délinquant, son exclusion du pacte social – qui n'équivaut pas nécessairement au bannissement à l'extérieur de la communauté politique –, est une condition préalable à l'exécution. L'Etat

philosophes du droit allemands contemporains appellent *Feindstrafrecht*, c'est-à-dire un droit pénal spécial qui transforme le criminel en ennemi et permet à son égard des actes que le droit pénal 'normal' n'autorise pas.[9] Chez Beccaria, il semble toutefois qu'une telle construction ne mérite pas d'être qualifiée de droit au sens strict.

Beccaria mentionne deux cas pouvant laisser croire que la peine de mort est nécessaire.[10] Le premier concerne des périodes d'instabilité politique, lorsque la liberté de la nation n'est plus ou pas encore fermement établie, voire lorsque les lois n'ont plus d'effets et que le chaos s'est installé. Dans ce genre de situation, la mort d'une ou de plusieurs personnes peut être utile, voire nécessaire. Notons cependant que Beccaria s'abstient d'affirmer explicitement que l'exécution de ces personnes est assimilable à une peine. Il s'agit plutôt ici d'éliminer une personne pour rétablir ou garantir l'ordre et la liberté. Or, une telle élimination n'est nécessaire que dans des Etats se trouvant au bord de l'anarchie, non dans des Etats bien ordonnés.[11] Le second cas renvoie à l'effet dissuasif des peines: il pourrait s'avérer utile et nécessaire de punir de mort certains criminels afin d'en dissuader d'autres. Ce second cas peut aussi se présenter dans des Etats bien ordonnés et c'est à son propos que Beccaria s'efforce de montrer qu'il ne nécessite pas la menace de la peine de mort. Aux yeux de Beccaria, la menace

---

n'a pas le droit de punir de mort des citoyens, mais il a le droit de tuer des non-citoyens. Et Fichte d'affirmer, en toute logique, que la loi pénale ne saurait menacer de mort les citoyens qui se rendraient coupables de certains crimes, mais seulement d'exclusion: voir Johann Gottlieb Fichte, *Fondements du droit naturel selon les principes de la doctrine de la science*, éd. Alain Renaut (Paris, 1998), 2e partie: 'Droit naturel appliqué', paragr.20, p.288-89; Norbert Campagna, 'La question de la peine de mort chez Fichte', dans *La Peine de mort*, éd. L. Delia et F. Hoarau, p.287-301.

9. Sur cette notion très controversée, voir notamment Günther Jakobs, 'Bürgerstrafrecht und Feindstrafrecht', *Höchstrichterliche Rechtsprechung Strafrecht* 3 (2004), p.88-95. Pour un regard critique, voir Günter Frankenberg, 'Folter, Feindstrafrecht und Sonderpolizeirecht: Anmerkungen zu Phänomenen des Bekämpfungsrechts', dans *Rückkehr der Folter: der Rechtsstaat im Zwielicht*, éd. Gerhard Beestermöller et Hauke Brunkhorst (Munich, 2006), p.55-68.
10. Voir C. Beccaria, *Des délits et des peines*, chap.XXVIII, p.130.
11. S'inspirant de Beccaria, le Comité de salut public estime en 1791 qu'un citoyen pouvant constituer un grand danger pour la République 'doit cesser de vivre, moins pour expier son crime que pour la sûreté de l'Etat' (Michel Le Peletier de Saint-Fargeau, *De l'abrogation de la peine de mort*, Paris, Imprimerie nationale, 1793, p.19). Le 'moins que' permet éventuellement d'envisager encore un reste de dimension pénale. Mais il est clair qu'il s'agit avant tout d'une mesure de prévention.

des travaux forcés est en effet bien plus dissuasive que la menace de mort: le spectacle d'un condamné réduit jusqu'à la fin de ses jours au statut de 'bête de somme'[12] aura plus d'impact sur la structure motivationnelle du public que celui, certes sanglant mais bref, d'une exécution capitale.[13]

Sonnenfels critique de Beccaria

Comme il le rappelle notamment dans la cinquième édition des *Grundsätze*, Sonnenfels s'était opposé à la peine de mort non seulement dès la première édition de cet ouvrage, parue en 1765, mais aussi dans un écrit datant de 1746, donc bien antérieur au célèbre 'traité' de Beccaria.[14] Autrement dit, il n'avait pas fallu attendre Beccaria pour trouver un auteur opposé à la peine de mort, une peine qui, selon Sonnenfels, est contraire au but des peines et, en outre, bien moins utile à l'Etat que l'option alternative qu'il préconise, à savoir les travaux forcés. Comme il l'indique lui-même, Sonnenfels a dû affronter de violentes attaques venant des partisans de la peine de mort. La parution du livre de Beccaria lui a permis de constater qu'il n'était pas le seul à défendre la thèse abolitionniste.

Mais – et c'est là le point important –, même s'il reconnaît que Beccaria arrive à la même conclusion que lui, Sonnenfels fait remarquer que l'auteur des *Délits et des peines* ne partage pas les mêmes présupposés que lui. Or, le plus important de ces présupposés concerne le droit de l'Etat de disposer de la vie de ses citoyens. Alors que Beccaria rejette l'idée que l'Etat possède le droit de faire des lois menaçant de mort certains criminels, Sonnenfels affirme l'existence d'un tel droit.

Beccaria, comme on l'a vu, en appelle à un consensus largement admis à son époque: nul n'a le droit de mettre fin à ses jours. Sur ce

12. On verra plus bas que Sonnenfels utilisera aussi la comparaison entre l'homme et l'animal.
13. C. Beccaria, *Des délits et des peines*, chap.XXVIII, p.132. Voir Benjamin Constant, *Commentaire sur l'ouvrage de Filangieri* (1822-1824; Paris, 2004), p.272, au sujet du remplacement de la peine de mort par la prison, les travaux forcés, le bannissement, etc.: 'Le chagrin, la détention, le travail forcé, la déportation, l'exil même, toutes les souffrances morales ou physiques, abrègent la vie; et si l'Etat n'a aucun droit sur celle de ses membres, il n'est pas plus autorisé à l'abréger qu'à y mettre un terme.'
14. Voir Joseph von Sonnenfels, *Grundsätze der Polizey, Handlung und Finanz: erster Theil* (Vienne, 1819), p.452.

point, Sonnenfels rejoint Beccaria – ou du moins le consensus invoqué par Beccaria.[15] Mais le fait que je ne possède pas le droit de mettre un terme à *ma* vie, de sorte que je ne puis pas non plus transférer à l'Etat ce droit que je n'ai pas, n'implique pas automatiquement que je ne possède pas le droit de mettre un terme à la vie d'*autrui*, un droit qui, s'il existait, pourrait être transférable à l'Etat.

Sonnenfels fait remarquer que, si ce droit étatique de mettre à mort des citoyens a pu poser problème, c'est parce qu'on lui a attribué une origine divine. Certes, Dieu possède un droit souverain de vie et de mort sur les hommes, mais il ne l'a nullement transféré à l'Etat, qui ne saurait donc se targuer d'avoir reçu de lui le droit de menacer de mort certains criminels. Se plaçant dans une perspective contractualiste, l'auteur autrichien laisse entendre que l'Etat ne saurait avoir d'autres droits que ceux que les citoyens lui ont conférés. Dès lors, si l'Etat possède le droit de menacer de mort certains criminels, ce droit doit lui avoir été conféré par les citoyens. Or, cela suppose que ces citoyens ont possédé un tel droit dans ce qu'il est convenu d'appeler l'état de nature, c'est-à-dire lorsqu'ils n'étaient pas encore citoyens.

Selon Sonnenfels, tout individu possède dans l'état de nature le droit de se défendre contre un agresseur injuste. Il a donc le droit d'infliger des blessures, voire de mettre à mort cet agresseur s'il n'existe pas d'autre moyen pour préserver sa vie ou pour protéger des biens d'une importance telle que leur perte conduirait à mener une vie ne valant plus la peine d'être vécue. Si la vie d'autrui doit en principe être considérée comme sacrée et donc intangible, elle perd ce caractère dès lors qu'il s'en prend à ma vie. Mon droit à l'autodéfense prend alors le dessus sur mon devoir de respecter la vie d'autrui. Dans certaines conditions, je possède donc un droit sur la vie d'autrui et je peux légitimement le mettre à mort. Ce droit ne m'a été conféré par personne, mais découle de mon droit naturel à défendre ma propre vie. On pourrait dire que, de même que je n'ai pas le droit de me donner la mort, je n'ai pas non plus le droit de me laisser faire si autrui veut injustement m'ôter la vie. Le devoir de préserver ma propre vie serait ainsi le fondement du droit de disposer de la vie d'autrui.[16]

Une fois établie l'existence d'un droit de l'individu de disposer de la vie d'autrui dans l'état de nature, il reste à montrer comment ce droit

15. Voir J. Sonnenfels, *Grundsätze der Polizey, Handlung und Finanz: erster Theil*, p.453.
16. Il s'agit ici d'une reconstruction qui ne se trouve pas telle quelle chez Sonnenfels, mais à laquelle nous pensons qu'il aurait pu souscrire.

d'un individu privé a pu être transféré à cette institution publique qu'est l'Etat: 'Ce qui s'appelait *défense de soi* chez les hommes pris individuellement, s'appelle *peine* entre les mains du pouvoir exécutif.'[17] Cette action appelée 'peine' s'inscrit donc toujours dans une logique de défense, puisqu'elle vise à la 'défense de la sécurité commune'.[18] L'Etat doit faire en sorte que ses citoyens puissent vivre en sécurité, ce qui semble notamment impliquer qu'ils puissent mener leur vie sans avoir à recourir à leur droit d'autodéfense. Par le biais des lois pénales qu'il édicte, dont il assure l'application et dont il garantit par là aussi l'efficacité, l'Etat se doit de faire en sorte que les menaces de peine soient telles qu'elles restreignent les actions des individus pouvant être tentés par des actions criminelles.[19] Il en va des menaces de peine comme des vertus chez Aristote: elles doivent éviter les deux extrêmes du 'trop' et du 'trop peu'.

Ce qui pose particulièrement problème dans l'argumentation de Sonnenfels, c'est la thèse selon laquelle le droit individuel de *se défendre* deviendrait le droit étatique de *punir*. Il aurait été plus exact de dire que le droit individuel de *se* défendre devient le droit étatique de défendre *autrui*, à savoir tous ceux qui ont renoncé au droit de se défendre. Cette défense d'autrui peut prendre la forme de la menace pénale, c'est-à-dire de la menace de l'infliction d'un mal en raison d'un crime commis en vue d'empêcher que le crime soit commis. Lorsque la loi pénale dit: 'Celui qui commettra tel crime subira telle sanction', elle vise, par la menace de la sanction, à faire en sorte que le crime ne soit pas commis. En empêchant que le crime soit commis, la loi protège la victime potentielle du crime, de sorte que celle-ci ne se trouvera pas

17. J. Sonnenfels, *Grundsätze der Polizey, Handlung und Finanz: erster Theil*, p.454: 'Was bey einzelnen Menschen *Selbstvertheidigung* hieß, heißt in der Hand der ausübenden Gewalt *Strafe*.' Les traductions de l'allemand dans ce chapitre sont les miennes. Sauf indication contraire, je reproduis l'italique des textes cités. Filangieri, suivant en cela Locke, affirme que, dans l'état de nature, tous les hommes ont le droit de punir la violation des lois naturelles, et que la violation de certaines de ces lois justifie que la mort soit infligée aux délinquants pour les punir. Mais il s'empresse de faire observer, rejoignant sur ce point Sonnenfels, que le citoyen transfère au souverain un droit non pas sur sa propre vie, mais sur la vie d'autrui: voir Gaetano Filangieri, *La scienza della legislazione* (1780-1791), éd. Vincenzo Ferrone, 7 vol. (Venise, 2003-2004), t.4, éd. Gerardo Tocchini et Antonio Trampus (liv.III, 'Delle leggi criminali', 2e partie, 'De' delitti e delle pene', 1783), chap.XXIX, p.27.

18. J. Sonnenfels, *Grundsätze der Polizey, Handlung und Finanz: erster Theil*, p.45: 'Vertheidigung der gemeinschaftlichen Sicherheit'.

19. Voir J. Sonnenfels, *Grundsätze der Polizey, Handlung und Finanz: erster Theil*, p.432.

dans la situation de devoir se défendre elle-même, la police n'étant pas toujours présente au moment où le crime est commis.

Mais supposons que la victime d'une tentative d'assassinat ait échappé à la mort en recourant à son droit d'autodéfense, c'est-à-dire en mettant hors d'état de nuire le criminel, voire en l'abattant. Dans ce cas de figure, nous hésiterions à dire que la victime a *puni* le criminel. Cette hésitation ne vient pas seulement du fait que la notion de peine n'a sa place que dans le cadre du droit public, de sorte que l'Etat est seul en mesure de punir. Elle semble plutôt liée au fait que la notion de sanction présuppose l'accomplissement complet de l'acte sanctionné. La punition du meurtrier suppose que le meurtre ait été accompli. En empêchant quelqu'un de me tuer, je ne le punis pas, mais je l'empêche de me tuer. Et si pour ce faire je le tue, on ne saurait dire de moi que je lui ai infligé la peine de mort.

Mais qu'en est-il si ce sont des policiers qui abattent celui qui est sur le point de me tuer? S'il ne fait pas de doute que ces policiers me *défendent*, il n'est pas évident que l'on puisse décrire leur action comme l'application d'une *sanction*. Certes, les agents de la force publique sont autorisés à abattre un assassin s'il n'existe aucun autre moyen pour empêcher son action criminelle. Mais le simple fait que leur action soit autorisée par la loi et qu'elle soit l'œuvre d'agents de la force publique ne la transforme pas encore en sanction.

Imaginons le cas suivant. Un enfant en bas âge pointe une arme chargée sur une personne qui dort et s'apprête à appuyer sur la gâchette. Un policier voit cet enfant et comprend que le seul moyen de sauver le dormeur est de tuer l'enfant. En laissant de côté la question *morale* de savoir si le policier a le droit de tuer un innocent pour en sauver un autre, posons-nous la question *conceptuelle* de savoir si nous serions disposés à dire que le policier *punit* de mort l'enfant s'il le tue. Ce n'est guère probable, et non pour la seule raison que l'enfant est encore pénalement irresponsable. Or, ce qui vaut pour l'enfant vaut aussi pour un adulte, même si l'adulte a une intention homicide. Le tuer au moment où il s'apprête à réaliser cette intention n'équivaut pas à un acte de punition, mais à un acte de défense d'autrui.

Si tel est le cas, le différend entre Beccaria et Sonnenfels n'est tout au plus qu'une querelle de mots. Nous pouvons supposer que Beccaria aurait reconnu que l'Etat a le droit de tuer un criminel qui est sur le point de tuer un innocent et qu'il aurait, tout comme Sonnenfels, justifié ce droit en se référant au droit qu'a chacun de se protéger soi-même et d'être protégé par l'instance à laquelle il a délégué l'exercice de son droit d'autodéfense. Dans la partie suivante, on verra que Sonnenfels semble lui-même remettre en question, mais apparemment sans s'en rendre compte, sa thèse selon laquelle le droit d'autodéfense de l'individu devient le droit de punir de l'Etat.

Les arguments de Sonnenfels contre la nécessité de la peine de mort

Sonnenfels tente ainsi de justifier l'existence d'un droit de l'Etat à menacer de mort. Or, il démontre aussi non seulement que l'exercice de ce droit n'est pas nécessaire, mais que l'application de la peine de mort ne peut être justifiée que si elle est nécessaire.

Dans ce contexte, Sonnenfels tient à distinguer deux questions: la première a trait à l'existence en tant que telle de cas nécessaires, la seconde à l'identification précise de ces cas.[20] Il va de soi que la seconde ne se pose que si la première a reçu une réponse positive. En supposant qu'elle puisse recevoir une réponse positive, Sonnenfels estime qu'il est de la compétence du gouvernement de décider des cas où la menace de la peine de mort pourrait s'avérer nécessaire.

A la fin de sa discussion sur la peine de mort, Sonnenfels se réfère aux Juifs de l'Ancien Testament.[21] Il avait déjà fait remarquer précédemment que l'Ancien Testament pourrait faire penser que la peine de mort est justifiée par Dieu lui-même.[22] En revenant sur ce sujet à la fin de sa discussion sur les peines, il veut tenter de concilier son refus de la peine de mort avec ce qui pourrait sembler être une autorisation divine. Il le fait en contextualisant cette autorisation.[23] Pendant sa captivité, le peuple juif était habitué au travail, de sorte que le travail forcé était devenu pour lui comme une habitude: aussi la menace du travail forcé comme peine n'avait-elle pas d'effet. Il fut donc nécessaire de brandir une menace plus efficace, qui ne pouvait être qu'une menace de mort. Mais selon Sonnenfels, il serait erroné de généraliser à partir de cet exemple historique. Surtout, il serait dangereux d'établir un parallèle avec les classes laborieuses du dix-huitième siècle, elles aussi habituées au travail pénible. Ce ne

20. Voir J. Sonnenfels, *Grundsätze der Polizey, Handlung und Finanz: erster Theil*, p.455.
21. Voir J. Sonnenfels, *Grundsätze der Polizey, Handlung und Finanz: erster Theil*, p.467.
22. Voir J. Sonnenfels, *Grundsätze der Polizey, Handlung und Finanz: erster Theil*, p.450.
23. On retrouve aussi ce genre de contextualisation chez Filangieri: voir Alessandro Tuccillo, 'Filangieri et la peine de mort', dans *La Peine de mort*, éd. L. Delia et F. Hoarau, p.231-44.

sont en effet pas ces classes-là, suggère Sonnenfels, qui sont poussées à commettre des crimes que seule la menace de mort est capable de prévenir. Ces crimes, suggère Sonnenfels, sont l'œuvre de personnes qui ne travaillent pas. Pour elles, la menace du travail forcé suffit.

Mais n'y a-t-il pas d'autres groupes d'individus que la menace du travail forcé ne parvient pas à restreindre? Sonnenfels mentionne les fanatiques, mais pour observer aussitôt que, dans leur cas, aucune menace n'est efficace, pas même la menace de mort.[24] Dans ce contexte, il formule une pensée qui pourrait rendre caduque sa critique contre Beccaria telle qu'elle a été exposée plus haut. Le juriste autrichien affirme en effet que nous ne punissons pas les fanatiques, mais que nous les détruisons comme des bêtes sauvages. La violence infligée à leur encontre est un acte d'autodéfense: dès lors que cet acte est le fait de l'Etat, qui agit par délégation des individus, il devient un acte de défense d'autrui, sans pour autant devenir un acte de punition.

Il se pourrait toutefois que Sonnenfels adopte une position encore plus radicale en considérant les fanatiques non comme des êtres humains, qu'on peut punir du fait qu'ils ont une volonté libre et rationnelle, mais comme des animaux, c'est-à-dire des êtres qui, définitivement fermés à la voix de la raison, ne sauraient être tenus pour responsables ni, par conséquent, punis.

Les criminels fanatiques se distingueraient en ce sens des criminels non fanatiques, quelle que soit la gravité de leur crime. En ce qui concerne ces derniers – mais aussi les criminels en général –, Sonnenfels estime que, une fois que le criminel est entre les mains de la justice et retenu par ses chaînes ou enfermé dans les murs d'une prison,[25] il ne constitue plus un danger. Or, l'Etat n'a le droit de mettre à mort un condamné que s'il constitue encore un danger. Dans la mesure où le prisonnier non fanatique ne menace personne, il ne constitue pas un danger immédiat et il n'est donc pas légitime de le mettre à mort. Par conséquent, aucune loi pénale ne peut autoriser l'application de la peine de mort à un condamné, quel qu'ait pu être son crime. Si l'Etat a le droit de menacer de la peine de mort, il n'a le droit de le faire que si cette menace est absolument nécessaire.

Notons en outre qu'elle ne doit pas seulement être nécessaire, mais aussi avoir une chance d'être efficace. Or, dit Sonnenfels, il existe des personnes qui ne craignent pas la mort ou pour lesquelles la vie

24. Voir J. Sonnenfels, *Grundsätze der Polizey, Handlung und Finanz: erster Theil*, p.465.
25. Voir J. Sonnenfels, *Grundsätze der Polizey, Handlung und Finanz: erster Theil*, p.456.

est plus pénible que la mort.[26] Le candidat au suicide en fournit un exemple. A quoi cela sert-il de vouloir prévenir le suicide en menaçant de mort ceux qui seraient tentés de se suicider? Loin de les retenir de passer à l'acte, une telle loi, pourrait-on ajouter, les incitera au contraire à tenter de se suicider, car ils pourront alors être sûrs que, si leur tentative échoue, l'Etat les aidera de manière efficace à réaliser leur désir de mettre fin à leurs jours.

En outre, ajoute Sonnenfels, rares sont les criminels qui, lorsqu'ils s'apprêtent à commettre leur crime, pensent à la mort qu'ils encourent dans le cas où ils seraient découverts, arrêtés, jugés puis condamnés. Or, s'ils n'y pensent pas, la menace de mort n'est pas efficace. Mais si elle n'est pas efficace, il n'est pas légitime de l'inclure dans les lois pénales. Mieux vaut, dit Sonnenfels – en accord sur ce point avec Beccaria –, des peines moins sévères mais dont l'application est quasi-certaine, à des peines très sévères mais dont l'application est incertaine.[27]

Sonnenfels résume en trois points les principes qui doivent guider le législateur lorsqu'il établit des lois pénales.[28] Le législateur doit d'abord respecter les droits de l'humanité. Dans ce contexte, on est en droit de se demander si Sonnenfels donne un bon exemple en comparant le fanatique à une bête, voire en lui niant cette humanité dont nous pensons aujourd'hui qu'elle est inaliénable – de sorte que, pour nous, même des individus comme les bourreaux de l'Etat islamique doivent être traités comme des êtres humains.[29]

26. Voir J. Sonnenfels, *Grundsätze der Polizey, Handlung und Finanz: erster Theil*, p.461. Voir C. Beccaria, *Des délits et des peines*, chap.XXVIII, p.133-34: 'l'intensité de la peine d'esclavage à perpétuité, substituée à la peine de mort, suffit donc à détourner toute âme déterminée; j'ajoute qu'elle a quelque chose en plus: très nombreux sont ceux qui regardent la mort d'un œil tranquille et ferme, les uns par fanatisme, d'autres par vanité [...], d'autres enfin par désespoir et dans une ultime tentative de mettre fin à leurs jours ou de sortir de la misère.'
27. Voir J. Sonnenfels, *Grundsätze der Polizey, Handlung und Finanz: erster Theil*, p.460.
28. Voir J. Sonnenfels, *Grundsätze der Polizey, Handlung und Finanz: erster Theil*, p.467. Le juriste autrichien isole trois principes présents chez Beccaria et leur donne une importance particulière: voir C. Beccaria, *Des délits et des peines*, chap.III, p.56-57 (premier principe), chap.II, p.52-54 (deuxième principe) et chap.XXVII, p.126 (troisième principe).
29. L'impératif exigeant de traiter toute personne comme un être humain n'exclut pas l'autorisation de le tuer, mais seulement l'autorisation de le tuer lorsqu'il ne constitue plus un danger. On pourra tuer le membre de l'Etat islamique lorsqu'il combat, lorsqu'il est dans un camp d'entraînement et même lorsqu'il prie. Mais dans les pays où la peine de mort est abolie, on ne peut pas le tuer une fois qu'il

Le deuxième principe concerne la communauté politique et stipule que toute peine doit lui apporter un avantage. Dans la mesure où la peine de mort ne lui apporte aucun avantage, mais lui enlève des bras qui auraient pu être utiles, il faut que le législateur remplace la peine de mort par les travaux forcés. Mais ne serait-il pas plus utile à la communauté politique de se débarrasser des criminels en les exécutant plutôt que de construire des prisons, de nourrir des prisonniers et de salarier des gardiens? Sonnenfels rejette explicitement une telle politique.[30] Même s'il devait s'avérer économiquement plus rentable d'exécuter tous les criminels plutôt que de les emprisonner, le principe d'humanité exclut l'exécution systématique.

Le troisième principe concerne les effets sur les mobiles et les motivations des individus. Les peines dont le législateur menace les criminels doivent être telles qu'elles conduisent le criminel potentiel à réfréner ce qui le pousse au crime. La crainte de la punition doit être plus forte que le désir d'obtenir le bien recherché par le crime.

Conclusion

Sonnenfels et Beccaria s'accordent pour soutenir que la dissuasion pénale, du moins dans des Etats bien ordonnés, n'a pas besoin de faire figurer la peine de mort dans son arsenal. Or, si elle n'en a pas besoin, elle n'a pas non plus le droit de le faire. Mais alors que Sonnenfels estime que cette absence de droit ne découle que du simple critère de non-nécessité, Beccaria la fonde plus en profondeur en montrant que l'Etat n'a pas du tout et ne peut jamais avoir le droit de punir de mort un citoyen. En d'autres termes, Beccaria suggère que, même si la menace de mort était absolument nécessaire, l'Etat n'aurait pas le droit de la brandir car il n'a jamais reçu un tel droit.

Toutefois, l'opposition entre Sonnenfels et Beccaria n'est peut-être qu'apparente. Pour le dire de manière plus imagée, elle pourrait ne concerner que l'emballage et non le contenu. Il s'agit de savoir si l'Etat a le droit non pas tant de mettre à mort un citoyen que de menacer de mort un citoyen dans le cadre des lois pénales. En d'autres termes, il s'agit de savoir si la mise à mort d'un citoyen dépend du droit *pénal* ou du droit *de la guerre*. Aux yeux de Beccaria, le droit de la guerre ne

---

a été fait prisonnier. Tout au plus pourra-t-on le tuer lorsqu'il tentera de s'enfuir, c'est-à-dire lorsqu'il essayera à nouveau de devenir un danger.

30. Voir J. Sonnenfels, *Grundsätze der Polizey, Handlung und Finanz: erster Theil*, p.457.

peut être appliqué que dans des situations où l'Etat se trouve au bord de l'état de nature et où l'on pourrait être en droit de se demander si la notion de citoyenneté est encore valide. Dans ce genre de situations, on se trouve plutôt devant un pouvoir qui cherche à s'affirmer ou se réaffirmer comme Etat, sans vraiment être un Etat au sens plein du mot. Tant qu'un tel quasi-Etat n'a pas encore su s'imposer *de jure* et *de facto*, on ne saurait encore dire qu'il applique des peines. Mais rien n'exclut qu'il ait néanmoins le droit d'ôter la vie à ceux qui mettent en péril la vie ou les biens essentiels de celles et ceux qui lui font allégeance.

Pour résumer: Sonnenfels et Beccaria sont probablement tous deux d'accord pour dire que l'Etat a le droit de défendre, si nécessaire en recourant à la violence létale, les citoyens qui se font injustement agresser et qui risquent de perdre un bien essentiel, au premier rang desquels figure la vie. Aux yeux de Beccaria, ce droit n'a pas besoin de faire l'objet d'une loi spécifique, mais appartient en quelque sorte à l'idée même d'Etat. Il n'a donc pas non plus besoin d'être conféré à l'Etat par le biais d'un contrat. Aux yeux de Sonnenfels, en revanche, un contrat est nécessaire, car le droit que possède l'Etat est un droit différent de celui que possédaient les individus. Chaque individu avait le droit de se protéger, l'Etat a le droit de punir. Et Sonnenfels semble vouloir dire que l'Etat a le droit de se protéger et de protéger les citoyens en punissant, que la punition ou la menace de sanction est le moyen dont se sert l'Etat pour se protéger et pour protéger les citoyens. L'Etat a donc un droit que les individus n'avaient pas. Mais l'objet de ce droit semble être le même que l'objet du droit qu'avaient les citoyens. La dénomination change, le contenu reste. La controverse semble dès lors verbale plutôt que substantielle.

Mais, comme souvent, une controverse qui n'est à première vue que verbale peut en cacher une autre qui, elle, n'est pas simplement verbale et qui, au-delà de la querelle de mots, renvoie à ce que ces mots impliquent au niveau juridique. Cette seconde controverse s'articule autour de la question de savoir quand un citoyen cesse d'être citoyen. Plus particulièrement, elle pose la question de savoir quel type de crime un citoyen doit avoir commis pour être déchu de sa citoyenneté. C'est au niveau de cette controverse que les débats du dix-huitième siècle sont toujours d'actualité, peut-être même plus que jamais.

Un 'beccarien' avant la lettre? La philosophie pénale de Tommaso Natale

FRANCESCO BERTI

Les *Riflessioni politiche* de Tommaso Natale

Les *Riflessioni politiche intorno all'efficacia e necessità delle pene* ('Réflexions politiques sur l'efficacité et la nécessité des peines') du réformateur sicilien Tommaso Natale (1733-1819) forment un épisode significatif du 'moment Beccaria'.[1] Dans ce brillant pamphlet, on trouve en effet une philosophie pénale originale et cohérente, profondément marquée par la culture des Lumières et soucieuse de se confronter aux thèses de Montesquieu et de Beccaria.

Ce texte est le plus important des rares écrits de philosophie politique de Natale, qui ont tous paru entre 1772 et 1773, à l'exception d'un poème publié en 1756 où l'auteur a tenté de vulgariser la philosophie de Leibniz, dont il était alors un adepte.[2] Les *Riflessioni politiche* paraissent en 1772, d'abord à deux reprises au sein de deux volumes collectifs,[3] puis sous forme d'ouvrage autonome où elles sont suivies de deux courts textes: le premier discute la thèse abolitionniste de Beccaria à

1. Pour une synthèse biographique et bibliographique sur cet auteur, voir Francesco Di Chiara, 'Natale, Tommaso', dans *Dizionario biografico degli italiani*, t.77 (Rome, 2012), p.860-62.
2. Voir Giuseppe Giarrizzo, 'Nota introduttiva a Tommaso Natale', dans *Illuministi italiani*, t.7: *Riformatori delle antiche repubbliche, dei ducati, dello stato pontificio e delle isole*, éd. Giuseppe Giarrizzo, Gianfranco Torcellan et Franco Venturi (Milan et Naples, 1965), p.965-66; Piero Di Giovanni, 'Il riformismo illuminato nell'opera di Tommaso Natale', dans *La tradizione illuministica in Italia*, éd. Piero Di Giovanni (Palerme, 1986), p.21-41 (22-24).
3. Voir Tommaso Natale, 'Riflessioni politiche intorno all'efficacia e necessità delle leggi penali', dans *Miscellanei di varia letteratura*, t.8 (Lucques, Giuseppe Rocchi, 1772), p.1-66; 'Riflessioni politiche intorno all'efficacia e necessità delle pene dalle leggi minacciate', dans *Opuscoli di autori siciliani*, t.13 (Palerme, Bentivenga, 1772), p.167-269.

la lumière des critiques formulées par Linguet, le second développe des réflexions sur les *Discours* de Machiavel.[4] L'année suivante, Natale publie dans un périodique réformateur un commentaire bref mais pénétrant du onzième paragraphe du 'Discours préliminaire' du *Droit de la guerre et de la paix* de Grotius.[5]

L'interprétation des 'Réflexions politiques' se heurte à un certain nombre de difficultés. Un doute plane d'abord sur leur date de composition, qui pose le problème de leur originalité supposée. A l'en croire, Natale aurait en effet rédigé son ouvrage dès 1759, alors qu'il se trouvait à Naples – où il est alors très probablement entré en contact avec l'école d'Antonio Genovesi –, puis l'aurait aussitôt fait parvenir à un ami. Il aurait ensuite retardé sa publication, d'abord à cause de 'graves affaires' qui le tenaient occupé, puis – après 1764 – en raison de la parution des *Délits et des peines* de Beccaria, par crainte d'être qualifié de 'copiste inutile', étant donné la proximité entre les thèses du Milanais et les siennes.[6] Ce témoignage est confirmé par l'auteur anonyme d'un compte rendu de l'ouvrage de Natale publié dans le périodique palermitain où, l'année suivante, paraît son commentaire de Grotius.[7]

L'importance de cette question ne fait aucun doute, dans la mesure où ce qui est d'emblée apparu comme le trait caractéristique de cet ouvrage est le fait qu'il prétend anticiper les thèses soutenues par Beccaria, en particulier sa critique de la peine de mort et de la torture judiciaire, ainsi que le rôle de tout premier plan que l'auteur attribue à ces aspects de son livre. Natale lui-même a ainsi voulu se présenter comme une sorte de précurseur de Beccaria, tout en revendiquant l'originalité de sa démarche.

Il existe cependant de sérieuses raisons de douter du récit de Natale, pourtant accepté par de nombreux historiens qui, à l'appui de cette thèse, n'ajoutent aucun élément aux déclarations du Sicilien.

4. Voir Tommaso Natale, *Riflessioni politiche intorno all'efficacia e necessità delle pene* (Palerme, Bentivenga, 1772): telle sera l'édition citée dans les pages qui suivent. Les *Riflessioni* sont suivies d'une 'Lettera allo stesso amico in cui si ragiona del sistema del signor Beccaria intorno alla pena capitale, e degli opposti sentimenti del signor di Linguet giureconsulto francese' et des 'Riflessioni preliminari ai *Discorsi intorno alla prima Deca di Tito Livio* del segretario fiorentino'.
5. Voir Tommaso Natale, 'Osservazioni intorno al paragrafo XI del *Diritto della guerra e della pace* del sig. Grozio', *Notizie de' letterati*, n° 4 (Palerme, 26 janvier 1773), col.49-56.
6. Voir T. Natale, *Riflessioni politiche*, p.vi.
7. Voir *Notizie de' letterati*, n° 18 (Palerme, 3 novembre 1772), col.273-74.

L'utilitarisme est en effet non seulement la principale idéologie pénale servant de cadre aux idées de Natale, mais le fondement même de toute son argumentation: il donne le ton de son ouvrage, il sert de lien entre ses différentes parties et les fait converger dans une seule et même direction. Or, c'est en cela que réside justement, comme on sait, la spécificité des *Délits et des peines*. En deuxième lieu, l'écrivain sicilien développe contre la peine de mort et la torture des arguments qui, lorsqu'ils ne rappellent pas ceux de Beccaria, paraissent intentionnellement s'en éloigner. Certains autres passages de son pamphlet présentent en outre des analogies encore plus manifestes.[8] Il existe enfin une autre raison, étrangement ignorée des chercheurs, de douter de la chronologie établie par Natale: les deuxième et troisième éditions des *Riflessioni* (qui sont identiques) sont augmentées de plus de la moitié par rapport à la première. Or, dans la deuxième édition, l'auteur se mesure explicitement, dans deux longues notes, aux thèses du Milanais pour prendre ses distances avec elles, alors que dans la première édition Beccaria n'était pas même cité. Non seulement ces notes prouvent que toute cette partie ajoutée est postérieure à 1764, mais elles invitent également à penser qu'elle a été composée en 1772, puisque Natale semble y répondre à ceux qui, selon toute évidence, l'ont accusé de s'être inspiré du Milanais. En revanche, pour ce qui concerne la première partie, il me semble que les doutes relatifs à une rédaction postérieure à 1764, quoique non dénués de tout fondement, ne fournissent pas d'indices suffisants pour considérer comme mensongères les déclarations de Natale.

Les 'Réflexions', non sans audace et liberté, se situent dans un cadre radicalement moderne. Les auteurs explicitement cités et discutés sont presque tous des dix-septième et dix-huitième siècles: ce sont les grands penseurs du droit naturel moderne (Grotius, Pufendorf, Hobbes, Spinoza, Locke), des auteurs libertins (Bayle), des philosophes anglais (Cumberland, Shaftesbury, Bolingbroke) et enfin des représentants du mouvement des Lumières (Montesquieu, Rousseau, D'Alembert, Helvétius, Beccaria). A cette généreuse ouverture d'esprit correspond cependant une vision politique plus étroite, qui ne sort pas des limites de l'absolutisme éclairé et ne propose pas une critique radicale des institutions d'Ancien Régime.

L'argumentation réformatrice de Natale est fondée sur une critique antimétaphysique de la raison abstraite, dont la cible principale paraît

8. Voir Philippe Audegean, *La Philosophie de Beccaria: savoir punir, savoir écrire, savoir produire* (Paris, 2010), p.82-83.

être le jusnaturalisme moderne et les philosophes des Lumières. L'écrivain sicilien exalte une raison active et productrice dont les principes ne devraient être tirés que de l'expérience historique, par un procédé inductif qui remonte du particulier concret vers le général abstrait. Il critique avec virulence le rationalisme et défend le primat de 'l'expérience', de 'l'observation' et de la 'pratique' contre les constructions théoriques et vides de la métaphysique et de la philosophie.[9]

Bien qu'il rejette toute construction métaphysique, telle que celle des jusnaturalistes modernes, et qu'il proteste en particulier contre l'ambition de concevoir l'éthique à la manière d'une science démonstrative, Natale adopte cependant le modèle contractualiste et l'hypothèse de l'état de nature qui en constitue le fondement. Quoique ces thèmes ne soient qu'à peine esquissés dans les 'Réflexions politiques', ils n'en ont pas moins une importance décisive, puisqu'ils servent à justifier et à fonder philosophiquement la nécessité des peines et, plus généralement, des institutions juridiques. Natale s'efforce surtout de sonder l'essence de la nature humaine, caractérisée d'après lui par ce sentiment antinomique que Kant a plus tard décrit comme 'insociable sociabilité'[10] et qui, pour le Sicilien, se laisse observer dans les relations sociales qu'il détermine.[11]

L'amour-propre tend cependant à l'emporter sur le sentiment d'ouverture vers autrui. Si l'homme, abstraitement considéré, est 'une créature très parfaite et très bonne',[12] sa nature est en réalité 'imparfaite'[13] et le rend incapable de se gouverner lui-même. Aussi n'est-il pas étonnant que Natale reprenne pour l'essentiel l'interprétation de l'état de nature comme *bellum omnium contra omnes* donnée par Hobbes et Spinoza: 'poussés par leurs passions excessives' et pourvus d'une 'certaine force illimitée', les hommes ne peuvent, en l'absence d'une norme externe et d'un pouvoir coercitif, que se livrer une 'guerre perpétuelle'.[14] D'où la nécessité impérieuse d'une force externe capable

9. Voir T. Natale, *Riflessioni politiche*, p.xxx, xxxii-xxxiii, xcvii, cxxxvii.
10. Immanuel Kant, *Idée pour une histoire universelle d'un point de vue cosmopolitique* (1784), dans *Histoire et politique*, éd. Monique Castillo et Gérard Leroy (Paris, 1999), p.85-100 (90).
11. Voir T. Natale, *Riflessioni politiche*, p.xii.
12. T. Natale, *Riflessioni politiche*, p.xiv-xv: 'sarebbe una molto perfetta e buona creatura'. Les traductions des citations en italien dans ce chapitre ont été effectuées par Philippe Audegean.
13. T. Natale, *Riflessioni politiche*, p.xvii: 'imperfetta natura'.
14. T. Natale, *Riflessioni politiche*, p.xv-xvi: 'spinti dall'eccessive passioni'; p.viii-ix: 'certa illimitata forza'; p.xv: 'perpetua guerra'.

de faire prévaloir la raison sur les passions, le principe d'ordre sur le principe d'anarchie, la paix sur le conflit, le bien public sur le bien privé;[15] une force capable de ramener les hommes sur le chemin de la vertu en se fondant sur le 'sentiment intérieur qui est le fruit certain de la raison'[16] et qui gît, au moins en puissance, dans le cœur de chaque homme.

La nature contractualiste du pouvoir politique est affirmée en toute clarté par Natale, qui ne s'étend cependant pas sur les clauses du pacte social et sur les caractéristiques du pouvoir politique qui en est issu. Les peines en sont le corollaire nécessaire, bien que désagréable: sans la menace pressante des sanctions, les lois seraient en effet totalement inefficaces. Les peines visent donc à limiter 'le désordre de notre conduite extérieure', à modérer 'l'excès des passions et à réfréner et contrôler la démesure de l'amour-propre'.[17]

Dans une perspective utilitariste et humanitaire semblable à celle de Beccaria, Natale nie que la peine doive obéir à un souci de rétribution: son but n'est pas 'la satisfaction et l'utilité de celui qui a été lésé', mais 'la paix publique et la sûreté'. La peine ne peut donc 'consister dans la satisfaction tirée de la souffrance du criminel', parce que 'ce serait inhumain'.[18] Outre qu'elles sont injustes, la sévérité et la cruauté des peines s'avèrent également inefficaces: 'l'usage de châtiments très fréquents et très atroces'[19] est contre-productif, parce qu'il inocule dans le corps politique le venin destructeur du despotisme. En accord implicite avec les positions de Montesquieu et de Beccaria, Natale soutient que l'efficacité des peines ne tient pas tant à leur degré de sévérité qu'à la possibilité de les 'adapter et les proportionner aux différentes circonstances'.[20] Tout comme l'auteur milanais, l'écrivain

15. Voir T. Natale, *Riflessioni politiche*, p.xxiv.
16. T. Natale, *Riflessioni politiche*, p.xxv: 'sentimento interiore figlio certamente della ragione'.
17. T. Natale, *Riflessioni politiche*, p.xxiv: 'il disordine della nostra condotta esteriore'; p.xxviii: 'l'eccesso delle passioni, e restringere, e regolare il soverchio amor proprio'.
18. T. Natale, *Riflessioni politiche*, p.xlv: 'la soddisfazione e l'utile di colui che è stato leso', 'pubblica pace, e sicurezza', 'consistere nella compiacenza del dolore del delinquente', 'ciò sarebbe inumano'.
19. T. Natale, *Riflessioni politiche*, p.lv-lvi: 'l'uso di frequentissimi e atrocissimi castighi'.
20. T. Natale, *Riflessioni politiche*, p.lxx-lxxi: 'adattare, e proporzionare secondo le varie circostanze'. Cf. Montesquieu, *L'Esprit des lois*, éd. Robert Derathé, 2 vol. (Paris, 2011), VI.12, t.1, p.94-95, et XII.4, t.1, p.203-205; Cesare Beccaria, *Des délits et des peines*, éd. Philippe Audegean (Lyon, 2009), chap.XXVII, p.225-29.

sicilien se fait enfin le promoteur de la célérité de la justice et de la certitude des peines, dont dépend selon lui une grande partie de la force dissuasive de la législation pénale.[21]

D'un côté, Natale soutient que la sévérité des peines finit par corrompre 'ceux-là mêmes qu'elles voudraient corriger'.[22] De l'autre, empruntant à Montesquieu sa théorie des formes de gouvernement et sa distinction entre nature et principe du gouvernement, il écrit que 'les châtiments, s'ils sont trop atroces et trop souvent utilisés, tendent à éteindre insensiblement dans le cœur de l'homme toute idée d'honneur et de vertu, le rabaissant peu à peu à une vile sujétion'.[23] L'atrocité des peines ne convient qu'aux gouvernements despotiques, dans la mesure où le despotisme est par nature un régime corrompu: une législation pénale fondée sur la terreur favorise en effet ce processus de dégénérescence continuelle.[24]

A la différence de Beccaria, Natale distingue trois finalités concrètes de la législation pénale: la correction du coupable, la prévention générale et enfin l'élimination physique du condamné dans le cas des crimes les plus graves où 'le souvenir même'[25] du criminel est nuisible à l'Etat.

Critique de la torture et de la peine de mort

Le texte de Natale développe une importante offensive contre le procès pénal d'Ancien Régime. Sa critique de la torture judiciaire et de la peine capitale lui donne une place significative dans le combat des Lumières contre les excès afflictifs des législations criminelles de l'époque.[26]

Contrairement à d'autres penseurs du dix-huitième siècle qui approuvent la torture en admettant seulement quelques exceptions,

21. Voir T. Natale, *Riflessioni politiche*, p.lxxii. Cf. C. Beccaria, *Des délits et des peines*, chap.XIX, p.205-209.
22. T. Natale, *Riflessioni politiche*, p.lv: 'quelle stesse persone, che vorrebbono corrette'.
23. T. Natale, *Riflessioni politiche*, p.lxii-lxiii: 'i castighi, quando venissero usati troppo spessi, e troppo atroci, sogliono spegnere insensibilmente nel cuore dell'uomo ogn'idea d'onore, e di virtù, abbassandogli a poco a poco nella vile soggezione.'
24. Voir T. Natale, *Riflessioni politiche*, p.lvi-lxi.
25. T. Natale, *Riflessioni politiche*, p.xliv-xlv: 'la stessa memoria'.
26. Un aperçu synthétique mais efficace de la législation criminelle en Sicile au dix-huitième siècle est offert par Ottavio Ziino, *Tommaso Natale e il pensiero pubblicistico in Sicilia nel secolo XVIII* (Cortone, 1931), p.37-50.

Natale la rejette sans équivoque.[27] Là encore, son discours se fonde à la fois sur la philosophie utilitariste et sur des arguments de type humanitaire. La torture judiciaire – affirme catégoriquement l'auteur des *Riflessioni* – s'appuie 'sur de faux principes'.[28] Le Sicilien ne la rejette cependant pas 'comme châtiment', à condition qu'elle soit limitée à certaines classes de délits non spécifiés. Naturellement, cette précision affaiblit considérablement sa critique 'humanitaire' de la torture. Ce qu'il condamne est la torture utilisée 'comme un moyen pour faire la lumière sur un délit', au nom du fait que forcer à avouer 'va contre toutes les lois de l'humanité et de la nature': 'un aveu extorqué par ce moyen doit être tenu pour nul, parce que forcé par la violence des tourments.'[29] La torture doit enfin être abolie pour un autre motif: 'il arrive très souvent qu'une grande partie des gens de tempérament très robuste et dont l'esprit ne manque pas d'aplomb souffrent tranquillement tel atroce tourment qu'un plus faible ne peut supporter.'[30] Cette idée se trouve déjà non seulement chez de nombreux auteurs des Lumières,[31] mais aussi chez

27. Luigi Delia, *Droit et philosophie à la lumière de l'Encyclopédie*, Oxford University studies in the Enlightenment (Oxford, Voltaire Foundation, 2015), p.150, observe par exemple que, parmi les nombreux encyclopédistes, seul Jaucourt propose l'abolition intégrale de la torture judiciaire.
28. T. Natale, *Riflessioni politiche*, p.xcv: 'su falsi principj'.
29. T. Natale, *Riflessioni politiche*, p.xciv: 'come gastigo', 'ma il valersene come un mezzo d'appurare un delitto, è quello che io condanno', 'è contro tutte le leggi d'umanità e della natura', 'una confessione per un tal mezzo estorta, si dee presumer nulla, perché forzata dalla violenza de' tormenti.' L'argument de la nullité juridique de la torture a été plus tard développé, entre autres, par Gaetano Filangieri, *La scienza della legislazione* (1780-1791), éd. Vincenzo Ferrone, 7 vol. (Venise, 2003-2004), t.3, éd. Francesco Toschi Vespasiani (liv.III, 'Delle leggi criminali', 1re partie, 'Della procedura'), chap.XI, p.106-107.
30. T. Natale, *Riflessioni politiche*, p.xcv: 'egli si vede bene spesso succedere, che gran parte di persone di robustissimo temperamento, e di spirito non vacillante sogliono soffrire in pace così fatto atroce tormento, che altri più debole non può.'
31. Voir C. Beccaria, *Des délits et des peines*, chap.XVI, p.191; Francesco Mario Pagano, 'Contro di Antonio Gioja, di Filippo Palladino, di Biagio Capuano, rei dell'atrocissimo omicidio di don Ignazio Poerio, patrizio della città di Taverna' (Naples, 1777), éd. Francesco Berti, *Archivio storico del Sannio* 1-2 (2012), p.121-22; G. Filangieri, *La scienza della legislazione*, liv.III, 1re partie, chap. XI, p.111; Francesco Mario Pagano, *Considerazioni sul processo criminale* (1787), éd. Filippo Maria Palladini (Venise, 2009), p.109; Joseph von Sonnenfels, 'Mémoire sur l'abolition de la torture', dans *Bibliothèque philosophique du législateur, du politique, du jurisconsulte*, éd. Jacques-Pierre Brissot de Warville, 10 vol. (Berlin et Paris, Desauges, 1782-1785), t.4, p.197-274 (221-22); Jacques-Pierre Brissot de

des écrivains des siècles précédents[32] et tire son fondement du droit romain lui-même.[33]

Sur la peine de mort, la réflexion de Natale est beaucoup plus dense et plus argumentée. En prônant la limitation du châtiment suprême à de rares cas, en l'espèce aux crimes de lèse-majesté et à d'autres crimes particulièrement atroces,[34] Natale apparaît moins comme un précurseur – ou comme un émule – de Beccaria que comme un annonciateur de Filangieri. Quelques années plus tard, peut-être dans la lignée de Mably, qui apparaît comme l'une de ses sources dans son entreprise de justification de la peine capitale,[35] le philosophe napolitain propose en effet de restreindre cette peine aux seuls crimes d'assassinat et de lèse-majesté.[36] Mais si, sur le plan pratique, la critique de Natale se montre audacieuse, elle ne l'est pas autant sur le plan symbolique, parce qu'une chose est d'admettre l'homicide d'Etat dans certains cas, même limités, tout autre chose est de le refuser de manière absolue: un gouffre sépare ces deux attitudes. De ce point de vue, pour s'être élevé contre une pratique vieille de plusieurs milliers d'années, pour avoir défié une tradition profondément enracinée de justification de la peine capitale, Beccaria doit sans nul doute être considéré comme un auteur révolutionnaire. Plus que tout autre aspect de sa pensée, c'est surtout son opposition radicale à la peine capitale qui permet de dire que 'dans l'histoire du droit pénal occidental (et pas seulement occidental), l'œuvre de Beccaria' a constitué 'un tournant radical dans la science comme dans les institutions'.[37]

Warville, 'Moyens de prévenir les crimes en France', dans *Bibliothèque philosophique du législateur, du politique, du jurisconsulte*, t.6, p.153-54.

32. Voir par exemple Jean de La Bruyère, *Les Caractères de Théofraste traduits du grec avec Les Caractères, ou les Mœurs de ce siècle*, éd. Marc Escola (Paris, 1999), XIV.51, p.539; Anton Matthaeus, *Commentarius ad lib. XLVII et XLVIII Dig. De criminibus* (Wesel, A. Wesel, 1702), liv.XLVIII, titre XVI, chap.V, p.725.
33. Comme le rappelle Pietro Verri, *Osservazioni sulla tortura*, éd. Giulio Carnazzi (Milan, 1998), p.114, qui cite intégralement le passage du *Digeste* où est développée cette idée (D, 48, 18, 23).
34. Voir T. Natale, *Riflessioni politiche*, p.lxxxix.
35. Voir Gabriel de Mably, *De la législation, ou Principes des lois*, dans *Collection complète des œuvres*, éd. Guillaume Arnoux, t.9 (Paris, C. Desbrière, 1794-1795; réimpression Aalen, 1977), liv.III, chap.IV, p.333-36.
36. Voir G. Filangieri, *La scienza della legislazione*, t.4, éd. Gerardo Tocchini et Antonio Trampus (liv.III, 'Delle leggi criminali', 2e partie, 'De' delitti e delle pene'), chap.XXX, p.32.
37. Giuliano Vassalli, 'Cesare Beccaria nella storia del diritto penale', dans *Scritti giuridici*, t.4: *Il codice penale e la sua riforma: criminologia, politica criminale e*

Si, en outre, il est vrai que Natale plaide pour une limitation drastique de la peine de mort, s'il affirme qu'il faut trouver 'une méthode plus efficace et moins violente de châtier, et qui, tout en étant moins atroce et moins extrême que la peine de mort, puisse néanmoins produire plus d'effet',[38] il n'en suggère pas moins au législateur de la remplacer par la mutilation pour les crimes très graves et par la flétrissure (la marque au fer rouge) pour les crimes un peu moins graves. L'idéologie humanitaire qui inspire Beccaria ne joue donc pas un rôle vraiment décisif dans la critique de la peine de mort développée par Natale, dont la perspective est encore strictement utilitariste.

Quels sont les arguments avancés par Natale dans son analyse critique de la peine capitale? Le thème est introduit dès les premières lignes des 'Réflexions'. Après avoir présenté, en termes généraux, l'idée dominante de son ouvrage – 'je pense donc que ce n'est pas la trop grande sévérité des peines ni leur fréquente utilisation qui les rendent efficaces, mais la bonne manière de les adapter et de les infliger, quand bien même elles seraient alors moins sévères et moins fréquentes' –,[39] le Sicilien passe aussitôt à un cas particulier qui illustre parfaitement l'idée qu'il vient d'exposer: 'je soutiens même que le supplice de la mort n'est sans doute pas le moyen le plus adapté pour prévenir et pour éradiquer les délits, et pour graver dans les esprits des sujets l'idée de crainte et d'épouvante nécessaire pour qu'ils s'abstiennent de les commettre.'[40] D'emblée, Natale insiste donc sur deux idées: la peine de mort doit être critiquée en tant qu'elle est *inefficace* et cette critique joue un rôle paradigmatique dans la critique plus générale du droit pénal.

Cet argument est repris dans la seconde moitié de l'ouvrage, lorsque l'écrivain sicilien présente la raison pour laquelle la peine de

---

legislazione straniera – giuristi del passato (Milan, 1997), p.561: 'nella storia del diritto penale dell'occidente (e non soltanto dell'occidente) l'opera di Cesare Beccaria', 'una svolta reale nella scienza come nelle istituzioni'.

38. T. Natale, *Riflessioni politiche*, p.xc: 'un metodo più efficace e meno violento di gastigare, che essendo meno atroce, e meno estremo della pena della morte, potesse pur nondimeno produrre di più effetto.'

39. T. Natale, *Riflessioni politiche*, p.vi-viii: 'io penso dunque che non è né la troppa severità delle pene, né il frequente uso di esse, che le rende efficaci; bensì il saperle adattare, e dispensare quantunque meno severe fussero, e meno spesse.'

40. T. Natale, *Riflessioni politiche*, p.ix-xi: 'anzi io sostengo che il supplizio della morte non è forse il mezzo più adattato per prevenire ed estirpare i delitti, ed imprimere negli animi de' sudditi quella necessaria idea di timore e di spavento, perché si astenessero di commetterli.'

mort doit être critiquée, c'est-à-dire justement son inefficacité. On observe ici une différence profonde avec Beccaria. Non seulement celui-ci avait immédiatement relié le problème de l'utilité de la peine capitale à celui de sa légitimité morale, philosophique et juridique, mais ce dernier aspect avait été traité en premier. Comme on sait, tout le chapitre XXVIII des *Délits et des peines* suit un double parcours, puisqu'il démontre que la peine de mort est à la fois inutile et injuste. On pourrait en outre observer que le seul argument avancé par Beccaria pour refuser catégoriquement la peine de mort provient du jusnaturalisme, qui est une perspective philosophique à laquelle l'auteur milanais est fondamentalement étranger.[41]

La démarche de Natale est différente: il refuse en effet de poser le problème sur le plan des principes. Deux raisons principales le conduisent à cette décision. Conformément à ses déclarations méthodologiques, il tient d'abord à maintenir son discours sur un plan éminemment pratique: 's'agissant de la pratique et de l'exécution, on ne doit point avoir égard à ce qui pourrait ou devrait être, mais à ce qui est effectivement.'[42] Mais s'il n'envisage pas de s'interroger sur la légitimité de la peine de mort, c'est aussi parce que, à ses yeux, un tel problème serait hors sujet dans la perspective qu'il a choisie. Le Palermitain n'aborde en effet la peine de mort que du point de vue de son utilité. Qu'il la considère en réalité comme pleinement légitime, on ne l'apprend donc pas dans ses 'Réflexions', mais dans le court texte où il commente le point de vue philosophique de Beccaria sur la peine capitale. Natale distingue ainsi nettement le problème de la légitimité de l'homicide d'Etat de celui de son utilité, au point de les aborder séparément dans deux textes différents.

Si l'on s'en tient à un point de vue exclusivement utilitariste sur la peine de mort, la position de Natale ne s'éloigne donc guère de celle de Beccaria. Le Sicilien s'accorde en effet avec le Milanais pour reconnaître que la peine capitale est dépourvue de capacité dissuasive: elle n'est pas en mesure d'éliminer ni même de diminuer les crimes qu'elle voudrait empêcher.

En premier lieu, la peine de mort ne peut être proportionnée aux crimes, parce qu'elle n'est pas 'susceptible d'un degré en plus ou en moins de différence afflictive, permettant de secouer le cœur

41. Voir Rodolfo Mondolfo, *Cesare Beccaria* (Milan, 1960), p.60.
42. T. Natale, *Riflessioni politiche*, p.lxxxiii: 'trattandosi della pratica, e dell'eseguire, non si dee riguardare ciò che potrebbe o dovrebbe essere; ma ciò che effettivamente si è.'

des hommes par un degré en plus ou en moins de crainte qui puisse compenser la plus ou moins grande énormité du crime'.[43] On remarquera que Natale tranche ici une question de justice – une peine identique réprime des délits différents qui devraient encourir des peines différentes – au moyen d'une réponse rigoureusement utilitariste: la peine de mort, à cause de son caractère 'extrême' et de sa 'violence', suscite le même degré de crainte pour des crimes différents, alors qu'il serait certainement *plus utile* que les crimes les plus graves soient sanctionnés plus sévèrement, de manière à ce que leurs peines soient plus dissuasives.

En second lieu, la peine de mort n'est pas en mesure de produire 'dans les esprits des hommes tout l'effet qu'il est nécessaire de produire',[44] et ce pour trois raisons. Les hommes, tout d'abord, 'n'ont pas une idée intuitivement claire et évidente de la mort, de sorte que chacun puisse rapporter à soi-même la misère d'autrui par l'imagination'.[45] C'est pourquoi, 'au lieu de l'affliction et de la crainte, on éprouve le plus souvent ce plaisir qu'éveille dans le cœur humain la satisfaction de toute curiosité; et si certains en sont émus, c'est de manière trop légère ou comme un privilège'.[46] Si, en outre, la peine de mort ne suscite pas la crainte qu'un châtiment aussi radical devrait inspirer, c'est parce que 'les hommes sont trop accoutumés à la mort: nous n'entendons et ne voyons continuellement que des morts, des pompes funèbres'.[47] Cet argument pourrait à première vue sembler contradictoire avec le précédent. Mais il n'en est rien, parce que dans le premier cas Natale évoque l'expérience individuelle et personnelle de la mort, qui n'est évidemment pas susceptible d'être communiquée, alors que dans le

43. T. Natale, *Riflessioni politiche*, p.lxxxiv: 'ricevere un grado di più o meno di differenza afflittiva, onde di muovere il cuore degli uomini con un grado più o meno di timore, che potesse compensare la maggiore o minore enormità del delitto.'
44. T. Natale, *Riflessioni politiche*, p.lxxxv-lxxxvi: 'negli animi degli uomini tutto quell'effetto ch'è necessario produrre.'
45. T. Natale, *Riflessioni politiche*, p.lxxxv: 'gli uomini non hanno un'idea chiara intuitiva ed evidente del morire, onde potesse ciascuno riferirne a se stesso coll'immaginazione l'altrui miseria.'
46. T. Natale, *Riflessioni politiche*, p.lxxxvi: 'in vece di afflizione e di timore suole per lo più provarsi quello stesso piacere, che risveglia nel cuore umano il vedere appagata qualunque curiosità; e se qualcheduno ne vien commosso, è troppo leggiermente, o di pannaggio.'
47. T. Natale, *Riflessioni politiche*, p.lxxxvii: 'gli uomini sono troppo accostumati alla morte, continuamente non udiamo, o non vediamo, che uomini morti, che pompe funerali.'

second il se réfère à la mort comme phénomène social, d'un point de vue matériel et imaginaire. Le troisième argument avancé par Natale est d'origine empiriste: 'le supplice de la mort est trop momentané; il ne reste après l'exécution aucune marque vive de la misère qu'elle a infligée; trop passagère s'avère donc l'impression produite dans les esprits d'autrui.'[48]

Si on compare les critiques de la peine de mort de Natale et de Beccaria – en laissant de côté l'argumentation de ce dernier sur son illégitimité –, on constate que presque toutes les raisons avancées par le Sicilien trouvent leur équivalent dans les chapitres XXVII et XXVIII des *Délits et des peines*. On a également déjà rappelé que, selon Natale, la peine de mort ne doit être prononcée que dans deux cas: la sédition et les crimes particulièrement atroces. Or, là encore, le langage de Natale semble à la fois se rapprocher et s'éloigner de celui de Beccaria, d'une manière qui peut faire penser à une inspiration directe accompagnée d'une tentative pour la dissimuler.[49]

Il convient ici de s'arrêter sur un très court texte de Natale, qui tire son origine de la critique élevée contre Beccaria par l'avocat et publiciste français Linguet. Ce document est significatif, non seulement parce que le Sicilien y confirme sa position sur l'utilisation de la peine capitale, mais aussi parce qu'il y expose son opinion sur la légitimité de l'homicide d'Etat. Sur le premier point, Natale prend la défense de Beccaria. Selon lui, 'l'expérience exacte du cœur humain' démontre l'inefficacité du recours abusif à la peine capitale, qui n'est pas dissuasive: aussi vaut-il mieux la remplacer 'par une autre peine plus durable, qui serait plus apte à maintenir toujours vive l'image de la misère des criminels, et avec elle le souvenir de l'atrocité de leurs crimes et de la sévérité et de l'immuabilité des lois qui les châtient'.[50] Sur le second point, la situation est inverse: à propos de la légitimité de la peine de mort, Natale admet franchement qu'il est du même avis que Linguet.

48. T. Natale, *Riflessioni politiche*, p.lxxxviii: 'il supplizio della morte è troppo momentaneo; né restano oltre l'esecuzione segni vivi della miseria che ella ha cagionato; e quindi è, che se ne fa troppo passaggiera l'impressione negli animi altrui.'
49. Voir T. Natale, *Riflessioni politiche*, p.lxxxix. Cf. C. Beccaria, *Des délits et des peines*, chap.XXVIII, p.231.
50. T. Natale, 'Lettera allo stesso amico', p.vi-viii: 'esatta esperienza del cuore umano', 'con un'altra pena più durevole, che fusse più adatta a mantenere sempre viva l'immagine della miseria dei delinquenti, e con essa la memoria dell'atrocità dei delitti, e della severità ed immutabilità delle leggi nel castigarli'.

Celui-ci avait contesté ce qui, d'un point de vue logique, constitue la première des objections philosophiques de Beccaria contre la peine capitale. Cette objection consiste à rappeler que, en instituant la société, les hommes n'ont pu transmettre au souverain le droit de vie et de mort, parce que nul n'est 'maître de se tuer': 'Personne – avait glosé Linguet – n'est en droit de se donner la mort: donc personne ne peut donner à un autre le droit de la donner.'[51] Mais tel n'est pas le véritable fondement du droit de tuer: 'ce n'est point du consentement de chaque particulier que naît le droit qu'a la société de punir ses membres, c'est du droit naturel de la défense.'[52]

Natale reconnaît la validité de cette objection, mais la considère comme un point de départ, non comme un point d'arrivée. Il s'accorde en effet avec Linguet pour dénoncer l'erreur logique consistant à déduire 'du droit de donner la mort à autrui [...] le droit de se tuer soi-même': '[En effet], le premier tend à la conservation, le second à son contraire. Le droit de se détruire ne peut appartenir à personne, celui de se conserver appartient à tous; et cela en vertu d'une loi universelle de nature. Or, le droit universel de nous conserver nous donne celui de détruire ceux qui s'y opposent.'[53] Or, observe Natale un peu plus loin en prolongeant le raisonnement de Linguet, 'tous ces droits qui appartiennent à chaque particulier forment, chez les représentants de la société réunie par convention, le droit souverain de vie et de mort'.[54] Quoique ébauché de manière embryonnaire, ce développement où l'écrivain sicilien replace le raisonnement de Linguet dans le cadre du droit naturel présente un intérêt évident. C'est en effet ce même cadre qui, quelques années plus tard, a servi à Gaetano Filangieri, probablement inspiré par Mably – dont l'œuvre contient une critique semblable[55] – mais peut-être aussi par

51. Simon-Nicolas-Henri Linguet, 'Fragment d'une lettre de M. Linguet à l'auteur du *Traité des délits et des peines*' (1770), dans Cesare Beccaria, *Dei delitti e delle pene*, éd. Franco Venturi (Turin, 1994), p.454-58 (457).
52. S.-N.-H. Linguet, 'Fragment d'une lettre', p.457-58.
53. T. Natale, 'Lettera allo stesso amico', p.iv-v: 'dal diritto di dare altrui la morte [...] quello di uccider se stesso', '[Infatti] il primo tende alla conservazione, il secondo al contrario. A nessuno può competere il diritto di destrudersi, a tutti quello di conservarsi; e ciò per una legge universale di natura. Ed il diritto universale di conservarci, ci dà quello di distruggere chi vi si oppone.'
54. T. Natale, 'Lettera allo stesso amico', p.ix: 'tutti quei diritti sì fatti, che appartengono a ciascun particolare, nei rappresentanti della società, per convenzione riuniti, formano quel diritto sovrano di vita e di morte.'
55. Voir G. de Mably, *De la législation, ou Principes des lois*, liv.III, chap.IV, p.331-32.

Linguet[56] et par Natale, pour contester de manière plus ample et plus rigoureuse la critique élevée par Beccaria contre l'homicide d'Etat, à partir d'un cadre commun hérité de Locke.[57]

La polémique contre Beccaria

Pour approfondir la comparaison entre les deux ouvrages de Natale et de Beccaria, il faut enfin analyser les passages des 'Réflexions politiques' où le Sicilien polémique ouvertement contre l'auteur milanais. Commençons par la première de ses critiques, qui est aussi la plus importante:

> [Beccaria] fonde toute la base de son système sur un principe d'une excessive équité [...] qui n'est certainement pas compatible avec une longue pratique et une diligente expérience au sein de la société humaine. C'est cette même expérience qui, d'après moi, a poussé les sages législateurs à concéder tant de droits au fisc sur les crimes et sur les criminels: bien qu'à première vue ces droits paraissent injustes et excessifs, ils n'en sont pas moins très nécessaires et très adaptés pour tenir en bride les hommes corrompus.[58]

Natale poursuit en affirmant qu'il est injuste d'accuser les législations pénales d'être 'sévères et inhumaines': si on analyse l'origine des peines à la lumière de la nature humaine, on devra convenir au contraire que les 'sages législateurs' ne les ont promulguées que pour sauvegarder 'le bien public de l'Etat, la paix et la tranquillité des citoyens bons et pacifiques'.[59] Ces passages montrent clairement que le regard porté par le Sicilien sur la société, la culture et les institutions d'Ancien Régime est très différent de celui de Beccaria, au point de rendre

56. Voir S.-N.-H. Linguet, 'Fragment d'une lettre', p.455, et G. Filangieri, *La scienza della legislazione*, liv.III, 2e partie, chap.XXIX, p.20.
57. Voir G. Filangieri, *La scienza della legislazione*, liv.III, 2e partie, chap.XXIX, p.27-28.
58. T. Natale, *Riflessioni politiche*, p.viii: 'fonda tutta la base del suo sistema su d'un certo principio d'una soverchia equità [...] che non è certamente compatibile colla lunga pratica, e colla diligente esperienza nell'umana società. E questa stessa esperienza è stata quella, a mio credere, che ha mossi i saggi legislatori a concedere tanto dritto al fisco sopra i delitti e sopra i delinquenti, che quantunque appaja a prima vista ingiusto e soverchio, è purnondimeno assai necessario, e assai conveniente perché si tengano a freno gli uomini corrotti.'
59. T. Natale, *Riflessioni politiche*, p.ix-x: 'severi ed inumani', 'saggi legislatori', 'il ben pubblico dello Stato, la quiete e tranquillità de i buoni e pacifici cittadini'.

problématique la qualification de 'penseur des Lumières' attribuée par certains historiens à Natale.[60] La critique libertaire et dévastatrice qui enflamme les pages du Milanais se présente chez le Palermitain sous des dehors beaucoup plus discrets: ce n'est sans doute pas un hasard si le mot 'liberté' n'est presque jamais employé dans les *Riflessioni politiche.*

Natale voit dans 'l'équité' le principe fondamental des *Délits et des peines*: or il rejette cette valeur, du moins sous la forme extrême que, à ses yeux, Beccaria lui a donnée. A quoi se réfère plus précisément le Sicilien? Ce qu'il désigne sous ce terme est manifestement la volonté de rééquilibrer le rapport entre l'accusation et la défense dans le procès pénal en attribuant davantage de pouvoir à cette dernière. Plus généralement, 'l'excessive équité' dénoncée par Natale est aussi l'expression d'un principe qu'il condamne de manière encore plus catégorique: celui d'égalité. Cet élément est décisif pour mesurer aussi bien l'adhésion de Natale à 'l'esprit du siècle' que la radicalité du texte de Beccaria. Il est clair en effet que, parmi les différentes idées-force des Lumières ayant contribué à éroder l'imaginaire politique qui justifiait et soutenait les institutions d'Ancien Régime, le concept d'égalité occupe une place importante.[61] Or, il est frappant de constater à quel point, d'un côté, l'œuvre de Beccaria s'inscrit pleinement dans cette tendance moderne, dont elle apparaît même comme l'une des expressions les plus authentiques,[62] et à quel point, au contraire, celle de Natale lui reste pour une bonne part étrangère.

Non seulement en effet le pamphlet de Beccaria recueille ici l'héritage d'Helvétius, mais, comme l'avaient déjà observé ses contemporains, il est également traversé par l'esprit – quoique non par la lettre – de Rousseau. Il serait certes hasardeux d'en déduire que la 'véritable nature du texte' de Beccaria, son 'essence', réside dans l'appel à l'égalité.[63] Il ne fait également aucun doute que l'influence de

60. Voir P. Di Giovanni, 'Il riformismo illuminato', p.21.

61. Sur 'l'idée-force' de liberté, voir Furio Diaz, 'Discorso sulle "Lumières": programmi politici e idea-forza della libertà', dans *L'età dei lumi: studi storici sul Settecento europeo in onore di Franco Venturi*, éd. Raffaele Ajello *et al.*, t.1 (Naples, 1985), p.101-63. Sur le concept d'égalité à l'âge des Lumières, voir Rolf Reichardt, 'Egalité', dans *Le Monde des Lumières*, éd. Vincenzo Ferrone et Daniel Roche (Paris, 1999), p.97-110.

62. Voir Michel Porret, 'Beccaria et sa modernité', dans *Beccaria et la culture juridique des Lumières*, éd. Michel Porret (Genève, 1997), p.11-25 (25).

63. Voir Alberto Burgio, 'L'idea di eguaglianza tra diritto e politica nel *Dei delitti e delle pene*', dans *Cesare Beccaria: la pratica dei Lumi*, éd. Vincenzo Ferrone et Gianni Francioni (Florence, 2000), p.79-98 (80): 'vera natura del testo', 'sua essenza';

Rousseau dans les *Délits* ne peut être étendue, comme on l'a cru par le passé, à la conception contractualiste de Beccaria.[64] Il n'en demeure pas moins que, chez le philosophe milanais, l'idée d'égalité ne saurait être réduite à la simple revendication, quoique déjà importante par elle-même, d'un traitement juridique égal des citoyens, mais s'étend à une exigence implicite, quoique non précisée, de justice sociale – une exigence qui le conduit même, certes allusivement, à remettre en question la légitimité de la propriété privée.[65] L'idée d'égalité parcourt ainsi tout le texte de Beccaria, lui conférant un ton à la fois original et radical qui s'exprime non seulement dans sa critique sévère du droit pénal de son temps, mais aussi dans une vaste offensive contre la société d'Ancien Régime.

Au contraire, le Palermitain 's'en tient à une division de la société conforme aux modèles traditionnels'.[66] A ce titre, il apparaît comme un représentant de cette partie de la noblesse sicilienne qui, certes éclairée, certes disposée à rogner ses privilèges en faveur du développement d'une économie plus rationnelle et plus moderne, prête sans doute à atténuer les disparités sociales les plus criantes en luttant contre les latifundia et en contribuant à la création d'une classe moyenne, reste néanmoins attachée à ses intérêts de classe et se montre fermement résolue à ne jamais y renoncer.

Dans un texte édifié sur de telles bases, non seulement on doit donc s'attendre à ne pas retrouver l'élan vers une société d'hommes libres et égaux qui caractérise l'ouvrage de Beccaria, mais on ne doit pas non plus s'étonner que, en exaspérant certains préjugés de classe présents

---

voir aussi, du même auteur, 'Entre droit et politique', dans *Figures italiennes de la rationalité*, éd. Christiane Menasseyre et André Tosel (Paris, 1997), p.375-95.

64. Voir Dario Ippolito, 'Contrat social et peine capitale: Beccaria contre Rousseau' (2014), dans *Rousseau et l'Italie: littérature, morale et politique*, éd. Philippe Audegean, Magda Campanini et Barbara Carnevali (Paris, 2017), p.147-76 (150).
65. Voir C. Beccaria, *Des délits et des peines*, chap.XXII, p.213.
66. Pasquale Fornaro, 'Tra progresso e conservazione: le "riflessioni politiche" di Tommaso Natale', dans *La Sicilia nel Settecento*, t.1 (Messine, 1986), p.329-50 (340): 'è fermo a una divisione della società secondo gli schemi tradizionali.' Sur ce point, voir aussi P. Di Giovanni, 'Il riformismo illuminato', p.40; Rosamaria Alibrandi, 'La "fervida immagine di Beccaria": diritto punitivo e uso legittimo della tortura in un trattato siciliano del tardo Settecento in materia criminale', *Cuadernos de historia del derecho* 22 (2015), p.265-67, et 'La "merveilleuse oppression" de la peine: Tommaso Natale, précurseur de Beccaria ou épigone de Leibniz?', dans *Le Bonheur du plus grand nombre: Beccaria et les Lumières*, éd. Philippe Audegean, Christian Del Vento, Pierre Musitelli et Xavier Tabet (Lyon, 2017), p.243-54.

dans l'œuvre de Montesquieu, le Sicilien critique avec une extrême vigueur l'idée typiquement libérale d'égalité, au sens de l'égalité formelle qui ne s'étend pas au-delà de la sphère juridique. Natale réélabore ici l'analyse des principes du gouvernement développée par Montesquieu: de cette analyse, qui définit chaque principe par la composante psychologique dominante liée aux classes sociales prééminentes dans une société, il tire la conviction que le code pénal devra distinguer les peines encourues en fonction de l'appartenance de classe.[67]

Natale rejette en outre l'un des principes fondamentaux du modèle de procès pénal élaboré à l'âge des Lumières et fondé sur des mécanismes de garanties contre les excès du pouvoir. Luigi Ferrajoli a donné le nom de stricte légalité à ce principe destiné à 'empêcher, comme arbitraires et discriminatoires, les conventions pénales qui ne sont pas référées à des faits mais directement à des personnes et qui ont donc un caractère "constitutif" et non "régulateur" de ce qui est punissable'.[68] Contre ce principe, Natale défend l'un des piliers du modèle inquisitoire, à savoir une conception du droit pénal selon laquelle la déviance est définie, poursuivie et punie sur la base de jugements éthiques substantiels. L'écrivain sicilien préfigure en effet, à propos des classes populaires, une forme de punition qui, justifiée sur la base des précédents judiciaires du prévenu, voire simplement sur des préjugés moralisateurs ou de classe et formellement destinée à la simple prévention sociale, débouche sur l'hypothèse d'une sanction réprimant la déviance sociale sur des critères discriminatoires, c'est-à-dire 'la dangerosité sociale du sujet, légalement présumée sur la base de ses conditions personnelles ou sociales'.[69]

Mais ce n'est pas tout. Natale rejette également la distinction entre crime et péché sur laquelle se fonde le droit laïque moderne et qui, plus généralement, est l'un des éléments les plus caractéristiques de la société moderne. S'élevant contre Beccaria, il observe que, puisque la religion est le plus important 'soutien du système politique', celui qui l'offense doit être considéré comme 'un perturbateur et comme un

67. Voir T. Natale, *Riflessioni politiche*, p.lxviii.

68. Luigi Ferrajoli, *Diritto e ragione: teoria del garantismo penale*, 10e éd. (Rome et Bari, 2011), p.7: 'precludere, in quanto arbitrarie e discriminatorie, le convenzioni penali non riferite a fatti ma direttamente a persone e quindi aventi carattere "costitutivo" e non "regolativo" di ciò che è punibile.'

69. L. Ferrajoli, *Diritto e ragione*, p.14: 'la pericolosità sociale del soggetto legalmente presunta in base a condizioni personali o di *status*'. Voir T. Natale, *Riflessioni politiche*, p.lxxiv.

ennemi de l'Etat': 'en tant que tel', il doit donc être châtié.[70] Dans cette même perspective, inspirée par un réalisme politique qui est peut-être un héritage de Hobbes et qui le conduit à un juridictionnalisme césaropapiste, Natale en vient à formuler un jugement très négatif sur la liberté de pensée. Il en déduit, sur un ton il est vrai moins péremptoire, une négation de la liberté de parole et de la presse qui est en parfaite harmonie avec les institutions de son temps.[71]

La comparaison entre les deux auteurs, une fois déplacée de la philosophie pénale à une dimension plus large de philosophie politique, fait ainsi apparaître aussi bien le caractère subversif de Beccaria par rapport à l'Ancien Régime et à ses justifications théoriques que l'approche traditionnaliste de Natale sur le principe d'égalité, la laïcité des institutions et les libertés civiles. Cette opposition est bien résumée par la différence des buts qu'ils assignent au contrat social: pour le premier, le pacte se propose essentiellement de garantir, dans la sécurité, la liberté des contractants, dans un esprit libéral ou lockien; pour le second, le contrat a pour fonction primordiale de garantir l'ordre et la paix sociale, dans une perspective absolutiste et autoritaire qu'on retrouve chez tous les auteurs qui, comme Hobbes, considèrent que les maux d'une société proviennent principalement non de 'l'oppression, qui naît de l'excès de pouvoir', mais de 'l'insécurité, qui naît au contraire du défaut de pouvoir'.[72] Ce dernier aspect permet de comprendre les apories du texte de Natale, dues à la présence simultanée de tendances authentiquement réformatrices et de prises de position conservatrices en matière pénale; mais il permet aussi d'interpréter l'œuvre de Natale comme une défense, éclairée si l'on veut, non seulement de l'Ancien Régime, mais aussi de certains de ses travers les plus graves et les plus manifestes.

70. T. Natale, *Riflessioni politiche*, p.l-li: 'sostegno del sistema politico', 'un perturbatore, e come un nemico dello Stato', 'come tale'.
71. Voir T. Natale, *Riflessioni politiche*, p.liii-liv.
72. Norberto Bobbio, *Thomas Hobbes* (Turin, 1989), p.30: 'oppressione, che deriva dall'eccesso di potere', 'insicurezza, che deriva, al contrario, se mai, dal difetto di potere'.

Annexe: le moment Beccaria dans les Etats italiens (1765-1806)

Inventaire établi par

PHILIPPE AUDEGEAN *et* LUIGI DELIA

1765

1. ALMICI, Pietro Camillo, 'Osservazioni critiche di Callimaco Limi sul libro intitolato *Dei delitti e delle pene*', dans *Nuova raccolta di opuscoli scientifici e filologici*, t.13 (Venise, Simone Occhi), p.xiii-xlvii.
2. DE SORIA, Giovan Gualberto, 'Giudizio di celebre professore sopra il libro *Dei delitti e delle pene*', dans Cesare Beccaria, *Dei delitti e delle pene* (Lausanne [Livourne], s.n. [Marco Coltellini]), p.127-39.[1]
3. FACCHINEI, Ferdinando, *Note ed osservazioni sul libro intitolato Dei delitti e delle pene* (s.l. [Venise], s.n. [Antonio Zatta]).
4. VERRI, Alessandro, 'Ragionamento sulle leggi civili', dans *Il Caffè* (Brescia [Milan], Giuseppe Galeazzi), 2e année, no XVI-XIX.
5. VERRI, Alessandro, et Pietro VERRI, *Risposta ad uno scritto che s'intitola Note ed osservazioni sul libro Dei delitti e delle pene* (Lugano, Agnelli).[2]

1766

6. DRAGONETTI, Giacinto, *Tratatto delle virtù e de' premi* (Naples, Giovanni Gravier).[3]

1. Le texte est traduit en français par Etienne Chaillou de Lisy sous le titre 'Jugement d'un célèbre professeur sur le livre *Des délits et des peines*', dans Cesare Beccaria, *Traité des délits et des peines* (Paris, Jean-François Bastien, 1773), p.245-62.
2. L'ouvrage est traduit en français par Etienne Chaillou de Lisy sous le titre 'Réponse à un écrit intitulé *Notes et observations sur le livre Des délits et des peines*', dans C. Beccaria, *Traité des délits et des peines*, p.265-420.
3. L'ouvrage est traduit en français par Jean-Claude Pingeron sous le titre *Traité des vertus et des récompenses* (Naples, Giovanni Gravier, 1767).

7. Genovesi, Antonio, *Della diceosina, o sia della filosofia del giusto e dell'onesto*, 2 vol. (Naples, Stamperia Simoniana, 1766-1771).
8. Risi, Paolo, *Animadversiones ad criminalem iurisprudentiam pertinentes* (Milan, Giuseppe Galeazzi).[4]
9. Venturini, Salvatore, *De tormentis* (Lucques, s.n.); 'Dei tormenti', traduit du latin par Orazio Arrighi Landini, dans *Raccolta ferrarese d'opuscoli scientifici e letterari di ch. autori italiani*, t.7 (Venise, Sebastiano Coleti, 1780), p.159-76.
10. Verri, Alessandro, 'Di alcuni sistemi del pubblico diritto', dans *Il Caffè* (Brescia [Milan], Giuseppe Galeazzi), 2e année, no xxxi-xxxii.
11. Verri, Pietro, 'Sulla interpretazione delle leggi', dans *Il Caffè* (Brescia [Milan], Giuseppe Galeazzi), 2e année, no xxviii.

1767

12. Verri, Pietro, 'Sull'amministrazione della giustizia criminale' (ms.).
13. Voltaire, *Commentario sopra il libro dei delitti e delle pene*, traduit du français (s.l. [Milan? Lugano?], s.n).[5]

1768

14. Vasco, Dalmazzo Francesco, 'Riflessioni sopra il libro *Dei delitti e delle pene*' (ms.).

1770

15. Montanari, Antonio, *La necessità della pena di morte nella criminal legislazione dichiarata nei casi da usarsi* (Vérone, Marco Moroni).

1772

16. Natale, Giovanni Tommaso, 'Riflessioni politiche intorno all'efficacia e necessità delle leggi penali', dans *Miscellanei di varia*

4. L'ouvrage est traduit en français par François Seigneux de Correvon sous le titre *Observations sur des matières de jurisprudence criminelle* (Lausanne, François Grasset, 1768).
5. Il s'agit de la traduction italienne, dont l'auteur n'a jamais été identifié, du *Commentaire sur le livre des délits et des peines* de Voltaire (s.l. [Genève], s.n. [Gabriel et Philibert Cramer], 1766).

letteratura, t.8 (Lucques, Giuseppe Rocchi), p.1-66; 'Riflessioni politiche intorno all'efficacia e necessità delle pene dalle leggi minacciate', dans *Opuscoli di autori siciliani*, t.13 (Palerme, Gaetano Maria Bentivenga), p.167-269; *Riflessioni politiche intorno all'efficacia e necessità delle pene* (Palerme, Gaetano Maria Bentivenga).

17. Silla, Antonio, *Il diritto di punire o sia risposta al trattato De' delitti e delle pene del signor marchese di Beccaria* (Naples, Stamperia Raimondiana).

1773

18. Renazzi, Filippo Maria, *Elementa juris criminalis*, 3 vol. (Rome, Giovanni Generoso Salomoni, 1773-1786).

1774

19. Foggi, Francesco, *Saggio sopra l'impunità legittima o l'asilo* (Livourne, Giovannni Vincenzo Falorni).

1775

20. Arco, Giovanni Battista Gherardo d', *Del fondamento del diritto di punire* (Crémone, Lorenzo Manini).[6]
21. Rusca, Franchino, *Specimen jurisprudentiae criminalis ad principia legis naturae* (Milan, Giuseppe Galeazzi).

1776

22. De Simoni, Alberto, *Del furto e sua pena* (Lugano, Agnelli e compagni).
23. Lampredi, Giovanni Maria, *Juris publici universalis sive juris naturae et gentium theoremata*, 3 vol. (Livourne, Giovanni Vincenzo Falorni, 1776-1778).
24. Rusca, Franchino, *Osservazioni pratiche sopra la tortura* (Lugano, Agnelli e compagni).
25. Verri, Pietro, *Osservazioni sulla tortura* (ms., 1776-1777).

6. Voir le compte rendu paru dans *L'Esprit des journaux français et étrangers* 8 (1779), p.363-66.

1777

26. ARNALDI, Enea, *Della vera misura dei delitti, e della retta norma di applicare le pene* (Vicence, Francesco Vendramini Mosca).
27. VERGANI, Paolo, *Della pena di morte* (Milan, Giuseppe Richino Malatesta); 2e éd. (Milan, Giuseppe Richino Malatesta, 1780).

1780

28. PESCATORE, Francescantonio, *Saggio intorno diverse opinioni di alcuni moderati politici sopra i delitti e le pene* (Turin, Giovanni Michele Briolo).
29. PILATI, Carlo Antonio, 'Plan d'une législation criminelle' (ms.).
30. ROGADEO, Gian Donato, *Ragionamenti del cavaliere Giandonato Rogadeo sul regolamento della giustizia e sulle pene* (Lucques, s.n.; Naples, s.n., 1783).
31. SEIGNEUX DE CORREVON, Gabriel, 'Saggio sopra la tortura dimostrante l'uso, l'abuso e gl'inconvenienti di essa ne' processi criminali', traduit du français par Orazio Arrighi Landini, dans *Raccolta ferrarese d'opuscoli scientifici e letterari di ch. autori italiani*, t.7 (Venise, Sebastiano Coleti), p.77-158.[7]

1781

32. NANI, Tommaso, *De indiciis eorumque usu in cognoscendis criminibus* (Pavie, Stamperia del Monastero di S. Salvatore).

1783

33. FILANGIERI, Gaetano, *La scienza della legislazione*, liv.III, 'Delle leggi criminali', 1re partie, 'Della procedura' (Naples, Stamperia Raimondiana).
34. FILANGIERI, Gaetano, *La scienza della legislazione*, liv.III, 'Delle leggi criminali', 2e partie, 'De' delitti e delle pene' (Naples, Stamperia Raimondiana).

7. Il s'agit de la traduction de l'*Essai sur l'usage, l'abus et les inconvénients de la torture dans la procédure criminelle* (Lausanne, François Grasset, 1768).

1784

35. Giampieri, Casimoro, *Della proporzione fra i delitti e le pene* (Pise, Francesco Pieraccini).
36. Giudici, Antonio, *Apologia della giurisprudenza romana: note critiche al libro intitolato Dei delitti e delle pene* (Milan, Giuseppe Galeazzi).

1785

37. *Osservazioni e risposte ad un giudizio in forma di estratto pubblicato in un foglio letterario sull'opera che ha per titolo: apologia della giurisprudenza romana, o note critiche al libro intitolato: Dei delitti e delle pene* (Milan, Giuseppe Galeazzi).

1786

38. Léopold de Toscane, *Riforma della legislazione criminale toscana del dì 30 novembre 1786* (Sienne, Francesco Rossi).
39. Malanima, Cesare (abbé), *Commentario filologico-critico sopra i delitti e le pene secondo il gius divino* (Livourne, Tommaso Masi e compagni).

1787

40. Bonvicini, Giuseppe, *Osservazioni sopra varj mezzi di prevenire i delitti nella civil società* (Parme, Fratelli Borsi).
41. Majo, Gaetano, *La giustizia delle leggi prevenienti i delitti* (Naples, Vincenzo Orsini).
42. Mattei, Saverio, *Che la dolcezza delle pene sia giovevole al Fisco più che l'asprezza* (Venise, Giovanni Vitto).
43. Pagano, Francesco Mario, *Considerazioni sul processo criminale* (Naples, Stamperia Raimondiana).

1788

44. Ciaramelli, Cammillo, *Della pena di morte: trattato filosofico-politico* (s.l. [Florence], s.n., s.d.).[8]

8. L'ouvrage est traduit en français sous le titre *Traité philosophique et politique de la peine de mort, pour servir de suite et de supplément au Traité des délits et des peines du marquis de Beccaria* (Mantoue, s.n., 1789). Voir les comptes rendus parus dans les *Novelle letterarie* (mai 1788), n° 11, coll.162, et dans le *Nuovo giornale letterario d'Italia*, t.1 (s.l., s.n., 1788), p.229.

45. *Intorno all'origine dei delitti, al modo di prevenirli e di rendere le pene più utili* (Turin, Ignazio Soffietti).

1791

46. Cremani, Luigi, *De jure criminali libri tres*, 3 vol. (Pavie, héritiers de Pietro Galeazzi, 1791-1793).
47. Romagnosi, Gian Domenico, *Genesi del diritto penale* (Pavie, Stamperia del Monastero di S. Salvatore).

1795

48. Carmignani, Giovanni, *Saggio di giurisprudenza criminale* (Florence, Gaetano Cambiagi).

1797

49. Compagnoni, Giuseppe, *Elementi di diritto costituzionale democratico ossia Principj di giuspubblico universale* (Venise, Giustino Pasquali).

1798

50. Valentinelli, Francesco, *Ragionamento sopra la pena di morte* (Ferrare, héritiers de Giuseppe Rinaldi).

1803

51. Pagano, Francesco Mario, *Principj del codice penale* (Milan).

1806

52. Pagano, Francesco Mario, *Logica de' probabili applicata a' giudizj criminali* (Milan).

date inconnue (mais avant 1776)

53. Manfredini, Antonio Maria, *Indifferenza del secolo decimottavo* (s.l., s.n., s.d).

Résumés

Voltaire vulgarisateur de Beccaria
Ethel Groffier

Le *Commentaire sur le livre Des délits et des peines*, publié en 1766, conféra à l'ouvrage de Beccaria une célébrité exceptionnelle. Voltaire illustre les principes d'un traité plutôt théorique par maints exemples concrets de la sévérité exagérée et des lacunes du droit pénal français de l'époque. Il prend position, dans une optique utilitariste, sur des questions comme la peine de mort, la torture et les droits de la défense en insistant sur la tolérance et la distinction entre crime et péché. Son prestige contribua à l'influence de l'œuvre de Beccaria sur la réforme du droit pénal entreprise à la Révolution.

Beccaria et la religion: la réaction de Facchinei et du Saint-Office
Alberto Bondolfi

Ce chapitre porte sur deux réactions immédiates à l'œuvre de Beccaria: le pamphlet de Ferdinando Facchinei, âpre critique politique et religieuse, ainsi que l'avis du jésuite Pietro Lazzari rédigé pour la congrégation du Saint-Office en vue de la mise à l'*Index* du livre. Mêlant des considérations politiques et sociales à des arguments venus de la tradition théologique post-tridentine, mais sur un ton plus serein que chez Facchinei, cet avis a épargné à Beccaria une condamnation pour hérésie, au profit d'une condamnation plus neutre qui non seulement n'a pas empêché la diffusion massive des *Délits et des peines*, mais l'a au contraire encouragée.

Beccaria et le réformisme pénal en Angleterre (1764-1790)
Christophe Béal

Le traité des *Délits et des peines* a joué un rôle décisif dans les débats sur la réforme pénale en Angleterre (1764-1790), donnant lieu à des lectures et des usages très variés, parfois même contradictoires. Or, l'interprétation utilitariste de Bentham a eu tendance à occulter les arguments que les juristes anglais comme Blackstone, Eden ou Romilly ont puisés chez Beccaria pour justifier la modération, la proportionnalité et la certitude des peines. Leur interprétation, qui se fonde davantage sur des principes tirés de la *common law* ou de la loi naturelle que sur des considérations d'utilité, révèle un autre aspect du 'moment Beccaria'.

'Un sentiment d'humanité affecté': Kant critique de Beccaria
Pietro Costa

Kant rejette sévèrement l'offensive de Beccaria contre la peine de mort, alors même qu'il se situe lui aussi dans une perspective contractualiste. Sommes-nous en présence d'une simple opposition entre deux théories de la peine, 'préventive' et 'rétributive'? Le cadre est en réalité plus complexe, non seulement parce que le débat sur le 'rétributionnisme' kantien n'est pas clos, mais aussi parce que la critique kantienne renvoie à des options philosophiques qui concernent aussi bien le concept de contrat social (considéré comme une 'simple idée de la raison') que la représentation de l'être humain (caractérisée par le 'dédoublement' entre sujet 'phénoménal' et sujet 'nouménal').

'Ramener le coupable à la vertu': la philanthropie pénale de Charles-Louis-Fleury Panckoucke
Luigi Delia

'Point d'humiliation, point de désespoir, point de sang': telle est la devise d'un opuscule paru en 1807, sous le titre *De l'exposition, de la prison et de la peine de mort.* Composé par le philanthrope Charles-Louis-Fleury Panckoucke (1780-1844) à l'heure de la naissance de la prison légale, à la veille de la codification napoléonienne et dans le cadre intellectuel de la société des idéologues, l'essai propose un plan de réformes de la justice criminelle française fondé sur le principe de l'amendement moral du criminel. Placée sous le signe des Lumières du droit pénal, la conception selon laquelle la peine est en mesure de 'ramener le criminel à la vertu' apparaît pourtant étrangère aux réflexions de Beccaria.

Réformer l'arbitraire judiciaire: un débat complexe à la croisée des savoirs
Annamaria Monti

Le 'moment Beccaria' a souvent été désigné comme un moment de rupture radicale avec l'ancien droit et de fondation d'un nouveau droit pénal. On peut toutefois aussi le considérer comme un moment de 'confluences' diverses qui ont mêlé leurs cours dans les premières codifications pénales modernes. Cette vision des choses invite alors à retracer la physionomie élargie d'un débat sur la justice criminelle auquel ont participé non seulement les intellectuels de la nouvelle génération, mais aussi les juristes de la tradition ancienne.

Réforme juridique, réforme politique: le jury populaire chez Beccaria, Condorcet et Bentham
Emmanuelle de Champs

Ce chapitre examine la façon dont *Des délits et des peines* a contribué à infléchir la réflexion de Condorcet et de Bentham sur la question du jury populaire. A sa fonction historique (assurer l'impartialité de l'institution judiciaire), Beccaria ajoute l'idée qu'il doit aussi permettre de résoudre les problèmes posés par le caractère incertain des décisions de justice en augmentant la probabilité de rendre un verdict conforme aux faits. Ce chapitre examine la genèse de cette idée et explique en quoi elle constitue un moment limité mais fondateur dans la réflexion politique sur le jury populaire.

Un aspect des discussions beccariennes en Allemagne: la psychologie criminelle de Johann Christian Gottlieb Schaumann
Wolfgang Rother

Contre la torture, Beccaria soutient que la douleur rend méconnaissables les caractéristiques de l'expression du visage, où la vérité se révèle parfois involontairement. Cette argumentation contient implicitement le concept d'une psychologie criminelle que le kantien Johann

Christian Gottlieb Schaumann développe en 1792 dans ses *Ideen zu einer Kriminalpsychologie*. Schaumann y appelle de ses vœux une science empirique visant à la connaissance de l'âme humaine. Mais son livre contient aussi un portrait moral du juge: au lieu d'appliquer la violence, celui-ci, psychologiquement sensible et empathique, doit gagner la confiance de l'accusé pour le convaincre de dire la vérité.

'Pour qu'une peine ne soit pas une violence...': formes et modalités des sanctions pénales dans la philosophie des Lumières
Dario Ippolito

Ce chapitre montre que les interprétations de Michel Foucault et de Giovanni Tarello ne permettent pas d'appréhender correctement la réflexion des Lumières sur les critères de légitimité de la sanction pénale. Il propose de distinguer le fondement doctrinal et la portée normative de deux principes différents: celui, jusnaturaliste et rétributiviste, d'homogénéité (selon lequel la peine doit ressembler à l'infraction) et celui de proportionnalité (selon lequel la sévérité de la première doit être mesurée à la gravité de la seconde), souvent justifié par un raisonnement utilitariste. Enfin, il examine la relation entre ces principes et les modalités punitives défendues ou condamnées par les acteurs du 'moment Beccaria'.

Sonnenfels, Beccaria et la peine de mort
Norbert Campagna

Cesare Beccaria et l'Autrichien Joseph von Sonnenfels se sont tous deux exprimés sur la peine de mort. Ils sont d'accord pour affirmer que la société ne doit pas l'appliquer. Mais, alors que Beccaria fonde ce rejet sur l'illégitimité de cette peine, que nul souverain n'est jamais en droit d'appliquer, Sonnenfels accepte sa légitimité: il refuse d'ôter au souverain le droit de punir de mort, mais il soutient que l'application de cette peine n'est pas nécessaire.

Un 'beccarien' avant la lettre? La philosophie pénale de Tommaso Natale
Francesco Berti

Les *Riflessioni politiche intorno all'efficacia e necessità delle pene* (1772) du Sicilien Tommaso Natale forment un épisode significatif du 'moment Beccaria'. Ce pamphlet exprime une philosophie pénale marquée par la culture des Lumières, en particulier par les idées de Montesquieu et de Beccaria. Probablement rédigé après la parution des *Délits et des peine*s, il emprunte à Beccaria son orientation philosophique utilitariste, ainsi que de nombreux arguments dirigés contre les excès afflictifs de l'ancien droit, notamment la torture et la peine de mort. Cependant, à la différence du Milanais, Natale porte sur la société d'Ancien Régime un regard nettement plus traditionaliste.

Références et compléments bibliographiques

Sources

1. Œuvres de Cesare Beccaria

'Avis au sujet de la peine de mort' (1792), dans *Des délits et des peines*, éd. Philippe Audegean (Paris, 2014), p.205-208.

Carteggio, 1re partie: *1758-1768*, éd. Carlo Capra, Renato Pasta et Francesca Pino Pongolini, dans *Edizione nazionale delle opere di Cesare Beccaria*, éd. Luigi Firpo et Gianni Francioni, t.4 (Milan, 1994).

Dei delitti e delle pene, éd. Gianni Francioni, dans *Edizione nazionale delle opere di Cesare Beccaria*, éd. Luigi Firpo et Gianni Francioni, t.1 (Milan, 1984).

Dei delitti e delle pene, con una raccolta di lettere e documenti relativi alla nascita dell'opera e alla sua fortuna nell'Europa del Settecento, éd. Franco Venturi (Turin, 1965).

Des délits et des peines, éd. Faustin Hélie (Paris, 1856).

Des délits et des peines, éd. Philippe Audegean (Lyon, 2009).

Des délits et des peines, éd. Philippe Audegean (Paris, 2014).

An Essay on crimes and punishments (Londres, John Almon, 1767).

'Piano per la catedra d'economia pubblica, o sia di scienze camerali' (1768), dans *Edizione nazionale delle opere di Cesare Beccaria*, éd. Luigi Firpo et Gianni Francioni, t.3: *Scritti economici*, éd. Gianmarco Gaspari (Milan, 2014), p.55-66.

2. Textes antérieurs à 1764

Burlamaqui, Jean-Jacques, *Principes du droit politique* (Amsterdam, Zacharias Chatelain, 1751).

D'Alembert, Jean, *Discours préliminaire de l'Encyclopédie* (1751), éd. Martine Groult (Paris, 2000).

'Elenco dei giustiziati 1471-1760', conservé à Milan, Biblioteca Ambrosiana, ms. Becc. B 228.

Garoni, Angelo Stefano, *Commentaria in tit. De senatoribus novarum constitutionum status mediolani* (Milan, Philippum Ghisulphium, 1643).

Helvétius, Claude-Adrien, *De l'esprit* (1758; Paris, 1988).

La Bruyère, Jean de, *Les Caractères de Théofraste traduits du grec avec Les Caractères, ou les Mœurs de ce siècle*, éd. Marc Escola (Paris, 1999).

Matthaeus, Anton, *Commentarius ad lib. XLVII et XLVIII Dig. De criminibus* (Wesel, A. Wesel, 1702).

Mogni Fossati, Pio Antonio (éd.), *Constitutiones mediolanensis Dominii* [...] *duodecima editione* (Milan, J. Marelli, 1764).

Montesquieu, Charles de Secondat, baron de, *L'Esprit des lois*, éd. Robert Derathé, 2 vol. (Paris, 2011).

Muyart de Vouglans, Pierre-François, *Institutes au droit criminel*, t.1 (Paris, Le Breton, 1757).

Pelli, Giuseppe, *Contre la peine de mort* (ms. 1760), éd. Philippe Audegean (Paris, 2016).

Pufendorf, Samuel, *De jure naturae et gentium* (1672), éd. Frank Böhling, dans *Gesammelte Werke*, t.4 en 2 vol. (Berlin, 1998).

Rousseau, Jean-Jacques, *Du contrat social* (1762), éd. Robert Derathé, dans *Œuvres complètes*, t.3 (Paris, 1964).

Rugginelli, Giulio Cesare, *Tractatus De senatoribus sive commentaria ad novas constitutiones mediolani hoc titulo* (Milan, Carlo Iosephi Quinti, 1697).

Thomas d'Aquin, *Somme théologique*, éd. Albert Raulin et Aimon-Marie Roguet, 3 vol. (Paris, 1985).

Verri, Pietro, 'Orazione panegirica sulla giurisprudenza milanese', dans *Edizione nazionale delle opere di Pietro Verri*, t.1: *Scritti letterari, filosofici e satirici*, éd. Gianni Francioni (Rome, 2014), p.422-50.

3. Textes postérieurs à 1764[1]

Barbier, Edmond-Jean-François, *Chroniques de la Régence et du règne de Louis XV*, 8 vol. (Paris, 1858).

Barkhausen, Victor, 'Über die Abschaffung der Todesstrafen: Probe eines Kommentars über den Beccaria', dans Johann Friedrich Plitt, *Repertorium für das peinliche Recht* (Francfort-sur-le-Main, Gebrüdern van Düren, 1786), p.302-420.

1. Nous avons exclu de cette section les sources italiennes du 'moment Beccaria' répertoriées dans l'inventaire placé en annexe dans le présent volume, sauf pour les textes cités dans les chapitres de cet ouvrage.

Bentham, Jeremy, *De l'organisation judiciaire et de la codification*, éd. Etienne Dumont (Paris, 1828).

–, *Draught of a code for the organization of the judicial establishment in France* (1790), dans *The Works of Jeremy Bentham*, éd. John Bowring, 11 vol. (Edimbourg, 1838-1843), t.4, p.285-406.

–, *The Elements of the art of packing, as applied to special juries* (1821), dans *The Works of Jeremy Bentham*, éd. John Bowring, 11 vol. (Edimbourg, 1838-1843), t.5, p.61-186.

–, fonds Bentham, University College London.

–, *A Fragment on government* (1776), dans *A Comment on the Commentaries and A Fragment on government*, éd. James Henderson Burns et Herbert Lionel Adolphus Hart (Oxford, 2008), p.391-551.

–, *Fragment sur le gouvernement* (1776), dans *Fragment sur le gouvernement: manuel de sophismes politiques*, éd. Jean-Pierre Cléro (Paris, 1996), p.85-180.

– *Introduction aux principes de morale et de législation* (1789), éd. Centre Bentham (Paris, 2011).

–, *An Introduction to the principles of morals and legislation* (1789), éd. James Henderson Burns et Herbert Lionel Adolphus Hart (Oxford, 1996).

–, *Organisation du pouvoir judiciaire: vue sommaire des différences les plus remarquables entre le projet du Comité et le projet anglais, dont l'auteur, Mr. Bentham, a fait hommage à l'Assemblée nationale*, éd. Etienne Dumont (s.l. [Paris], s.d. [1790]).

–, 'Principes du code pénal', dans *Traités de législation civile et pénale* (1802), éd. Malik Bozzo-Rey, Anne Brunon-Ernst et Emmanuelle de Champs (Paris, 2010).

–, *Principles of judicial procedure* (ms. 1820-1827), dans *The Works of Jeremy Bentham*, éd. John Bowring, 11 vol. (Edimbourg, 1838-1843), t.2, p.1-188.

–, *Rights, representation, and reform: nonsense upon stilts and other writings on the French Revolution*, éd. Philip Schofield, Catherine Pease-Watkin et Cyprian Blamires (Oxford, 2002).

–, *Scotch reform* (1808), dans *The Works of Jeremy Bentham*, éd. John Bowring, 11 vol. (Edimbourg, 1838-1843), t.5, p.1-53.

–, *Théorie des peines et des récompenses*, éd. Etienne Dumont (Londres, 1811).

–, *Traités de législation civile et pénale*, 3 vol. (Paris, 1802).

–, *Traités de législation civile et pénale* (1802), éd. Malik Bozzo-Rey, Anne Brunon-Ernst et Emmanuelle de Champs (Paris, 2010).

Bergk, Johann Adam, *Des Marchese Beccaria's Abhandlung über Verbreche und Strafen*, 2e partie (Leipzig, Johann Gottlob Beygang, 1798).

Bexon, Scipion-Jérôme, *Application de la théorie de la législation pénale, ou Code de la sûreté publique et particulière, fondé sur les règles de la morale universelle, sur le droit des gens, etc.*, 2 vol. (Paris, 1807).

–, *Développement de la théorie des lois criminelles* (Paris, 1802).

–, *Parallèle du code pénal d'Angleterre avec les lois pénales françaises* (Paris, Fauvelle et Sagnier, 1799).

Blackstone, William, *Commentaries of the laws of England*, 4 vol. (Oxford, Clarendon Press, 1765-1769).

Brissot de Warville, Jacques-Pierre, *Bibliothèque philosophique du législateur, du politique, du jurisconsulte, ou Choix des meilleurs discours, dissertations, essais, fragments, composés sur la législation criminelle par les plus célèbres écrivains, en français, anglais, italien, allemand, espagnol etc., pour parvenir à la réforme des lois pénales dans tous les pays, traduits et accompagnés de notes et d'observations historiques*, 10 vol. (Berlin et Paris, Desauges, 1782-1785).

Condorcet, Jean-Antoine-Nicolas de Caritat, marquis de, *Arithmétique politique: textes rares ou inédits (1767-1789)*, éd. Bernard Bru et Pierre Crépel (Paris, 1994).

– 'Discours de réception à l'Académie française' (21 février 1782), dans *Œuvres de Condorcet*, éd. Arthur Condorcet O'Connor et François Arago, 12 vol. (Paris, 1847-1849), t.1, p.389-415.

–, *Essai sur l'application de l'analyse à la probabilité des décisions rendues à la pluralité des voix* (Paris, Imprimerie royale, 1785).

–, lettre à Paolo Frisi, 9 février 1768, lettre inédite recensée par l'Inventaire Condorcet, collection particulière.

–, 'Lettre d'un gentilhomme picard à M. l'évêque d'Amiens' (1781), dans *Almanach anti-superstitieux et autres textes*, éd. Anne-Marie Chouillet et Henri Duranton (Paris, 1992), p.165-81.

–, 'Nottes remises par Monsieur le marquis de Condorcet au comte Louis de Durfort sur le Code criminel publié à Florence le 30 novembre 1786', dans Mario Da Passano, 'La giustizia penale e la riforma leopoldina in alcuni inediti di Condorcet', *Materiali per una storia della cultura giuridica* 5 (1975), p.422-43.

–, 'Projet de constitution française' (1793), dans *Œuvres de Condorcet*, éd. Arthur Condorcet O'Connor et François Arago, 12 vol. (Paris, 1847-1849), t.12, p.423-501.

–, 'Série de fragments faisant partie d'un manuscrit sur les lois criminelles', dans Mario Da Passano, 'La giustizia penale e la riforma leopoldina in alcuni inediti di Condorcet', *Materiali per una storia della cultura giuridica* 5 (1975), p.415-22.

Constant, Benjamin, *Commentaire sur l'ouvrage de Filangieri* (1822-1824; Paris, 2004).

Dagge, Henry, *Considerations on criminal law* (Dublin, H. Saunders *et al.*, 1772).

Diderot, Denis, 'Observations sur le *Traité des délits et des peines*' (1766), dans *Œuvres complètes*, éd. Georges Dulac, Ulla Kölving et Annette Lorenceau, t.20 (Paris, 1995), p.421-25.

–, *Observations sur l'Instruction de sa Majesté impériale aux députés pour la confection des lois* (ms. 1774), dans *Œuvres complètes*, t.11 (Paris, 1971), p.199-323.

Dufriche de Valazé, Charles-Eléonore, *Lois pénales* (Alençon, Malassis le jeune, 1784).

–, *Ueber die Strafgesetze oder Entwurf zu einem allgemeinen Strafkodex*, éd. Karl Adolf Cäsar (Leipzig, Johann Samuel Heinsius, 1786).

Dupaty, Charles-Marguerite-Jean-Baptiste Mercier, *Mémoire justificatif pour trois hommes condamnés à la roue* (Paris, Philippe-Denys Pierres, 1786).

Duval, Amaury, 'De Beccaria et de son livre' (1795), dans *'La Décade philosophique' comme système, 1794-1807*, éd. Josiane Boulad-Ayoub, t.5 (Rennes, 2003), p.275-80.

Eden, William, *Principles of penal law* (Londres, B. White, T. Cadell, 1771).

Edit du 11 février 1786, conservé à Milan, Archivio di Stato, Uffici giudiziari parte antica, cartella 198.

Facchinei, Ferdinando, *Note ed osservazioni sul libro intitolato Dei delitti e delle pene* (Venise, Zatta, 1765).

Feuerbach, Paul Johann Anselm, *Kritik des Kleinschrodischen Entwurfs zu einem peinlichen Gesetzbuche für die Chur-Pfalz-Bayerischen Staaten* (Giesen, 1804).

–, *Revision der Grundsätze und Grundbegriffe des positiven peinlichen rechts*, 1re partie (Erfurt, In der Henningschen Buchhandlung, 1799).

Fichte, Johann Gottlieb, *Fondements du droit naturel selon les principes de la doctrine de la science* (1796-1797), éd. Alain Renaut (Paris, 1998).

Filangieri, Gaetano, *La scienza della legislazione* (1780-1791), éd. Vincenzo Ferrone, 7 vol. (Venise, 2003-2004).

Ginguené, Pierre-Louis, compte rendu de l'essai *De l'exposition, de la prison et de la peine de mort* de Charles-Louis-Fleury Panckoucke, *Revue philosophique, littéraire et politique* 22 (1er août 1807), p.196.

Grolman, Karl, *Ueber die Begründung des Strafrechts und der Strafgesetzgebung nebst einer Entwickelung der Lehre von dem Maasstabe der Strafen und der juridischen Imputation* (Giessen, Friedrich Hayer, 1799).

Grotius, Hugo, *Le Droit de la guerre et de la paix* (1625), éd. Jean Barbeyrac (Amsterdam, Pierre de Coup, 1724).

Hardy, Siméon-Prosper, *Mes loisirs*, éd. Pascal Bastien, Sabine Juratic et Daniel Roche, 6 vol. (Paris, 2012).

Hommel, Karl Ferdinand, *Des Herrn Marquis von Beccaria unsterbliches Werk von Verbrechen und Strafen* (Breslau, Johann Friedrich Korn, 1778).

Howard, John, *L'Etat des prisons, des hôpitaux et des maisons de force en Europe au XVIIIe siècle* (1777-1778), éd. Christian Carlier et Jacques-Guy Petit (Paris, 1994).

Hufeland, Gottlieb, *Lehrsätze des Naturrechts* (Iéna, s.n., 1790).

Jakob, Ludwig Heinrich, *Philosophische Rechtslehre, oder Naturrecht* (Haller, In der Rengerschen Buchhandlung, 1795).

Jousse, Daniel, *Traité de la justice criminelle de France*, 4 vol. (Paris, Debure, 1771).

Kant, Immanuel, *Idée pour une histoire universelle d'un point de vue cosmopolitique* (1784), dans *Histoire et politique*, éd. Monique Castillo et Gérard Leroy (Paris, 1999), p.85-100.

–, 'Kants Naturrecht (Gottlieb Feyerabend)', dans *Kant's gesammelte Schriften*, t.27:2-2, *Kant's Vorlesungen*, *Vorlesungen über Moralphilosophie*, t.4:2-2 (Berlin, 1979), p.1317-94.

–, *Leçons d'éthique*, éd. Luc Langlois (Paris, 1997).

–, *Lezioni sul diritto naturale (Naturrecht Feyerabend)*, éd. Norbert Hiske et Gianluca Sadun Bordoni (Milan, 2016).

–, *Metaphysik der Sitten Vigilantius*, dans *Kant's gesammelte Schriften*, t.27:2-1, *Kant's Vorlesungen*, *Vorlesungen über Moralphilosophie*, t.4:2-1 (Berlin, 1975), p.475-732.

–, *Métaphysique des mœurs* (1797), éd. Alain Renaut, t.2, 1re partie, 'Principes métaphysiques de la doctrine du droit' (Paris, 1994).

–, *Métaphysique des mœurs*, éd. Joëlle Masson et Olivier Masson, dans *Œuvres philosophiques*, t.3 (Paris, 1986).

–, 'Moral Mrongovius II (Die Moral des HE Prof. Kant gelesen nach Baumgartens Practischer Philosophie)', dans *Kant's gesammelte Schriften*, t.29:1-1, *Kant's Vorlesungen*, *Kleinere Vorlesungen und Ergänzungen I*, t.6:1-1 (Berlin, 1980), p.593-642.

–, 'Practische Philosophie Powalski', dans *Kant's gesammelte Schriften*, t.27:1, *Kant's Vorlesungen*, *Vorlesungen über Moralphilosophie*, t.4:1 (Berlin, 1974), p.91-235.

–, *Réflexions sur la philosophie morale*, éd. Luc Langlois (Paris, 2014).

–, 'Réponse à la question: qu'est-ce que les Lumières?' (1784), dans *Vers la paix perpétuelle: que signifie s'orienter dans la pensée? Qu'est-ce que les Lumières?*, éd. Jean-François Poirier et Françoise Proust (Paris, 1991), p.41-51.

–, 'Sur l'expression courante: il se peut que ce soit juste en théorie, mais en pratique cela ne vaut rien', dans *Théorie et pratique: droit de mentir*, éd. Louis Guillermit (Paris, 1967), p.9-59.

Lacretelle, Pierre-Louis de, *Discours sur le préjugé des peines infamantes* (Paris, Cuchet, 1784).

Le Peletier de Saint-Fargeau, Michel, *De l'abrogation de la peine de mort* (Paris, Imprimerie nationale, 1793).

–, 'Rapport sur le projet de code pénal présenté à l'Assemblée nationale au nom des comités de constitution et de législation criminelle' (séance du lundi 23 mai 1791), dans *Archives parlementaires de 1787 à 1860*, éd. Jérôme Mavidal et Emile Laurent, 1re série, t.26 (Paris, 1887), p.319-45.

Linguet, Simon-Nicolas-Henri, 'Fragment d'une lettre de M. Linguet à l'auteur du *Traité des délits et des peines*' (1770), dans Cesare Beccaria, *Dei delitti e delle pene*, éd. Franco Venturi (Turin, 1994), p.454-58.

Mably, Gabriel de, *De la législation, ou Principes des lois*, dans *Collection complète des œuvres*, éd. Guillaume Arnoux, t.9 (Paris, C. Desbrière, 1794-1795; réimpression Aalen, 1977).

Madan, Martin, *Thoughts on executive justice, with respect to our criminal laws* (Londres, J. Dodsley, 1785).

Marat, Jean-Paul, *Plan de la législation criminelle* (1780; Paris, Rochette, 1790).

Muyart de Vouglans, Pierre-François, *Les Lois criminelles de France dans leur ordre naturel* (Paris, Mérigot, Crapart, Morin, 1780).

–, *Réfutation des principes hasardés dans le Traité des délits et des peines* (Lausanne et Paris, Desaint, 1767).

–, *Réfutation du Traité des délits et des peines* (1767), dans *Les Lois criminelles de France dans leur ordre naturel* (Paris, Mérigot, Crapart, Morin, 1780), p.811-31.

Natale, Tommaso, 'Osservazioni intorno al paragrafo XI del *Diritto della guerra e della pace* del sig. Grozio', *Notizie de' letterati*, n° 4 (Palerme, 26 janvier 1773), col.49-56.

Neufchâteau, Nicolas François de, *Lettre à M. C. L. F. Panckoucke au sujet de son Essai sur l'exposition, la détention et la peine de mort* (s.l. [Paris], s.d. [1807]).

Pagano, Francesco Mario, 'Contro di Antonio Gioja, di Filippo Palladino, di Biagio Capuano, rei dell'atrocissimo omicidio di don Ignazio Poerio, patrizio della città di Taverna' (Naples, 1777), éd. Francesco Berti, *Archivio storico del Sannio* 1-2 (2012), p.121-22.

Paley, William, *The Principles of moral and political philosophy* (1785; Indianapolis, IN, 2002).

Panckoucke, Charles-Louis-Fleury, *De l'exposition, de la prison et de la peine de mort* (Paris, 1807).

Quistorp, Johann Christian, *Grundsätze des deutschen Peinlichen Rechts*, t.2 (Rostock et Leipzig, Johann Christian Koppe, 1789).

Romilly, Samuel, *Observations on a late publication intitled thoughts on executive justice* (Londres, T. Cadell, R. Faulder, 1786).

–, *The Speeches of Sir Samuel Romilly in the House of Commons* (Londres, 1820).

Schaumann, Johann Christian Gottlieb, *Ideen zu einer Kriminalpsychologie* (Halle, Johann Jacob Gebauer, 1792).

Schmid, Carl Christian Erhard, *Empirische Psychologie* (Iéna, Cröker, 1791).

Serpillon, François, *Code criminel* (Lyon, Périsse, 1767).

Sonnenfels, Joseph von, *Grundsätze der Polizey, Handlung und Finanz: erster Theil* (Vienne, 1819).

–, 'Mémoire sur l'abolition de la torture', dans *Bibliothèque philosophique du législateur, du politique, du jurisconsulte*, éd. Jacques-Pierre Brissot de Warville, 10 vol. (Berlin et Paris, Desauges, 1782-1785), t.4, p.197-274.

Stephani, Heinrich, *Anmerkungen in Kants metaphysischen Anfangsgründen der Rechtslehre* (Erlangen, Johann Jakob Palm, 1797).

Vermeil, François-Michel, *Essai sur les réformes à faire dans notre législation criminelle* (Paris, Savoye et Delalain, 1781).
Verri, Alessandro, et Pietro Verri, *Risposta ad uno scritto che s'intitola Note ed osservazioni sul libro Dei delitti e delle pene* (Lugano, Agnelli, 1765).
Verri, Pietro, *Osservazioni sulla tortura*, éd. Giulio Carnazzi (Milan, 1998).
–, *Osservazioni sulla tortura*, dans *Edizione nazionale delle opere di Pietro Verri*, t.6, *Scritti politici della maturità*, éd. Carlo Capra (Rome, 2010), p.37-139.
Voltaire, *André Destouches à Siam*, éd. John Renwick, dans *OCV*, t.62 (Oxford, 1987), p.107-26.
–, *Commentaire sur le livre Des délits et des peines par un avocat de province* (1766-1767), éd. Christophe Cave, dans *OCV*, t.61A (Oxford, 2012), p.1-167.
–, *Correspondence and related documents*, éd. Theodore Besterman, dans *The Complete works of Voltaire*, t.85-135 (Oxford, 1968-1977).
–, *Dictionnaire philosophique* (1764-1769), éd. Ulla Kölving et Christiane Mervaud, dans *OCV*, t.35-36 (Oxford, 1994).
–, *Idées républicaines par un membre d'un corps* (1765), dans *Œuvres complètes de Voltaire*, t.24 (Paris, 1879), p.413-32.
–, *Prix de la justice et de l'humanité*, éd. Robert Granderoute, dans *OCV*, t.80B (Oxford, 2009), p.1-205.
–, *Questions sur l'Encyclopédie*, éd. Christiane Mervaud et Nicholas Cronk, dans *OCV*, t.38-43 (Oxford, 2007-2013).
–, *Le Siècle de Louis XIV*, dans *Œuvres historiques*, éd. René Pomeau (Paris, 1957).
–, *Traité sur la tolérance*, éd. Haydn Mason et John Renwick, dans *OCV*, t.56C (Oxford, 2000).

4. Encyclopédies

De Felice, Fortuné-Barthélémy, *Code de l'humanité, ou la Législation naturelle, universelle, civile et politique*, 13 vol. (Yverdon, De Felice, 1778).
–, *Encyclopédie, ou Dictionnaire universel raisonné des connaissances humaines*, 58 vol. (Yverdon, De Felice, 1770-1780).
'Dictionnaire de jurisprudence', dans *Encyclopédie méthodique*, éd. M. Lerasle *et al.*, 8 vol. (Paris et Liège, Panckoucke, 1782-1789).

Diderot, Denis, et Jean D'Alembert (éd.), *Encyclopédie, ou Dictionnaire raisonné des sciences, des arts et des métiers*, 17 vol. (Paris, Briasson, 1751-1765).

Guyot, Joseph-Nicolas, *Répertoire de jurisprudence civile, criminelle, canonique et bénéficiale*, 64 vol. (Paris, Panckoucke, 1775-1783).

Etudes sur Beccaria et sa réception

Agüero, Alejandro, et Marta Lorente, 'Penal Enlightenment in Spain: from Beccaria's reception to the first criminal code', dans *The Spanish Enlightenment revisited*, éd. Jesús Astigarraga, Oxford University studies in the Enlightenment (Oxford, Voltaire Foundation, 2015), p.235-64.

Alibrandi, Rosamaria, 'La "fervida immagine di Beccaria": diritto punitivo e uso legittimo della tortura in un trattato siciliano del tardo Settecento in materia criminale', *Cuadernos de historia del derecho* 22 (2015), p.265-67.

–, 'La "merveilleuse oppression" de la peine: Tommaso Natale, précurseur de Beccaria ou épigone de Leibniz?', dans *Le Bonheur du plus grand nombre: Beccaria et les Lumières*, éd. Philippe Audegean, Christian Del Vento, Pierre Musitelli et Xavier Tabet (Lyon, 2017), p.243-54.

Alvazzi del Frate, Paolo, 'Interpretazione giudiziale e Illuminismo da Beccaria al *Code civil*', dans *Attualità e storicità del 'Dei delitti e delle pene' a 250 anni dalla pubblicazione*, éd. Giovanni Rossi et Francesca Zanuso (Naples, 2015), p.75-93.

Audegean, Philippe, 'Beccaria et la naissance de la prison', dans *Prison et droits: visages de la peine*, éd. Luigi Delia, *L'Irascible* 5 (2015), p.47-68.

–, 'Cesare Beccaria's *On crimes and punishments*: the meaning and genesis of a jurispolitical pamphlet', *History of European ideas* 43:8 (2017), p.884-97.

–, 'Codification et interprétation: le §IV des *Délits et des peines* de Beccaria', dans *Les Lumières du pénal*, éd. Jérôme Ferrand et Xavier Pin, *L'Irascible* 1 (2011), p.15-34.

–, 'Correggere e punire: Beccaria e la funzione rieducativa delle pene', dans *Il caso Beccaria: a 250 anni dalla pubblicazione del 'Dei delitti e delle pene'*, éd. Vincenzo Ferrone et Giuseppe Ricuperati (Bologne, 2016), p.61-86.

–, '*Dei delitti e delle pene*: significato e genesi di un pamphlet giuspolitico', dans *La libertà attraverso il diritto: Illuminismo giuridico e questione penale*, éd. Dario Ippolito (Naples, 2014), p.71-92.

–, 'L'ombre de Morellet: les premières traductions françaises de Beccaria (1765-1822)', dans *Cesare Beccaria: la controverse pénale, XVIIIe-XXIe siècle*, éd. Michel Porret et Elisabeth Salvi (Rennes, 2015), p.119-32.

–, *La Philosophie de Beccaria: savoir punir, savoir écrire, savoir produire* (Paris, 2010).

–, Christian Del Vento, Pierre Musitelli et Xavier Tabet (éd.), *Le Bonheur du plus grand nombre: Beccaria et les Lumières* (Lyon, 2017).

Barberis, Mauro, 'Cosa resta del sillogismo giudiziale? Riflessioni a partire da Beccaria', *Materiali per una storia della cultura giuridica* 1 (2015), p.163-76.

Bessler, John D., 'The Italian Enlightenment and the American Revolution: Cesare Beccaria's forgotten influence on American law', *Mitchell Hamline law journal of public policy and practice* 37:1 (2017), art.1, https://digitalcommons.hamline.edu/jplp/vol37/iss1/1/ (date de dernière consultation le 23 janvier 2018).

Blamires, Cyprian, 'Beccaria et l'Angleterre', dans *Beccaria et la culture juridique des Lumières*, éd. Michel Porret (Genève, 1997), p.69-81.

Burgio, Alberto, 'Entre droit et politique', dans *Figures italiennes de la rationalité*, éd. Christiane Menasseyre et André Tosel (Paris, 1997), p.375-95.

–, 'L'idea di eguaglianza tra diritto e politica nel *Dei delitti e delle pene*', dans *Cesare Beccaria: la pratica dei Lumi*, éd. Vincenzo Ferrone et Gianni Francioni (Florence, 2000), p.79-98.

Burkardt, Albrecht, '"Periculosum dico hoc principium": la censure de Beccaria par la Congrégation de l'Index', dans *Comportements, croyances et mémoires: Europe méridionale XVe-XXe siècle*, éd. Gilbert Buti et Anne Carol (Aix-en-Provence, 2007), p.119-34.

Buttex, Lucie, 'Bienveillance et douceur des peines: le réformisme des *Principles of penal law* de William Eden', dans *Cesare Beccaria: la controverse pénale, XVIIIe-XXIe siècle*, éd. Michel Porret et Elisabeth Salvi (Rennes, 2015), p.67-79.

Campagna, Norbert, 'Autriche: Sonnenfels critique de Beccaria', dans *La Torture, de quels droits? Une pratique du pouvoir (XVIe-XXIe siècles)*, éd. Norbert Campagna, Luigi Delia et Benoît Garnot (Paris, 2014), p.51-68.

–, Luigi Delia et Benoît Garnot (éd.), *La Torture, de quels droits? Une pratique du pouvoir (XVIe-XXIe siècles)* (Paris, 2014).

Cattaneo, Mario, 'Les fondements philosophiques de la fonction de la peine chez Beccaria', dans *Beccaria et la culture juridique des Lumières*, éd. Michel Porret (Genève, 1997), p.83-88.

Champs, Emmanuelle de, 'Bentham et l'héritage de Beccaria: du *Projet d'un Corps complet de législation* aux *Traités de législation civile et pénale*', dans *Cesare Beccaria: la controverse pénale, XVIIIe-XXIe siècle*, éd. Michel Porret et Elisabeth Salvi (Rennes, 2015), p.99-110.

Cléro, Jean Pierre, 'Un tournant dans la conception du droit pénal: Beccaria et Bentham', dans *Entre droit et morale: la finalité de la peine*, éd. Annette Sousa Costa (Berne, 2010), p.63-98.

Costa, Pietro, 'Beccaria e la filosofia della pena', dans *Un fortunato libriccino: l'attualità di Cesare Beccaria*, éd. Richard Davies et Persio Tincani (Milan, 2014), p.33-50.

–, 'Lo *ius vitae ac necis* alla prova: Cesare Beccaria e la tradizione contrattualistica', *Quaderni Fiorentini* 44 (2015), p.817-95.

–, '"Voilà le sophisme qui a séduit tant de publicistes": lectures contractualistes des *Délits et des peines* dans l'Italie du second XVIIIe siècle', dans *Le Bonheur du plus grand nombre: Beccaria et les Lumières*, éd. Philippe Audegean, Christian Del Vento, Pierre Musitelli et Xavier Tabet (Lyon, 2017), p.197-224.

Delia, Luigi, *Droit et philosophie à la lumière de l'Encyclopédie*, Oxford University studies in the Enlightenment (Oxford, Voltaire Foundation, 2015).

–, 'The migration of Beccaria's penal ideas in encyclopedic compilations (1770-1789)', dans *Translation and transfer of knowledge in encyclopedic compilations, 1680-1830*, éd. Clorinda Donato et Hans-Jürgen Lüsebrink (Toronto, à paraître).

– (éd.), *Prison et droits: visages de la peine*, éd. Luigi Delia, *L'Irascible* 5 (2015).

–, 'Une suite philosophique et politique au chapitre XXVIII de Beccaria: le traité *Della pena di morte* de Cammillo Ciaramelli', dans *Le Bonheur du plus grand nombre: Beccaria et les Lumières*, éd. Philippe Audegean, Christian Del Vento, Pierre Musitelli et Xavier Tabet (Lyon, 2017), p.225-41.

–, et Fabrice Hoarau (éd.), *La Peine de mort*, numéro thématique de la revue *Corpus: revue de philosophie* 62 (2012).

–, et Gabrielle Radica (éd.), *Penser la peine à l'âge des Lumières*, numéro thématique de la revue *Lumières* 20 (2012).

Dezza, Ettore, 'Il problema della pena di morte', dans *Il contributo italiano alla storia del pensiero: diritto*, éd. Paolo Cappellini, Pietro Costa, Maurizio Fioravanti et Bernardo Sordi (Rome, 2012), p.223-31.

Draper, Anthony J., 'Cesare Beccaria's influence on English discussion of punishment, 1764-1789', *History of European ideas* 26 (2000), p.177-99.

Dunthorne, Hugh, 'Beccaria and Britain', dans *Crime, protest and police in modern British society*, éd. David W. Howell et Kenneth O. Morgan (Cardiff, 1999), p.73-96.

Ferrajoli, Luigi, 'L'attualità del pensiero di Cesare Beccaria', *Materiali per una storia della cultura giuridica* 1 (2015), p.137-61.

Ferrand, Jérôme, 'La philosophie de la réforme criminelle dans l'œuvre de Michel-Joseph-Antoine Servan', *L'Irascible* 1 (2011), p.59-149.

Ferrone, Vincenzo, et Giuseppe, Ricuperati (éd.), *Il caso Beccaria: a 250 anni dalla pubblicazione del 'Dei delitti e delle pene'* (Bologne, 2016).

Francioni, Gianni, 'Beccaria, philosophe utilitariste' (1990), dans *Le Bonheur du plus grand nombre: Beccaria et les Lumières*, éd. Philippe Audegean, Christian Del Vento, Pierre Musitelli et Xavier Tabet (Lyon, 2017), p.23-44.

–, '*Ius* e *potestas*: Beccaria e la pena di morte', *Beccaria: revue d'histoire du droit de punir* 2 (2016), p.13-49.

Groffier, Ethel, *Criez et qu'on crie! Voltaire et la justice pénale* (Québec, 2011).

Harcourt, Bernard E., 'Beccaria's *On crimes and punishments*: a mirror on the history of the foundations of modern criminal law', dans *Foundational texts in modern criminal law*, éd. Markus Dubber (Oxford, 2014), p.39-60.

Hart, Herbert Lionel Adolphus, 'Bentham and Beccaria', dans *Essays on Bentham: studies in jurisprudence and political theory* (Oxford, 1982), p.40-52.

Imbruglia, Girolamo, 'Illuminismo e religione: il *Dei delitti e delle pene* e la difesa dei Verri dinanzi alla censura inquisitoriale', *Studi settecenteschi* 25-26 (2005-2006), p.119-61.

–, 'Riformismo e illuminismo: il *Dei delitti e delle pene* fra Napoli e l'Europa', dans *Cesare Beccaria: la pratica dei lumi*, éd. Vincenzo Ferrone et Gianni Franconi (Florence, 2000), p.99-126.

Ippolito, Dario, 'Contrat social et peine capitale: Beccaria contre Rousseau' (2014), dans *Rousseau et l'Italie: littérature, morale et politique*, éd. Philippe Audegean, Magda Campanini et Barbara Carnevali (Paris, 2017), p.147-76.

–, *Diritti e potere: indagini sull'Illuminismo penale* (Rome, 2012).

– (éd.), *La libertà attraverso il diritto: Illuminismo giuridico e questione penale* (Naples, 2014).

Kreutziger, Bernd, 'Bibliographie zur Rezeptions- und Wirkungsgeschichte der Abhandlung *Dei delitti e delle pene* Cesare Beccarias und zur Strafrechtsreformbewegung im deutschsprachigen Raum des 18. Jahrhunderts', *Das Achtzehnte Jahrhundert* 12:1 (1988), p.89-116.

Langui, André, 'P.-F. Muyart de Vouglans ou l'anti-Beccaria (1713-1791)', *Archives de philosophie du droit* 39 (1994), p.169-79.

Lanzillo, Maria Laura, '*Des délits et des peines*: Beccaria et Voltaire', dans *La Peine de mort*, éd. Luigi Delia et Fabrice Hoarau, numéro thématique de la revue *Corpus: revue de philosophie* 62 (2012), p.177-96.

Larrère, Catherine, 'Droit de punir et qualification des crimes de Montesquieu à Beccaria', dans *Beccaria et la culture juridique des Lumières*, éd. Michel Porret (Genève, 1997), p.89-108.

Loretelli, Rosamaria, 'Cesare Beccaria in Inghilterra prima di Jeremy Bentham: la specificità inglese', *Antigone* 3 (2014), p.117-42.

Maestro, Marcello, *Voltaire and Beccaria as reformers of criminal law* (New York, 1975).

Massetto, Gian Paolo, 'Pietro e Alessandro Verri in aiuto di Cesare Beccaria: la risposta alle *Note* del Facchinei', dans *Pietro Verri e il suo tempo*, éd. Carlo Capra, 2 vol. (Bologne, 1999), t.1, p.289-351.

Matarazzo, Pasquale, 'L'altro Beccaria: torsioni e tensioni nel mezzogiorno borbonico', *Mediterranea: ricerche storiche* 40 (2017), p.315-42.

Mereu, Italo, *La pena di morte a Milano nel secolo di Beccaria* (Vicence, 1988).
Miletti, Marco Nicola, 'Beccaria e la fondazione della scienza penale: origine settecentesca di un equivoco', *Criminalia: annuario di scienze penalistiche* (2013), p.179-201.
Mondolfo, Rodolfo, *Cesare Beccaria* (Milan, 1960).

Orlandi, Giuseppe, 'Beccaria all'Indice', *Spicilegium Historicum Congregationis Sanctissimi Redemptoris* 58 (2008), p.179-218.

Pasta, Renato, 'Beccaria "philosophe": alle origini del diritto penale come "scienza sociale integrata"', *Quaderni fiorentini* 44 (2015), p.897-909.
Phillipson, Coleman, *Three criminal reformers: Beccaria, Bentham, Romilly* (Londres, 1923).
Pires, Alvaro P., 'Beccaria, l'utilitarisme et la rationalité pénale moderne', dans *Histoire des savoirs sur le crime et la peine*, éd. Christiane Debuyst, Françoise Digneffe et Alvaro P. Pires, 2 vol. (Bruxelles, 2008), t.2, p.109-74.
Pisani, Mario, *Cesare Beccaria e l'Index librorum prohibitorum* (Naples, 2013).
Porret, Michel, 'Beccaria et sa modernité', dans *Beccaria et la culture juridique des Lumières*, éd. Michel Porret (Genève, 1997), p.11-25.
–, *Beccaria: le droit de punir* (Paris, 2003).
–, 'Introduction: le moment Beccaria', dans *Cesare Beccaria: la controverse pénale, XVIIIe-XXIe siècle*, éd. Michel Porret et Elisabeth Salvi (Rennes, 2015), p.15-38.
–, et Elisabeth Salvi (éd.), *Cesare Beccaria: la controverse pénale, XVIIIe-XXIe siècle* (Rennes, 2015).

Renzo Villata, Maria Gigliola di, 'Giuristi, cultura giuridica e idee di riforma nell'età di Beccaria', dans *Cesare Beccaria tra Milano e l'Europa* (Rome et Bari, 1990), p.225-78.
Rosen, Frederik, 'Utilitarianism and the reform of criminal law', dans *The Cambridge history of eighteenth-century political thought*, éd. Mark Goldie et Robert Wokler (Cambridge, 2006), p.547-72.
Rossi, Giovanni, et Francesca Zanuso (éd.), *Attualità e storicità del Dei delitti e delle pene a 250 anni dalla pubblicazione* (Naples, 2015).
Rother, Wolfgang, *La maggiore felicità possibile: Untersuchungen zur Philosophie der Aufklärung in Nord- und Mittelitalien* (Bâle, 2005).
–, 'Strafrechtsreformdiskussionen in Leipzig: Karl Ferdinand Hommel – "Germanorum Beccaria"', dans *Die Universität Leipzig und ihr gelehrtes Umfeld, 1680-1780*, éd. Hanspeter Marti et Detlef Döring (Bâle, 2004), p.459-86.

Sbriccoli, Mario, 'Beccaria ou l'avènement de l'ordre: le philosophe, les juristes et l'émergence de la question pénale', dans *Beccaria et la culture juridique des Lumières*, éd. Michel Porret (Genève, 1997), p.177-87.
Schlüter, Gisela, 'Kant lettore di Beccaria: aspetti filologici del

dibattito', dans *Vie lombarde e venete: circolazione e trasformazione dei saperi letterari nel Sette-Ottocento fra l'Italia settentrionale e l'Europa transalpina*, éd. Helmut Meter et Furio Brugnolo (Berlin, 2011), p.249-57.

Solimano, Stefano, 'Paolo Risi e il processo penale (1766)', dans *Studi di storia del diritto III* (Milan, 2001), p.419-519.

Teitgen, Francis, *Cesare Beccaria, ou l'Utilité du bonheur* (Paris, 2008).

Vassalli, Giuliano, 'Cesare Beccaria nella storia del diritto penale', dans *Scritti giuridici*, t.4: *Il codice penale e la sua riforma: criminologia, politica criminale e legislazione straniera – giuristi del passato* (Milan, 1997), p.551-87.

Veca, Salvatore, 'Cesare Beccaria, *Dei delitti e delle pene* e altre storie', dans *Da Beccaria a Manzoni: la riflessione sulla giustizia a Milano: un laboratorio europeo*, éd. Giorgio Panizza (Cinisello Balsamo, 2014), p.17-27.

Autres études

Alessi Palazzolo, Giorgia, *Prova legale e pena: la crisi del sistema tra evo medio e moderno* (Naples, 1979).

Artières, Philippe, *et al.* (éd.), *Surveiller et punir de Michel Foucault: regards critiques (1975-1979)* (Caen, 2010).

Astaing, Antoine, 'Le refus du dogmatisme et du pyrrhonisme: la preuve pénale dans le *Traité de la justice criminelle de France* (1771)', dans *Daniel Jousse: un juriste au temps des Lumières (1704-1781)*, éd. Corinne Leveleux-Teixeira (Limoges, 2007), p.71-83.

Ataner, Attila, 'Kant on capital punishment', *Kant-Studien* 97 (2006), p.452-88.

Baker, Keith Michael, *Condorcet: raison et politique*, traduit par Michel Nobile (Paris, 1988).

Barbarisi, Gennaro, 'Introduzione', dans P. Verri, *Osservazioni sulla tortura* (Milan, 1985), p.ix-xliv.

Beattie, John M., *Crime and the courts in England 1660-1800* (Oxford, 1986).

Bée, Michel, 'Le spectacle de l'exécution dans la France d'Ancien Régime', *Annales: économies, sociétés, civilisations* 38:4 (1983), p.843-62.

Berti, Francesco, 'Diritto penale e diritti dell'uomo: il garantismo di Gaetano Filangieri', dans *La libertà attraverso il diritto: Illuminismo giuridico e questione penale*, éd. Dario Ippolito (Naples, 2014), p.115-47.

–, *La ragione prudente: Gaetano Filangieri e la religione delle riforme* (Florence, 2003).

Bessler, John D., *Cruel and unusual: the American death penalty and the founders' Eighth Amendment* (Boston, MA, 2012).

Biffi, Serafino, *Sulle antiche carceri di Milano e del Ducato milanese e sui sodalizj che vi assistevano i prigionieri ed i condannati a morte* (Milan, 1884).

Bigot, Grégoire, 'Jean-Denis Lanjuinais', dans *Dictionnaire historique des juristes français (XIIe-XXe siècle)*, éd. Patrick Arabeyre, Jean-Louis Halpérin et Jacques Krynen (Paris, 2007), p.461-63.
Birocchi, Italo, 'Genovesi, Antonio', dans *Dizionario biografico dei giuristi italiani (XII-XX secolo)*, éd. Italo Birocchi, Ennio Cortese, Antonello Mattone et Marco Nicola Miletti, 2 vol. (Bologne, 2013), t.1, p.963-66.
Bobbio, Norberto, 'Sanzione', dans *Novissimo digesto Italiano* (Turin, 1976), p.553.
–, *Thomas Hobbes* (Turin, 1989).
–, et Michelangelo Bovero, *Società e Stato nella filosofia politica moderna*, 2e éd. (Milan, 1984).
Bondolfi, Alberto (éd.), *Pena e pena di morte* (Bologne, 1985).
–, 'Straftheorien und Strafrechtsbegründungen: Schwierigkeiten einer ethischen Neubesinnung', *Zeitschrift für evangelische Ethik* 27 (1983), p.375-90.
Braithwaite, John, *Crime, shame and reintegration* (Cambridge, 1989).
Brancourt, Isabelle, 'D'Aguesseau et Montesquieu: influence réciproque ou parallélisme concurrent?', dans *(Re)lire L'Esprit des lois*, éd. Catherine Volpilhac-Auger et Luigi Delia (Paris, 2014), p.177-94.
Brooks, Thom, 'Corlett on Kant, Hegel, and retribution', *Philosophy* 76 (2001), p.561-80.
–, 'Kantian punishment and retributivism: a reply to Clark', *Ratio* 18:2 (2005), p.237-45.
–, 'Kant's theory of punishment', *Utilitas* 15:2 (2003), p.206-24.
Byrd, B. Sharon, 'Kant's theory of punishment: deterrence in its threat, retribution in its execution', *Law and philosophy* 8:2 (1989), p.151-200.

Calamandrei, Piero, 'L'inchiesta sulle carceri e sulla tortura', *Il Ponte* 3 (1949), p.228-36.
Campagna, Norbert, 'La question de la peine de mort chez Fichte', dans *La Peine de mort*, éd. Luigi Delia et Fabrice Hoarau, numéro thématique de la revue *Corpus: revue de philosophie* 62 (2012), p.287-301.
Capra, Carlo, *Gli italiani prima dell'Italia: un lungo Settecento, dalla fine della Controriforma a Napoleone* (Rome, 2014).
–, *La Lombardia austriaca nell'età delle riforme (1706-1796)*, 2e éd. (Turin, 1987).
–, *I progressi della ragione: vita di Pietro Verri* (Bologne, 2002).
Carbasse, Jean-Marie, *Histoire du droit pénal et de la justice criminelle* (Paris, 2006).
Carrithers, David W., 'La philosophie pénale de Montesquieu', *Revue Montesquieu* 1 (1997), p.39-63.
Cartuyvels, Yves, *D'où vient le code pénal? Une approche généalogique des premiers codes pénaux absolutistes au XVIIIe siècle* (Paris et Bruxelles, 1996).
Cattaneo, Mario Alessandro, *Anselm Feuerbach: filosofo e giurista liberale* (Milan, 1970).
–, *Dignità umana e pena nella filosofia di Kant* (Milan, 1981).

–, *Illuminismo e legislazione penale: saggi sulla filosofia del diritto penale nella Germania del Settecento* (Milan, 1993).

–, *L'umanesimo giuridico penale di Karl Grolman* (Pise, 1996).

Cavanna, Adriano, 'La codificazione del diritto nella Lombardia austriaca', dans *Scritti (1968-2002)*, 2 vol. (Naples, 2007), t.1, p.463-512.

–, *La codificazione penale in Italia: le origini lombarde* (Milan, 1975).

–, 'La conscience du juge dans le *stylus iudicandi* du Sénat de Milan', dans *La Conscience du juge dans la tradition juridique européenne*, éd. Jean-Marie Carbasse et Laurence Depambour-Tarride (Paris, 1999), p.229-62.

–, 'Da Maria Teresa a Bonaparte: il lungo viaggio di Pietro Verri', dans *Pietro Verri e il suo tempo*, éd. Carlo Capra, 2 vol. (Bologne, 1999), t.1, p.105-45.

–, 'La giustizia penale nella Milano del Settecento: un'occasione di riflessione sulla preistoria dei diritti dell'uomo', dans *Scritti (1968-2002)*, 2 vol. (Naples, 2007), t.2, p.657-87.

–, *Storia del diritto moderno in Europa: le fonti e il pensiero giuridico*, 2 vol. (Milan, 2005).

–, 'Tramonto e fine degli statuti lombardi', dans *Scritti (1968-2002)*, 2 vol. (Naples, 2007), t.1, p.439-62.

Champs, Emmanuelle de, *Enlightenment and utility: Bentham in France/Bentham in French* (Cambridge, 2015).

Chartier, Jean-Luc A., *Justice, une réforme manquée 1771-1774: le chancelier de Maupeou* (Paris, 2009).

Clark, Michael, 'A non-retributivist Kantian approach to punishment', *Ratio* 17:1 (2004), p.12-27.

Comanducci, Paolo, 'La criminalistica di un illuminista moderato', dans *Idee e atteggiamenti sulla repressione penale: materiali per una storia della cultura giuridica*, éd. Giovanni Tarello (Bologne, 1975), p.455-69.

Corlett, J. Angelo, 'Foundations of a Kantian theory of punishment', *The Southern journal of philosophy* 31:3 (1991), p.263-83.

Cotardière, Philippe de la, 'Les descendants de Charles-Joseph Panckoucke et leurs alliances', dans *Panckoucke et l'Encyclopédie méthodique: ordre de matières et transversalité*, éd. Luigi Delia et Martine Groult (Paris, à paraître).

Da Passano, Mario, 'La giustizia penale e la riforma leopoldina in alcuni inediti di Condorcet', *Materiali per una storia della cultura giuridica* 5 (1975), p.351-451.

Delia, Luigi, 'Justice des Lumières et guillotine: un problème philosophique', dans *Penser la peine à l'âge des Lumières*, éd. Luigi Delia et Gabrielle Radica, numéro thématique de la revue *Lumières* 20 (2012), p.121-34.

Denis, Lara, et Oliver Sensen (éd.), *Kant's lectures on ethics: a critical guide* (Cambridge, 2015).

Devereaux, Simon, 'The making of the Penitentiary Act 1775-1779', *The Historical journal* 42:2 (1999), p.405-33.

Dezza, Ettore, *Accusa e inquisizione: dal diritto comune ai codici moderni* (Milan, 1989).

–, *Il Codice di procedura penale del Regno Italico (1807): storia di un decennio di elaborazione legislativa* (Padoue, 1983).

–, 'Il nemico della verità: divieto di difesa tecnica e giudice *factotum* nella codificazione penale asburgica', dans *Riti, tecniche e interessi: il processo penale tra Otto e Novecento*, éd. Marco Nicola Miletti (Milan, 2006), p.14-77.

–, '"Pour pourvoir au bien de notre justice": legislazioni statali, processo penale e modulo inquisitorio nell'Europa del XVI secolo', *Acta histriae* 10 (2002), p.7-38.

–, *Tommaso Nani e la dottrina dell'indizio nell'età dei Lumi* (Milan, 1992).

Diaz, Furio, 'Discorso sulle "Lumières": programmi politici e idea-forza della libertà', dans *L'età dei lumi: studi storici sul Settecento europeo in onore di Franco Venturi*, éd. Raffaele Ajello *et al.*, t.1 (Naples, 1985), p.101-63.

Di Chiara, Francesco, 'Natale, Tommaso', dans *Dizionario biografico degli italiani*, t.77 (Rome, 2012), p.860-62.

Di Giovanni, Piero, 'Il riformismo illuminato nell'opera di Tommaso Natale', dans *La tradizione illuministica in Italia*, éd. Piero Di Giovanni (Palerme, 1986), p.21-41.

Dodson, Kevin E., 'Autonomy and authority in Kant's *Rechtslehre*', *Political theory* 25:1 (1997), p.93-111.

Duprat, Catherine, 'Punir et guérir: en 1819, la prison des philanthropes', dans *L'Impossible prison: recherches sur le système pénitentiaire au XIXe siècle*, éd. Michelle Perrot (Paris, 1980), p.64-122.

Durand, Bernard, *Arbitraire du juge et consuetudo delinquendi: la doctrine pénale en Europe du XVIe au XVIIIe siècle* (Montpellier, 1993).

–, 'Royal power and its legal instruments in France, 1500-1800', dans *Legislation and justice*, éd. Antonio Padoa Schioppa (Oxford, 1997), p.291-312.

Duso, Giuseppe (éd.), *Contratto sociale* (Bari, 2005).

– (éd.), *Il contratto sociale nella filosofia politica moderna* (Milan, 1998).

Dyonet, Nicole, 'Daniel Jousse dans son temps (1704-1781)', dans *Daniel Jousse: un juriste au temps des Lumières (1704-1781)*, éd. Corinne Leveleux-Teixeira (Limoges, 2007), p.17-31.

Ebels-Duggan, Kyla, 'Kant's political philosophy', *Philosophy compass* 7:12 (2012), p.896-909.

Emsley, Clive, *Crime and society in England 1750-1900* (Londres et New York, 2010).

Ferrajoli, Luigi, 'Il carcere: una contraddizione istituzionale' (2014), dans *Il paradigma garantista: filosofia e critica del diritto penale*, éd. Dario Ippolito et Simone Spina (Naples, 2016), p.179-87.

–, *Diritto e ragione: teoria del garantismo penale*, 10e éd. (Rome et Bari, 2011).

Ferrone, Vincenzo, *Storia dei diritti dell'uomo: l'illuminismo e la costruzione del linguaggio politico dei moderni* (Rome et Bari, 2014).

Ferrua, Paolo, *Oralità del giudizio e letture di deposizioni testimoniali* (Milan, 1981).

Fleischacker, Samuel, 'Kant's theory of punishment', *Kant-Studien* 79 (1988), p.431-49.

Follett, Richard R., *Evangelicalism, penal theory, and the politics of criminal law reform in England 1808-1830* (Houndsmills, 2001).

Fornaro, Pasquale, 'Tra progresso e conservazione: le "riflessioni politiche" di Tommaso Natale', dans *La Sicilia nel Settecento*, t.1 (Messine, 1986), p.329-50.

Foucault, Michel, *La Société punitive: cours au Collège de France, 1972-1973*, éd. Bernard E. Harcourt (Paris, 2013).

–, *Surveiller et punir: naissance de la prison* (Paris, 1975).

Frankenberg, Günter, 'Folter, Feindstrafrecht und Sonderpolizeirecht: Anmerkungen zu Phänomenen des Bekämpfungsrechts', dans *Rückkehr der Folter: der Rechtsstaat im Zwielicht*, éd. Gerhard Beestermöller et Hauke Brunkhorst (Munich, 2006), p.55-68.

Furet, François, 'Terreur', dans *Dictionnaire critique de la Révolution française*, éd. François Furet et Mona Ozouf (Paris, 2007), p.293-315.

Garnot, Benoît, *C'est la faute à Voltaire: une imposture intellectuelle* (Paris, 2009).

–, *Histoire de la justice: France, XVIe-XXIe siècle* (Paris, 2009).

Gaven, Jean-Christophe, *Le Crime de lèse-nation (1789-1791): histoire d'une invention juridique et politique* (Paris, 2016).

Giarrizzo, Giuseppe, 'Nota introduttiva a Tommaso Natale', dans *Illuministi italiani*, t.7: *Riformatori delle antiche repubbliche, dei ducati, dello stato pontificio e delle isole*, éd. Giuseppe Giarrizzo, Gianfranco Torcellan et Franco Venturi (Milan et Naples, 1965), p.965-66.

Granderoute, Robert, 'L'Europe et le droit pénal à travers le *Prix de la justice et de l'humanité* (1777)', dans *Voltaire en Europe: hommage à Christiane Mervaud*, éd. Michel Delon et Catriona Seth (Oxford, 2000), p.143-50.

Gray, Drew D., *Crime, policing and punishment in England 1660-1914* (Londres, 2016).

Gregory, Charles N., 'Sir Samuel Romilly and criminal law reform', *Harvard law review* 15:6 (1902), p.446-67.

Groffier, Ethel, *Un Encyclopédiste réformateur, Jacques Peuchet (1758-1830)* (Laval, 2009).

Guénard, Florent, 'La liberté et l'ordre public: Diderot et la bonté des lois', *Revue de métaphysique et de morale* 45:1 (2005), p.109-25.

Gueniffey, Patrice, *La Politique de la Terreur* (Paris, 2003).

Guitton, Edouard, *Ginguené: idéologue et médiateur* (Rennes, 1995).

Hart, Herbert Lionel Adolphus, 'Prolegomenon to the principles of punishment', dans *Punishment and responsibility* (Oxford, 1968), p.1-27.

Heepe, Moritz, 'Strafgerechtigkeit bei frühen Kantianern', *Archiv für Rechts- und Sozialphilosophie* 100:4 (2014), p.483-500.

Hill, Thomas E., Jr, 'Kant on wrongdoing, desert, and punishment', *Law and philosophy* 18 (1999), p.407-41.

Höffe, Otfried, 'Vom Straf- und Begnadigungsrecht', dans *Metaphysische Anfangsgründe der Rechtslehre*, éd. Otfried Höffe (Berlin, 1999), p.213-33.

Holdsworth, William, *A History of English law*, 12 vol. (Londres, 1938).

Hruschka, Joachim, 'Die Interpretation von Kants Strafrechtsphilosophie – eine Wissenschaft oder eine Ideologie?', *Zeitschrift für die gesamte Strafrechtswissenschaft* 124:1 (2012), p.232-35.

–, 'Die "Verabschiedung" Kants durch Ulrich Klug im Jahre 1968: einige Korrekturen', *Zeitschrift für die gesamte Strafrechtswissenschaft* 122:3 (2010), p.493-503.

Ippolito, Dario, 'La dimensione politica della questione penale: l'eredità di Montesquieu', dans *La libertà attraverso il diritto: Illuminismo giuridico e questione penale*, éd. Dario Ippolito (Naples, 2014), p.33-70.

–, 'Diritto e processo nell'Illuminismo meridionale', dans *Diritti e potere: indagini sull'Illuminismo penale* (Rome, 2012), p.105-50.

–, *Mario Pagano: il pensiero giuspolitico di un illuminista* (Turin, 2008).

–, 'La philosophie pénale des Lumières entre utilitarisme et rétributivisme', dans *Penser la peine à l'âge des Lumières*, éd. Luigi Delia et Gabrielle Radica, numéro thématique de la revue *Lumières* 20 (2012), p.21-34.

–, *Lo spirito del garantismo: Montesquieu e il potere di punire* (Rome, 2016).

Isotton, Roberto, *Crimen in itinere: profili della disciplina del tentativo dal diritto comune alle codificazioni penali* (Naples, 2006).

Jakobs, Günther, 'Bürgerstrafrecht und Feindstrafrecht', *Höchstrichterliche Rechtsprechung Strafrecht* 3 (2004), p.88-95.

Johnson, Jane, 'Revisiting Kantian retributivism to construct a justification of punishment', *Criminal law and philosophy* 2 (2008), p.291-307.

Kensey, Annie, *Prison et récidive* (Paris, 2007).

Kershnar, Stephen, 'Kant on freedom and the appropriate punishment', *Jahrbuch für Recht und Ethik* 3 (1995), p.309-21.

Klug, Ulrich, 'Abschied von Kant und Hegel', dans *Programm für ein neues Strafgesetzbuch*, éd. Jürgen Baumann (Francfort-sur-le-Main, 1968), p.36-41.

Krynen, Jacques, *L'Idéologie de la magistrature ancienne* (Paris, 2009).

Kürzinger, Josef, 'Johann Christian Gottlieb Schaumann (1768-1821) und die Anfänge der Kriminalpsychologie in Deutschland', dans *Festschrift für Otto Triffterer zum 65. Geburtstag*, éd. Kurt Schmoller (Vienne et New York, 1996), p.617-28.

Landa, Dimitri, 'On the possibility of Kantian retributivism', *Utilitas* 21:3 (2009), p.276-96.
Langbein, John H., 'The English criminal trial jury on the eve of the French Revolution', dans *The Trial jury in England, France, Germany 1700-1900*, éd. Antonio Padoa Schioppa (Berlin, 1987), p.14-39.
Léauté, Jacques, *Criminologie et sciences pénitentiaires* (Paris, 1972).
Leuwers, Hervé, *La Justice dans la France moderne: du roi de justice à la justice de la nation (1498-1792)* (Paris, 2010).
Leveleux-Teixeira, Corinne (éd.), *Daniel Jousse: un juriste au temps des Lumières (1704-1781)* (Limoges, 2007).
Llobet Rodríguez, Javier, 'Jean-Paul Marat y la Ilustración penal', *Revista CENIPEC* 25 (2006), p.275-306.
Luther, Christoph, *Aufgeklärt strafen: Menschengerechtigkeit im 18. Jahrhundert* (Francfort-sur-le-Main, 2016).

Martinage, Renée, *Histoire du droit pénal en Europe* (Paris, 1998).
Martyn, Georges, 'Introduction: from *arbitrium* to legality? Or legality and *arbitrium*?', dans *From the judge's arbitrium to the legality principle: legislation as a source of law in criminal trials*, éd. Georges Martyn, Anthony Musson et Heikki Pihlajamäki (Berlin, 2013), p.7-31.
–, Anthony Musson et Heikki Pihlajamäki (éd.), *From the judge's arbitrium to the legality principle: legislation as a source of law in criminal trials* (Berlin, 2013).
Massetto, Gian Paolo, 'Aspetti della prassi penalistica lombarda nell'età delle riforme: il ruolo del Senato milanese', dans *Saggi di storia del diritto penale lombardo (secoli XVI-XVIII)* (Milan, 1994), p.331-424.
–, *Un magistrato e una città nella Lombardia spagnola: Giulio Claro pretore a Cremona* (Milan, 1985).
Mayer, Helmuth, 'Die Strafrechtstheorie bei Luther und Melanchton', dans *Rechtsidee und Staatsgedanke*, éd. Karl Larenz, 2e éd. (Aalen, 1973), p.77-105.
Maza, Sarah, *Private lives and public affairs: the causes célèbres of prerevolutionary France* (Berkeley, CA, 1993).
Meccarelli, Massimo, *Arbitrium: un aspetto sistematico degli ordinamenti giuridici in età di diritto comune* (Milan, 1998).
Merle, Jean-Christophe, *German idealism and the concept of punishment* (Cambridge, 2009).
Monti, Annamaria, 'Constitutiones Dominii mediolanensis, 1541 – Constitutions pour le Milanais (extraits relatifs à la procédure criminelle)', dans *La Procédure et la construction de l'Etat en Europe (XVIe-XIXe siècle)*, éd. Joël Hautebert et Sylvain Soleil (Rennes, 2011), p.423-48.
–, *I formulari del Senato di Milano (secoli XVI-XVIII)* (Milan, 2001).
–, *Iudicare tamquam deus: i modi della giustizia senatoria nel Ducato di Milano tra Cinque e Settecento* (Milan, 2003).

–, 'Le rôle et les pouvoirs du juge dans l'œuvre de Daniel Jousse', dans *Daniel Jousse: un juriste au temps des Lumières (1704-1781)*, éd. Corinne Leveleux-Teixeira (Limoges, 2007), p.33-70.

Murphy, Jeffrie G., 'Does Kant have a theory of punishment?', *Columbia law review* 87:3 (1987), p.509-32.

–, 'Hume and Kant on the social contract', *Philosophical studies* 33 (1978), p.65-79.

–, *Kant: the philosophy of right* (New York, 1970).

Murray, William, 'Dominique-Joseph Garat', dans *Dictionnaire des journalistes (1600-1789)*, éd. Jean Sgard (Oxford, 1999), p.433-34.

Musitelli, Pierre, *Le Flambeau et les ombres: Alessandro Verri, des Lumières à la Restauration* (Rome, 2016).

–, 'I manoscritti inediti di Alessandro Verri, Protettore dei carcerati (1763-1765)', *Line@ editoriale* 2 (2010), p.1-25.

Nobili, Massimo, *Il principio del libero convincimento del giudice* (Milan, 1974).

Noël, Eugène, *Voltaire à Ferney* (Rouen, 1867).

O'Connell, Eoin, 'Kantian moral retributivism: punishment, suffering, and the highest good', *The Southern journal of philosophy* 52:4 (2014), p.477-95.

Padoa Schioppa, Antonio, *La giuria penale in Francia: dai 'philosophes' alla Costituente* (Milan, 1994).

–, *Storia del diritto in Europa: dal medioevo all'età contemporanea* (Bologne, 2007).

Page, Anthony, 'The dean of St Asaph's trial: libel and politics in the 1780s', *Journal for eighteenth-century studies* 32:1 (2009), p.21-35.

Petit, Jacques-Guy, 'Utopies révolutionnaires: Lepeletier de Saint-Fargeau, la prison et l'école', dans *Regards sur les sociétés modernes (XVIe-XVIIIe siècles): mélanges offerts à Claude Petitfrère*, éd. Denise Turrel (Tours, 1997), p.289-301.

Petix, Calogero Alberto, 'Vers le républicanisme: l'évolution de la pensée politique de Condorcet à la lumière de sa correspondance inédite avec Brissot', dans *La Correspondance de Condorcet: documents inédits, nouveaux éclairages – engagements politiques, 1775-1792*, éd. Nicolas Rieucau, Annie Chassagne et Christian Gilain (Ferney-Voltaire, 2014), p.63-81.

Petronio, Ugo, 'Laboratorio per una ricerca: *iudicare tamquam deus* tra teologia e diritto', *Rivista di diritto processuale* 1 (2009), p.103-27.

–, *Il Senato di Milano: istituzioni giuridiche ed esercizio del potere nel Ducato di Milano da Carlo V a Giuseppe II* (Milan, 1972).

–, 'Un tentativo moderato di codificazione del diritto del processo civile e penale in Lombardia: il "nuovo piano" di Gabriele Verri', dans *La formazione storica del diritto moderno in Europa*, éd. Bruno Paradisi, 3 vol. (Florence, 1977), t.2, p.975-94.

Pin, Xavier, 'Une politique criminelle en quête de rationalité:

le cas français', dans *Rationalité pénale et démocratie*, éd. Mark Antaki, Josiane Boulad-Ayoub et Pierre Robert (Laval, 2013), p.39-69.

Pires, Alvaro P., 'La doctrine de la sévérité maximale au siècle des Lumières', dans *Histoire des savoirs sur le crime et la peine*, éd. Christian Debuyst, Françoise Digneffe et Alvaro P. Pires, 3 vol. (Bruxelles, 2008), t.2, p.53-81.

Plawski, Stanislas, 'Lepeletier de Saint-Fargeau, auteur du projet de code pénal de 1791', *Revue de science criminelle et de droit pénal comparé* 12:3 (1957), p.619-26.

Poncela, Pierrette, 'Scipion Bexon, théoricien de la législation et bâtisseur de codes', *Cahiers de philosophie politique et juridique* 12 (1987), p.137-52.

Preto, Paolo, 'Facchinei, Ferdinando', dans *Dizionario biografico degli italiani*, t.44 (Rome, 1994), p.29-31.

Prieto Sanchís, Luis, *La filosofía penal de la Ilustración* (Lima, 2007).

Prodi, Paolo, 'Christianisme et pouvoir, péché et délit', dans *Christianisme et monde moderne: cinquante ans de recherches*, éd. Antonella Romano (Paris, 2006), p.329-40.

Prosperi, Adriano, *Delitto e perdono: la pena di morte nell'orizzonte mentale dell'Europa cristiana, XIV-XVIII secolo* (Turin, 2013).

–, 'Il sangue e l'anima: ricerche sulle compagnie di giustizia in Italia', *Quaderni storici* 51 (1982), p.959-99.

Provin, Gabriele, *Una riforma per la Lombardia dei Lumi: tradizione e novità nella 'Norma interinale del processo criminale'* (Milan, 1990).

Punzi, Antonio, 'Sorvegliare per non punire? Note su sicurezza e garanzie', *Rivista internazionale di filosofia del diritto* 4 (2014), p.621-36.

Rabourdin, Monique, *Condamnés à mort par le Tribunal révolutionnaire: 1793-1795* (Paris, 1998).

Radica, Gabrielle, 'Tocqueville et les prisons: la question pénitentiaire à l'épreuve d'une pensée de la complexité', dans *Prison et droits: visages de la peine*, éd. Luigi Delia, *L'Irascible* 5 (2015), p.109-31.

Radzinovicz, Leon, *A History of English criminal law and its administration from 1750*, t.1 (Londres, 1948).

Reichardt, Rolf, 'Egalité', dans *Le Monde des Lumières*, éd. Vincenzo Ferrone et Daniel Roche (Paris, 1999), p.97-110.

Renzo Villata, Maria Gigliola di, 'Droit et justice à l'âge des Lumières dans la Lombardie autrichienne', *Etudes sur le XVIIIe siècle* 36 (2008), p.125-48.

–, 'Gabriel Verri et la "passion" pour l'histoire du droit en Lombardie', dans *Histoire de l'histoire du droit*, éd. Jacques Poumarède (Toulouse, 2006), p.77-95.

–, 'Quale scienza penale? Prima e dopo Beccaria', dans *Dei delitti e delle pene a 250 anni dalla pubblicazione: la lezione di Cesare Beccaria* (Milan, 2015), p.133-63.

–, 'Storie d'ordinaria e straordinaria delinquenza nella Lombardia settecentesca', *Acta histriae* 15:2 (2007), p.521-64.

–, 'Verri contro Verri: "una famiglia sbranata pel delirio di pochi anni"', dans *Edizione nazionale delle opere di Pietro Verri*, t.5: *Scritti di argomento familiare e autobiografico*, éd. Gennaro Barbarisi (Rome, 2003), p.651-813.

Reulecke, Martin, *Gleichheit und Strafrecht im deutschen Naturrecht des 18. und 19. Jahrhunderts* (Tübingen, 2007).

Ripstein, Arthur, *Force and freedom: Kant's legal and political philosophy* (Cambridge, MA, et Londres, 2009).

Rondini, Paolo, *Ex sententia animi tui: la prova legale negativa nell'età della codificazione* (Milan, 2012).

Rosbach, Oliver, 'Strafrecht und Gesellschaft bei Anselm von Feuerbach', *Forum historiae iuris* (2000), http://www.forhistiur.de/2000-12-rosbach/ (date de dernière consultation le 14 janvier 2018).

Rosen, Frederick, 'Helvétius, the Scottish Enlightenment, and Bentham's idea of utility', dans *Classical utilitarianism from Hume to Mill* (Londres, 2003), p.82-96.

Rosoni, Isabella, *Quae singula non prosunt collecta iuvant: la teoria della prova indiziaria nell'età medievale e moderna* (Milan, 1995).

Rother, Wolfgang, 'Ein Beitrag zur Humanisierung des Strafprozesses: Johann Christian Gottlieb Schaumanns Ideen zu einer Kriminalpsychologie (1792)', dans *Verbrechen und Strafe*, éd. Josette Baer et Wolfgang Rother (Bâle, 2017), p.179-92.

–, 'Johann Christian Gottlieb Schaumann', dans *Grundriss der Geschichte der Philosophie: die Philosophie des 18. Jahrhunderts*, t.5: *Heiliges Römisches Reich Deutscher Nation, Schweiz, Nord- und Osteuropa*, éd. Helmut Holzhey et Vilem Mudroch (Bâle, 2014), p.1286-91.

Royer, Jean Pierre, *et al.*, *Histoire de la justice en France*, 4e éd. (Paris, 2010).

Scheid, Don E., 'Kant's retributivism', *Ethics* 93:2 (1983), p.262-82.

Schnapper, Bernard, *Les Peines arbitraires du XIIIe au XVIIIe siècle: doctrines savantes et usages français* (Paris, 1974).

Schofield, Philip, *Utility and democracy: the political thought of Jeremy Bentham* (Oxford, 2006).

Sensen, Oliver, 'The moral importance of autonomy', dans *Kant on moral autonomy*, éd. Oliver Sensen (Cambridge et New York, 2013), p.262-81.

Settembrini, Luigi, *Lezioni di letteratura italiana*, t.3 (Naples, 1876).

Spector, Céline, *Montesquieu: liberté, droit et histoire* (Paris, 2010).

Spruit, Leendert, 'Lazzari, Pietro', dans *Dizionario biografico degli Italiani*, t.64 (Rome, 2005), p.206-209.

Tafani, Daniela, 'Kant e il diritto di punire', *Quaderni Fiorentini* 29 (2000), p.55-84.

–, 'Recht, Zwang und Strafe bei Fichte', dans *Beiträge der Rechtsphilosophie des deutschen Idealismus* (Berlin, 2011), p.71-109.

Taïeb, Emmanuel, 'Le processus de dépublicisation des exécutions dans la France de la IIIe République', *Frontières* 19:1 (2006), p.49-54.

Taillandier, Alphonse-Honoré, *et al.*, *Recueil général des anciennes lois françaises*, 29 vol. (Paris, 1821-1833).

Tarello, Giovanni, *Storia della cultura giuridica moderna: assolutismo e codificazione del diritto* (Bologne, 1976).

Terpstra, Nicholas, 'Introduction: the other side of the scaffolds', dans *The Art of executing well: rituals of execution in Renaissance Italy*, éd. Nicholas Terpstra (Kirksville, MO, 2008), p.7-9.

Teysseire, Daniel, '"La dolce morte": la prima elaborazione del concetto di eutanasia, tra Sei e Settecento, nelle opere di filosofi e scienziati', *Prometeo: rivista trimestrale di scienze e storia* 38 (1992), p.46-53.

Thuillier, Guy, 'Aux origines de l'Ecole libre des sciences politiques: l'Académie de législation en 1801-1805', *La Revue administrative* 38:223 (1985), p.23-31.

Tocqueville, Alexis de, *Ecrits sur le système pénitentiaire en France et à l'étranger*, dans *Œuvres complètes*, t.4:1, éd. Michelle Perrot (Paris, 1984).

Todorov, Tzvetan, *L'Esprit des Lumières* (Paris, 2006).

Trampus, Antonio, 'La traduzione settecentesca di testi politici: il caso della *Scienza della legislazione* di Gaetano Filangieri', *Rivista internazionale di tecnica della traduzione – International journal of translation* 6 (2001), p.19-44.

Trimaille, Gilles, 'La peine de mort dans la doctrine utilitariste de Jeremy Bentham', dans *La Peine de mort*, éd. Luigi Delia et Fabrice Hoarau, numéro thématique de la revue *Corpus: revue de philosophie* 62 (2012), p.215-29.

Tuccillo, Alessandro, 'Filangieri et la peine de mort', dans *La Peine de mort*, éd. Luigi Delia et Fabrice Hoarau, numéro thématique de la revue *Corpus: revue de philosophie* 62 (2012), p.231-44.

Tuffery-Andrieu, Jeanne-Marie, *La Discipline des juges: les Mercuriales de Daguesseau* (Paris, 2007).

Tunick, Mark, 'Is Kant a retributivist?', *History of political thought* 17 (1996), p.60-78.

Venturi, Franco, *Europe des Lumières: recherches sur le XVIIIe siècle* (Paris, 1971).

–, *Settecento riformatore*, t.1: *Da Muratori a Beccaria* (Turin, 1969).

–, *Settecento riformatore*, t.5:1: *L'Italia dei Lumi (1746-1790): La rivoluzione di Corsica; Le grandi carestie degli anni sessanta; La Lombardia delle riforme* (Turin, 1987).

Vigié, Marc, 'Le bagne des philosophes', *Revue d'histoire moderne et contemporaine* 35 (1988), p.409-33.

Vimont, Jean-Claude, *La Prison: à l'ombre des hauts murs* (Paris, 2004).

Volpilhac-Auger, Catherine, et Luigi Delia (éd.), *(Re)lire L'Esprit des lois* (Paris, 2014).

Wenzel, Eric (éd.), *Justice et religion – regards croisés: histoire et droit* (Avignon, 2010).

Williams, David Lay, 'Ideas and actuality in the social contract: Kant and Rousseau', *History of political thought* 28:3 (2007), p.469-95.

Williams, Howard, 'Kant on the social contract', dans *The Social contract from Hobbes to Rawls*, éd. David Boucher et Paul Kelly (Londres et New York, 1994), p.135-48.

Yost, Benjamin S., 'Kant's justification of the death penalty reconsidered', *Kantian review* 15:2 (2010), p.1-27.

Zagrebelsky, Gustavo, 'Che cosa si può fare per abolire il carcere', *La Repubblica* (23 janvier 2015).

Zardin, Danilo, 'Carità e mutua assistenza nelle confraternite milanesi agli inizi dell'età moderna', dans *La carità a Milano nei secoli XII-XV*, éd. Maria Pia Alberzoni et Onorato Grassi (Milan, 1989), p.281-300.

Ziino, Ottavio, *Tommaso Natale e il pensiero pubblicistico in Sicilia nel secolo XVIII* (Cortone, 1931).

Index des noms